学术研究专著

隧道洞口落石风险评估及处治技术

王　星　王帅帅　霰建平
马建勇　葛国库　王　庆　著

西北工业大学出版社

西　安

图书在版编目(CIP)数据

隧道洞口落石风险评估及处治技术 / 王星等著. —西安:西北工业大学出版社,2023.6
ISBN978-7-5612-8736-1

Ⅰ.①隧… Ⅱ.①王… Ⅲ.①隧道口-落石-风险评价②隧道口-落石-防护工程 Ⅳ.①U458.3

中国国家版本馆 CIP 数据核字(2023)第 098146 号

SUIDAO DONGKOU LUOSHI FENGXIAN PINGGU JI CHUZHI JISHU

隧道洞口落石风险评估及处治技术

王星　王帅帅　霰建平　马建勇　葛国库　王庆　著

责任编辑: 付高明　杨丽云　**策划编辑:** 肖　莎
责任校对: 高茸茸　**装帧设计:** 李　飞
出版发行: 西北工业大学出版社
通信地址: 西安市友谊西路 127 号　邮编:710072
电　　话: (029)88491757,88493844
网　　址: www.nwpup.com
印 刷 者: 陕西瑞升印务有限公司
开　　本: 787 mm×1092 mm　1/16
印　　张: 12.5　彩插:4
字　　数: 320 千字
版　　次: 2023 年 6 月第 1 版　2023 年 6 月第 1 次印刷
书　　号: ISBN978-7-5612-8736-1
定　　价: 70.00 元

如有印装问题请与出版社联系调换

前　言

落石灾害是我国三大地质灾害之一，而隧道洞口段属于落石灾害的频发区，一旦发生，后果将很严重。隧道洞口段落石灾害研究主要包括4个方面：隧道洞口段落石崩塌风险评价体系的建立、冲击运动轨迹的预测、落石冲击力及侵彻深度的准确计算和耗能减震棚洞结构的研究。本书采用理论推导、概率分析、数值模拟、软件编程、实例验算等方法，对上述问题开展了系统研究。

(1)结合“落石潜能”“落石历史事件”两方面构建了落石风险初步评判卡；考虑结合“地形因子”“地质因子”“气象水文因子”“危石因子”“公路因子”等5个方面建立了落石崩塌风险评价系统(Rockfall Risk Evaluating System，RRES)；采用AHP－FUZZY模糊评判法建立了隧道洞口段落石灾害的“崩塌-冲击”风险评价体系，其中包含“坡体危岩崩塌的评价体系”及“已崩塌的落石冲击至隧道洞口段的评价体系”；给出了落石击中隧道洞口段7种承灾体的概率及损失计算方法；考虑人员伤亡及经济损失，建立了隧道洞口段落石冲击灾害导致生命损失的“S－N判断法”及导致经济损失的“J－M判断法”；编制了《隧道洞口段落石灾害预测-风险评价-损失评估系统》(DRLSRTES V1.0)。

(2)以关宝树算法为基础，采用正弦积分算法得出了隧道洞口段落石冲击力及侵彻深度的正弦积分算法解；给出了落石冲击棚洞垫层土体的冲击力及侵彻深度的空腔膨胀算法解和能量守恒算法解；考虑垫层材料、垫层厚度、落石质量、落石下落速度等因素的影响，进行了120组落石冲击模拟试验，将数值模拟计算结果与关宝树算法结果进行比较，获得了冲击力放大系数，给出了冲击力的LS－DYNA算法表达式。

(3)提出了落石对棚洞顶板冲切破坏的4个阶段；采用理论算法推导了棚洞顶板最大应力算式；在顶板形成贯穿块的基础上，推导了棚洞顶板最大冲板内配筋阻滞作用的表达式；采用LS－DYNA数值模拟软件研究了棚洞主体结构(包括顶板结构＋立柱结构＋立柱结构基础＋侧墙基础＋横向系梁)的力学响应规律；研究了在不同的落石冲击速度、冲击时间、冲击位置、入射角度情况下，棚洞顶板与立柱结构的力学响应情况。

(4)采用LS-DYNA数值模拟方法,系统地研究了“砂土+EPE(聚乙烯)+顶板”“砂土+EPE+顶板+橡胶支座”复合型棚洞结构,在不同落石冲击工况和不同结构组成下的力学特性。

(5)给出了隧道洞口耗能减震棚洞结构的设计流程、设计工况划分及建议参数,并将其应用于依托工程中。

在写作本书的过程中,参阅了大量相关文献资料,在此谨对其作者表示感谢。

由于水平有限,书中难免存在不妥之处,请各位读者批评指正。

著　者

2023年2月

目　录

第1章 绪　论

1.1 研究背景

落石，是指个别块石因某种原因从边坡和陡崖表面失稳后，经过下落、回弹、跳跃或滑动等运动方式中的一种或几种的组合沿着坡面向下快速运动，最后在较平缓的地带或障碍物附近静止下来的一个动力学过程[1-2]。落石灾害由于方量小、发生地点零散、随机性强，故而常常被忽略，但实际上落石灾害所造成的影响却毫不逊色于滑坡与泥石流所带来的灾害影响[3-4]。落石灾害已经是我国目前的三大地质灾害之一[5-6]。

隧道洞口区域通常存在高大边仰坡的情况，且洞口边仰坡处通常存在风化较严重的岩石或堆积体，在外部降水、机械振动、地震应力等作用下，隧道洞口段极容易形成落石崩塌灾害，并造成下部交通阻塞或者车毁人亡。隧道洞口段落石往往携带较大的冲击能量，可造成下部隧道明洞、棚洞、桥梁、道路及房建结构损毁。

图 1.1 为 2011 年 9 月 14 日，发生在西汉高速犄角岭隧道洞口段的落石灾害。图 1.2 为 2019 年 5 月 28 日，发生在河池一号隧道洞口段的落石灾害。图 1.3 为 2008 年汶川大地震导致 109 隧道出口段形成的落石灾害。当时，21043 次货车恰好驶出隧道洞口段，在撞击出口巨石后，12 节载有 500 t 航空燃油的列车起火燃烧，造成宝成铁路线被迫中断。图 1.4 为 2010 年 7 月 24 日，发生在滚子沟隧道洞口段的落石灾害。

图 1.1　犄角岭隧道洞口段的落石灾害

图 1.2　河池一号隧道洞口段的落石灾害

据铁路部门统计[7]，1981 年全年我国 48 条铁路线共发生 3 395 处落石灾害事故，其中川黔线发生落石灾害 239 处，宝成线 387 处，襄渝线 222 处。事故发生区段总里程增加了

412 km。

图 1.3 109 隧道出口段形成的落石灾害

图 1.4 滚子沟隧道洞口段的落石灾害

据文献[8]统计，1970—1983 年，成昆铁路乌斯河工务段累计发生落石冲击灾害 400 余次，其中隧道洞口段工程以及桥梁工程多次被落石冲击毁坏，行进中的列车被击中的事件时有发生。文献[9]中经过调查表明，1971—1992 年，成昆铁路北线共计发生落石冲击灾害 238 次，直接造成列车中断时间达 38 天，其中隧道洞口段的落石灾害占比较大。该文献并以范家坪隧道出口段的危岩落石灾害为研究对象，给出了防护设计策略。

1961—1981 年，位于宝成铁路的大滩一军师庙区间发生落石冲击 46 次，直接致使铁路轨道损毁，造成正常铁路运输中断。1981 年 8 月 16 日，812 次货物列车在经过 K293＋36 位置处时，约 720 m^3 的落石瞬间倾泻，击中列车并将其打入嘉陵江。

文献[10]中阐述，在全国的铁路线路中，所存在的落石灾害点有 2 620 多处，受到落石影响的铁路区段长度约为 294.8 km，而隧道洞口段是落石灾害影响的重要的区段之一，特别是在秋雨季节，隧道洞口段的落石灾害案例更是频发[11-12]。

中铁二院工程集团有限责任公司(简称中铁二院)于 2003 年完成了对成昆铁路线的沿线病害处治设计，并于 2005 年完成了施工任务，涉及隧道工程病害处治的项目共有 15 项，其中 11 项为隧道/进出口段的危岩落石灾害处治，包括小河子隧道进口、老虎嘴一号隧道、毛头马隧道、黑区二号隧道等。在处治过程中，有 10 项采用棚洞处治方案，并涉及 7 种棚洞结构[13-14]。

文献[15]对川藏公路八宿一林芝段沿线的地质灾害进行了实地调查，总结了对落石灾害产生影响的诸多因素，并对 19 处落石灾害点进行了评价。研究结果表明，边坡落石灾害的影响最为突出。

据文献[16]统计，在汶川地震发生以后，交通道路受灾最严重区段为隧道洞口段的边仰坡处所产生的崩塌落石灾害，洞口落石崩塌冲击破坏下部的公路、桥梁、明洞及棚洞结构，并造成交通阻塞。其中，宝成铁路 105 隧道、107 隧道、109 隧道、110 隧道、燕子岩隧道、浩沟头隧道棚洞、罗汉洞隧道、鲁光坪四号隧道洞口段等均发生了不同程度的落石灾害。

文献[17]对汶川大地震后的隧道工程灾害进行了统计分析，同样得出，隧道洞口段边仰坡的落石对下部棚洞梁体结构的冲击破坏最为严重。表 1-1 为若干隧道洞口段落石灾害的统计结果。

表1-1 若干隧道洞口段落石灾害的统计结果

序号	隧道名称	落石灾害日期	落石体积	损失情况
1	桑树梁隧道	1992年5月19日	若干巨石	明洞被破坏,道路阻塞
2	十里岩隧道	多次发生	若干落石	铁路交通中断
3	新澳隧道	2004年08月15日	若干巨石	3人死亡,1人受伤
4	和仁隧道	2005年09月05日	若干巨石	造成明洞及桥梁损毁
5	高阳寨隧道	2007年11月20日	若干巨石	击中列车,35人死亡
6	109隧道	2008年05月12日	4×10^4 m^3左右	货车爆炸
7	犄角岭隧道	2011年09月14日	40几块大小不一	下部路面及桥梁受损
8	龙泉山隧道	2014年07月25日	小块落石	1辆大货车、1辆小轿车受损
9	河池一号隧道	2019年05月28日	100 m^3左右	单幅道路中断
10	庙梁隧道	2018年08月05日	若干巨石	单向道路阻塞
11	仙人峰隧道	2018年08月25日	1 000 m^3左右	交通阻塞
12	大口子隧道	2018年10月06日	粒径约为1.2 m	阻断单幅交通道路
13	漩门隧道	2019年04月11日	少量落石	未发生灾害
14	人止关隧道	2019年05月17日	大量落石	击中2车,阻塞交通

据《2018年交通运输行业发展统计公报》显示,截至2018年底,全国的公路隧道共17 738处、$1\ 723.61\times10^4$ m,比上年增加了1 509处、195.10×10^4 m。其中特长隧道为1 058处、470.66×10^4 m,长隧道为4 315处、742.18×10^4 m[18]。截至2018年,中国铁路营业总里程达13.1×10^4 km,比2017年增长3.1%,其中投入运营的铁路隧道为14 547座,总长为15 326 km[19]。可见,隧道洞口段落石灾害事故的治理研究已刻不容缓。

文献[20]指出,在美国的落基山山脉、欧洲的阿尔卑斯山山脉,以及澳大利亚、新西兰、日本、中国的台湾以及香港等地区,由于采矿行业、交通运输业的发展,坡面落石及隧道洞口段落石灾害时有发生。落石灾害问题引起了世界范围诸多学者的密切关注。

综上所述,隧道洞口段落石灾害已成为当下威胁我国道路交通安全的重要隐患,加之我国公路、铁路、高铁隧道建设数量及里程均在不断增加,特别是降雨季节,在我国西北、西南的多山地区,隧道洞口段的落石灾害常有发生。

1.2 国内外研究现状

国内外针对隧道洞口段落石灾害的研究,集中包含如下四个方面:①隧道洞口落石冲击风险评价体系研究问题;②落石冲击轨迹的预测问题;③落石冲击力及侵彻深度的准确计算;④耗能减震棚洞防护结构的研究。

1.2.1 隧道洞口段落石灾害风险评价体系研究现状

针对隧道洞口段的落石灾害风险评价的问题,《公路隧道设计规范》(JTG 3370.1—2018)[21]指出:①在隧道施工前应对现场的地形与地质情况进行调查,应调查“崩塌、错落、岩堆、滑坡等的发生和发展的原因、类型、规模和发展趋势,并分析其对隧道洞口以及洞身稳定的影响程度”;②隧道洞口位置不宜设在滑坡、崩坍、岩堆、危岩落石等地质地段;③洞门结构应能防止洞口边仰坡的碎落、落石、坍塌物等掉落路面;④位于陡崖下的洞口,应清除危石,不宜切削山坡,宜接长明洞;⑤路基或隧道洞口受坍方、岩堆、落石、泥石流等不良地质灾害的情况宜采用明洞衬砌。

在《铁路隧道设计规范》(TB 10003—2005)[22]中,同样提到“隧道洞口不宜设置在崩塌、危岩落石的地段,或以明洞的方式通过”。在《公路隧道施工技术规范》中提出了“为避免洞口灾害,应遵循早进洞、晚出洞的基本原则”[23]。通过收集文献可以看出,针对隧道洞口段工程的研究主要集中于洞口段衬砌结构验算[24-28]、洞口段施工技术[29-33]、洞口段监控量测[34-38]、洞口段的稳定性分析及处治[39-43]、洞口景观设计等方面[44-48]。国内对于隧道洞口段落石风险评价体系的研究较为薄弱且起步较晚。文献[49]采用AHP算法建立了落石发生概率和致灾性的风险评价体系,并在此基础上判定新华隧道出口处的危岩落石风险为Ⅴ级,致灾性等级为Ⅴ级,综合的危险等级为Ⅴ级。文献[50]采用泊松分布分析了落石冲击的发生概率,并在此基础上进行了风险评估与决策。文献[51]采用ROCKFALL软件对坪上隧道口的危岩落石的失稳模式以及运动特征分析进行了分析。文献[52]对郑万铁路线隧道洞口段的危岩落石情况进行了统计,并对其稳定性进行了评价分析。文献[53]引入可拓学理论,建立了隧道洞口段危岩落石的多指标综合评估模型,并将计算结果与层次分析算法结果进行了对比验证。文献[54]将遗传算法应用于隧道洞口段的落石风险的评估。文献[55]结合宏观整体评判以及模糊综合评判的手段,给出了落石崩塌的综合预测方法。文献[56]从落石崩塌发生概率以及致灾性两个方面给出了落石灾害的危险性等级划分标准。文献[57]尝试将视频监控系统运用于宜万铁路隧道洞口段的危岩落石监测中,并起到了有效的防灾、减灾效果。文献[58]通过三维激光扫描技术及Rocpro 3D软件对某铁路线落石崩塌风险进行了评估。文献[59]结合模糊概率ANP方法对道路边坡落石灾害风险评估展开研究。文献[60]和文献[61]采用灰色系统理论、可靠性理论以及时序分析法对危岩块体的稳定性进行了综合评价。文献[62]采用模糊评判法构建了落石崩塌的风险评价体系并对水麻路段的危岩落石情况进行了分析。文献[63]在RHRS风险评价系统的基础上,在国外考虑9因素影响的基础上引入了边坡岩体分析指标(SMR),提出了新的落石风险评估方法。文献[64]通过对收集门头沟区的G109线上的落石崩塌灾害案例,并在综合分析国内外典型落石崩塌风险评价体系的基础上,建立了适用于门头沟区的危岩灾害风险评价体系。文献[65]采用蒙特·卡洛算法编制了危岩坍塌稳定性的可靠度分析程序,并在考虑危岩体失稳概率、落石影响范围以及结构的易损性的基础上评价了落石的风险。文献[66]在考虑落石崩塌平均落差、崩塌方量、日交通量综合影响的基础上建立了落石灾害度的计算公式,并结合灾害度的计算结果对某公路隧道的落石危害等级进行了划分。文献[67]对俄勒冈州落石灾害风险评价体系RHRS进行了修正,并结合修正算法对云南省“水富—麻柳”高速公路进行了落石风险评价。文献[68]提出了隧道洞口段的落石冲击风险评价体系，并进一步对范家坪隧道洞口段的仰坡危石的风险进行了评价。

有关落石风险评价体系的研究，国外研究起步较早并取得了一些研究成果。文献[69]中指出，美国联邦公路局将落石危害结果分为A，B，C三个等级，但A，B，C三个等级并不能进行准确的评判。文献[70]中指出，加拿大铁路公司在综合考虑落石质量、大小、冲击速度、落石到达铁路线频率、列车行驶速度、报警系统等6个方面对落石灾害进行定性的风险评价。美国俄勒冈州交通部在综合考虑边坡高度、地质因素、气候、历史的落石灾害等方面的因素建立了落石崩塌灾害的RHRS评价体系[71]。文献[72]中针对管道沿线的落石情况建立相应的风险评价标准及安全等级，并在此基础上做出了相应的处治对策。文献[73]和文献[74]分别考虑采用地理信息系统及数字高程模型，对铁路沿线的落石灾害影响区域进行了等级划分。文献[75]和文献[76]通过时间与空间两个方面，对加利福尼亚洲的YOSEMITE山谷的落石危险性进行了评价分析，并拟合出了落石崩塌规模与落石频率关系曲线，利用STONE软件对落石冲击灾害进行了空间预测。文献[77]在已获得的落石灾害风险评价体系的基础上，分析计算了在SOLAD ANDORRA地区设置落石防护网的效果。文献[78]采用HY-STONE软件对FIUMELATTE村庄分别在无防护工程措施、设置临时挡墙、设置永久挡墙等3种情况下的落石减灾决策效果进行了对比分析。文献[79]依托落石崩塌历史记录，建立了相关的滚石崩塌概率计算方法，并在此基础上对英国哥伦比亚高速某区间落石崩塌情况进行了分析研究。文献[80]基于落石崩塌的历史调研资料，建立起了落石的“崩塌规模-累积频率”曲线，并进而建立了落石灾害的风险评价方法。文献[81]基于对中国香港特别行政区的落石崩塌历史的统计结果，对香港地区的落石灾害的时空规律进行了划分，并在地图上对落石崩塌灾害进行了危险区划分。

美国各州分别以NHI RHRS为基础[82-84]，并结合各区所属区域的各自特点建立了适用于各州的落石崩塌灾害风险评价体系，包括俄勒冈州的不稳定边坡管理系统（Oregon Unstable Slope Management System，OUSMS）[85]、俄亥俄州的公路崩塌的风险评价系统（Ohio Rockfall Hazard Rating System，ORHRS）[86]、美国纽约的落石崩塌风险评价体系（New York Rockfall Hazard Rating System，NYRHRS）[87]、尤塔公路崩塌管理系统（Utah Rockfall Rating System，URRS）[88]、华盛顿不稳定边坡管理系统（Washington Unstable Slope Management System，WUSMS）[89]、田纳西公路崩坍风险评价体系（Tennessee Rockfall Rating System，TRRS）[90,91]、阿拉斯加公路崩塌风险评价系统（Alaska Unstable Slope Management System，AUSMS）[92]。

1.2.2 隧道洞口耗能减震棚洞结构研究现状

1.隧道洞口落石冲击力及侵彻深度的研究

2004版[93]及2018版的《公路隧道设计规范》中指出：“落石冲击力属于隧道结构荷载的一种，在验算明洞结构的承载力时需考虑落石冲击力的影响。”“有落石危害需检算冲击力时，可通过现场调查或有关计算验证”“由于对于落石冲击力的计算，目前的研究还不够深入，实测资料也较少，故对其计算未做规定……”，2018版《公路隧道设计规范》中给出了相同的说明。《公路隧道设计细则》[94]（JTG/TD 70－2010）中参考《铁路工程设计技术手册：

隧道》[95]给出了一种基于动量定理的落石冲击力计算方法,《公路隧道设计手册》[96]中也给出同样的计算方法。

棚洞等落石防护结构设计的核心,是准确获取落石冲击垫层土体的冲击力及侵彻深度值。在落石冲击力的研究过程中,传统的HERTZ接触理论及THORNTON弹塑性理论被广泛使用[97-98]。文献[99]深入分析了物体间静态接触、滑动、滚动、冲击等作用下的力学性能,并给出了相应的计算公式。日本道路公司结合试验的手段提出了一种落石冲击力的半理论、半经验算法。在该算法中考虑了将落石冲击力的落石重力、落石的下落高度以及拉梅常数等因素的影响[100](以下简称日本算法)。文献[101]中采用室内模型试验,研究了棚洞结构上部的垫层干密度以及垫层厚度等因素对落石冲击力的影响。文献[102]中采用室内试验的手段,提出了一种落石冲击力的半经验、半理论计算方法,并考虑了落石冲击过程中的变形模量、落石的半径、落石的质量、落石的下落高度等4个方面的影响因素(以下简称瑞士算法)。文献[103]中基于现场试验以及动量定理,给出了一种落石冲击力及侵彻深度的无量纲的计算表达式(以下简称澳大利亚算法)。

文献[104]中基于试验的方法,研究了混凝土板在落石直接冲击作用下的力学响应机理。文献[105]中采用现场实验及数值模拟的方法,研究了挡土墙在落石冲击作用下的力学响应机理。文献[106]中采用试验方法,研究了落石形状、质量、下落高度三个因素对落石跳动范围的影响。文献[107]中依托试验,研究了设置废旧轮胎垫层对落石冲击力的影响。文献[108]采用试验手段研究了碎石土垫层的粒径及厚度对落石冲击恢复系数的影响。文献[109]和文献[110]采用数值模拟方法,分析了落石对柔性防护屏障的冲击作用。文献[111]采用有限元建模的方法,研究了落石对帷幕系统的冲击作用。文献[112]以试验结合数值模拟,研究了落石对EPS垫层的冲击效应。文献[113]采用试验手段对落石冲击过程中的最大冲击力进行了研究,并给出了相应的计算公式,进而将相应的试验及算结果与PICHLER等人的计算结果进行了相关的比较验证。

文献[114]基于接触理论提出了一种落石冲击力的计算方法,并通过试验的手段对其进行了验证。文献[115]采用试验的手段分析了落石冲击速度、质量及硬度对落石恢复系数的影响。文献[116]采用试验的方法证明了落石冲击过程中的落石冲击力呈现出脉冲式的变化规律。笔者通过理论研究给出了落石冲击力的空腔膨胀算法、能量守恒算法,并结合LS-DYNA手段对理论计算结果进行了对比验证[117]。文献[118]采用离散元软件PFC2D对落石冲击完全塑性条件下的垫层材料进行了研究,并分析了落石冲击过程中能量的转化问题。文献[119]考虑了低速冲击条件下复合材料的力学特性,并基于HERTZ弹性理论以及修正的HERTZ理论,分析了落石与垫层材料之间的接触面力。文献[120]采用理论计算及数值模拟的方法,研究了在冲击的作用下冲击波在薄板中的传播规律。

文献[121]研究了在落石冲击作用下,落石冲击能量与垫层材料力链的破坏情况。文献[122]对落石冲击参数等因素进行了分析说明,并进一步分析了在落石的冲击作用下棚洞结构的力学响应机理。文献[123]采用模型试验探究了在落石的冲击作用下,落石冲击力传递至垫层土体进而传递至棚洞结构顶板的过程。文献[124]采用离散元软件将诸多颗粒状物质进行组合,并给定组合体后的整体刚度,研究了其在落石冲击作用下的力学响应机理。文献[125]采用数值模拟的方法分析了在单自由度的条件下,落石冲击下部的钢筋混凝土结构不同位置后的结构的力学响应。文献[126]通过落石冲击的小尺寸模型试验得出:落石在冲击过程中，由于能量的损失导致反弹的角度小于冲击的角度，恢复系数以及能量的损失率都将会随着落石冲击能量的变化而变化。文献[127]结合材料力学的相关结论，将落石防护结构近似等效为梁板结构，给出了落石冲击力的表达式。文献[128]采用试验的方法，对立方体的块石冲击垫层的效应进行了研究。

国内诸多学者针对落石冲击力亦进行了大量研究。文献[129]基于室内试验以及动量定理，给出了一种落石冲击力的计算方法。文献[130]结合室内试验方法，考虑了不同的落石冲击角度、冲击速度、落石质量以及垫层土体厚度等因素的影响，并以关宝树算法为基础给出了落石冲击力的修正后的表达式。文献[131]基于实际算例，对比分析了日本算法、瑞士算法、关宝树算法、隧道手册算法等各种国内外经典的落石冲击力计算方法，得出日本算法以及瑞士算法所得出的落石冲击力计算结果较为可靠，而我国的算法结果偏小。文献[132]进一步以关宝树算法为基础，并在考虑恢复系数、放大系数、落石重力等因素的基础上，得出了修正的落石冲击力表达式。文献[133]以 HERTZ 弹性理论以及 THORNTON 弹塑性理论为基础，在考虑冲积物、构造物的尺寸、材料特性等因素的基础上，获得了修正后的落石冲击力的计算方法。文献[134]结合冲量定理提出了一种落石冲击力的计算方法，并结合数值模拟方法对理论计算结果进行了验证。

文献[135]以模型试验及 PFC 离散元为手段，对落石冲击力的扩散机制、冲击力的扩散范围以及扩散角情况进行了深入研究。文献[136]采用小波变换研究了在落石冲击后的恢复系数情况。文献[137]采用 HERTZ 修正算法得出了落石冲击拦石墙背的冲击力大小。文献[138]采用试验方法得出了无量纲条件下，落石冲击力与落石冲击速度、落石质量、垫层材料特性之间的定量关系。文献[139]采用数值模拟的方法分析研究了大体积落石体在冲击下部垫层结构时的冲击力情况。文献[140]采用试验方法研究了在砂土垫层下落石冲击力的情况。文献[141]应用 PFC3D 软件对落石冲击力的影响因素及规律展开了研究，并拟合出了落石冲击力的计算公式。文献[142]依托 LS-DYNA 软件，研究了在不同影响因素的作用下落石对桥墩的冲击破坏力。文献[143]采用 PFC2D 软件，研究了在不同冲击条件下落石冲击力的变化规律。文献[144]以典型的落石防护结构为原型，研究了落石对垫层土体的冲击力学特性，并给出了相应的落石冲击力以及侵彻深度的表达式。

文献[145]模拟分析了落石冲击输气管道时的力学响应机理。文献[146]采用 3DEC 离散元方法，研究了地下管线在落石冲击作用下的力学响应机理。文献[147]依托 LS-DYNA 数值模拟方法，研究了在不同落石下落高度、坡度等因素影响下棚洞结构的力学响应机理。文献[148]采用试验的方法研究了落石在不同下落高度、不同落石形状、不同的垫层材料以及厚度等因素对落石冲击力的影响。文献[149]采用 LS-DYNA 数值模拟方法研究了不同落石形状、不同落石质量、不同下落高度、不同垫层厚度对落石冲击力的影响。文献[150]采用现场试验的方法研究了坡面性质对落石冲击运动特性的影响。文献[151]依托室内试验，研究了采用大理石圆球分别撞击 3 种不同的材料的长方体面板，并最终得出落石冲击力与冲击速度的 1.35 次方成正比。文献[152]基于接触力学及 WINKLER 模型，并在进一步考虑落石质量、冲击速度、回填层弹塑性变形条件的基础上建立了落石冲击力的计算模型。

2. 棚洞结构的力学响应机理及新型棚洞结构研究

《公路隧道设计细则》[95]中指出："明洞结构可分为拱形明洞、框架式明洞及棚洞结构等类型”。《公路隧道设计规范》[94]对棚洞结构的定义为“建于公路上的棚式建筑物”，并指出，“在沿河傍山、陡峭路段及边仰坡较高的隧道斜交洞口段，可设置棚洞”。对于在隧道洞口较长区段内存在高大边仰坡的情况下，通常可以在洞口区域设置接长棚洞的形式进行边坡落石崩塌防护。图 1.5 为琼中至乐东高速上设置与什运隧道洞口接长的棚洞结构。图 1.6 为在成昆线一号天桥上部所增设的防落石冲击棚洞结构。

图 1.5　什运隧道洞口接长棚洞

图 1.6　成昆线一号天桥上部的防落石棚洞

日本及欧美等国家针对落石灾害的防护结构研究起步较早。文献[108]提出了一种落石被动防护结构，并结合试验及数值模拟的手段分析了该结构对落石的拦截效果。文献[153]尝试将软钢材料的耗能减震支座设置于棚洞结构中，并结合试验的方法证明了新型棚洞结构的有效性。文献[103]提出了一种防落石冲击的新型棚洞结构，并采用数值模拟的手段分析了该棚洞在落石冲击作用下的力学响应机理。文献[117]采用模型试验方法，分析研究了在落石冲击作用下混凝土防护结构板的力学响应机理，并得出落石冲击力随结构挠度的增大而适度减小的结论。文献[154]依托模型试验，对比分析了“倒 L”形棚洞结构与全刚性整体棚洞抵抗落石的冲击效果，并得出后者的抗冲切效果是前者的 1.7 倍。文献[155]采用离散元软件，分析了高速落石对防护结构冲击后的力学响应机理。文献[156]依托模型试验，分析研究了在落石的冲击作用下，棚洞结构的变形规律。文献[157]采用水槽模型试验的方法，研究了雪崩与防护结构之间的相互作用的力学机理，并采用数值模拟对试验的结果进行了验证。文献[158]采用模型试验的方法研究了雪崩对于防护结构的冲击作用。文献[159]采用离散元方法，研究了落石崩塌体对挡土墙结构的冲击效应。文献[160]至文献[163]将物体对板的冲击问题分为边界控制以及波形控制两个方面，并给出了相应的控制方程。

文献[164]研究了受冲击作用下板的塑性效应，并分析了在落石冲击作用下板体的力学响应规律。文献[165]至文献[167]采用试验以及数值模拟方法，分析了落石对下部垫层以及棚洞结构的力学冲击机理。文献[168]采用试验方法研究了块石体冲击下部防护结构不同垫层时棚洞结构的力学响应机理。

文献[169]提出了一种型钢拱架以及金属柔性防护网所联合构成的一种落石冲击力的防护结构，并结合试验方法对其效果进行了验证。文献[170]建立了一种由槽钢及型钢所构建的棚洞结构的轻钢框架式棚洞，其中顶板由双层轻钢夹 EPS 垫层所构成，同时设置为 20°～25°，并采用数值模拟方法对其进行了计算分析。文献[171]采用理论的方法，对比分析了传统棚洞结构与新型耗能减震棚洞对落石冲击动能的耗散结果的效果。文献[172]采用数值模拟方法,研究了柔性棚洞防护结构与刚性棚洞对落石冲击的防护效果。文献[173]采用数值模拟方法,研究了EPS垫层对棚洞防护结构的耗能减震作用。文献[174]采用模型试验,分析了拱形棚洞结构在无回填土的情况下,其顶板结构在受到落石冲击作用时的力学作用机理。文献[175]以钢纤维聚合物改性混凝土结构为基础,采用试验方法分析了其在落石的冲击作用下的力学响应机理。文献[176]采用LS-DYNA数值模拟方法,分析了各种形式的棚洞结构在遭受到落石冲击作用时的力学响应机理。文献[177]采用试验方法,分析了钢筋网改良的钢筋混凝土结构的抗弯、抗压及抗劈裂性能。文献[178]采用数值模拟方法,研究了在落石的冲击效应下棚洞结构的力学响应机理。文献[179]采用LS-DYNA数值模拟方法研究了棚洞结构在落石的冲击效应下的相关的力学响应机理。文献[180]通过数值方法对不同落石冲击工况下棚洞结构的力学响应情况进行了研究。文献[181]依托数值模拟的方法,研究了悬臂式棚洞在遭受落石的冲击作用后的力学响应机理。文献[182]采用数值模拟方法,研究了落石冲击5种不同棚洞结构形式的力学响应机理。文献[183]采用数值的方法,分析了柔性棚洞在落石冲击作用下的力学响应机理。文献[184]阐述了坡面落石崩塌的形成机理,并对当下落石灾害的新型防护技术做了综述性研究。文献[185]将棚洞结构支座改良为耗能减震型的支座,并进一步地得出了新型棚洞对落石冲击力可以起到明显的改善作用。文献[186]基于原有棚洞结构冲击力的计算方法,并考虑了落石对棚洞结构的斜向撞击,为棚洞结构冲击力的计算提供了理论基础。文献[187]采用数值模拟的方法,分析了在落石冲击作用下棚洞结构产生应力与位移情况。文献[188]采用数值模拟方法,研究了大跨度棚洞结构在落石冲击力下的力学响应规律,并对传统垫层以及轻质垫层进行了研究。

文献[189]采用LS-DYNA数值模拟软件,研究了在橡胶缓冲垫层材料下棚洞结构的力学响应机理。文献[190]采用LS-DYNA数值模拟软件,分析了在不同下落高度、不同落石重量的冲击条件下棚洞结构的力学响应机理。文献[191]依托大比尺模型试验,研究了在不同种类缓冲垫层和不同冲击能量下的落石冲击力的情况。文献[192]提出了一种在冲击荷载的作用下钢筋混凝土棚洞的顶板在经历弹塑性变形后的动力响应的解析解,进一步分析了垫层土体在落石的冲击作用下的力学响应机理。文献[193]对钢筋混凝土结构进行了优化分析,并得出了对于棚洞结构防落石冲击效果的排序依次为全拱式棚洞→半拱斜柱式棚洞→半拱直柱式棚洞→门式斜柱式棚洞→门式直柱式棚洞。文献[194]采用试验的手段,分析研究了EPS垫层在落石冲击作用下的动力响应情况。文献[195]指出,中铁第一勘察设计院集团有限公司(简称中铁一勘院)在“5·12”汶川大地震中采用拼接式的钢棚洞为车辆的正式运行节约了时间,同时钢棚洞在短时间内即可起到较好的防落石崩塌的效果。

文献[196]采用LS-DYNA软件,研究了在不同直径、不同初始动能条件下落石冲击被动防护结构后的能量衰减规律。文献[197]采用ABAQUS软件,研究了在不同落石冲击能量、不同的垫层厚度及不同EPS垫层情况下钢性棚洞结构的力学响应规律。文献[198]采用金属柔性网以及弹簧撑杆组成了一种新型柔性防御体系,通过数值模拟及模型试验的方法研究了在落石冲击作用下棚洞结构的力学响应规律。文献[199]采用LS-DYNA数值模拟方法,研究了框架门式两种棚洞结构在落石冲击下的力学响应规律。文献[200]结合数值模拟方法研究了棚洞结构的施作时机对高边坡稳定性及棚洞结构的影响。文献[201]以钢棚洞为基础，将EPS垫层与砂土垫层联合作为垫层结构来抵抗落石的冲击作用。文献[202]提出了一种活塞式杆点支式的柔性防护结构，并结合试验以及数值模拟的手段对其结构性能进行了分析研究。文献[203]提出了钢性棚洞并考虑在其上设置EPS＋细砂土垫层，采用试验以及数值模拟相结合的方法分析了该新型结构对落石冲击力的缓冲作用。文献[204]采用薄板理论、结构力学以及变形协调理论，对组合式耗能棚洞结构进行了研究，得出了棚洞结构顶板在落石冲击作用下的解析解。文献[205]采用ABAQUS软件，研究了不同速度、不同冲击角度情况下，棚洞结构的动力响应。

1.3 存在问题

1.3.1 关于隧道洞口落石崩塌风险评价体系

《公路隧道设计规范》[94]《公路隧道设计细则》[95]等相关规范文件，对于隧道洞口的落石崩塌风险评价给出了定性的描述，同时指出应采取现场调查的方法分析隧道洞口的落石危害情况，并采取绕避、清除等手段对其进行处置。但这些在具体实施过程中，仍存在许多困难。

已有的文献在建立公路隧道洞口落石崩塌风险评价体系时存在以下问题：①未能充分考虑岩体卸荷、风化、落石堆积厚度、高地应力、风荷载等因素所带来的影响，评价结果存在一定的偏差。②在评价过程中采用专家现场评分及隶属度函数进行评价，评价结果带有明显的主观性。③在重复及复杂的评价过程中，未能有相应的评价软件。④未能充分考虑因落石冲击致使交通受阻所带来的损失，未能充分考虑下部车辆车型及司乘人员组成等因素的影响。⑤鲜有学者对隧道洞口落石冲击灾害所造成的生命损失及经济损失情况进行等级划分。

1.3.2 关于隧道洞口耗能减震棚洞结构研究

1.隧道洞口落石冲击力及侵彻深度

《公路隧道设计细则》[95]《铁路工程设计技术手册·隧道》[96]以及《公路隧道设计手册》[97]中均参考铁路隧道设计规范给出的一种落石冲击力的计算方法，其计算原理均为动量定理，但已有的事故案例表明国内的诸多防护结构在遭受落石冲击时不堪一击[132]，由此说明该算法可能存在一定的偏差。

纵观国内外学者对于落石冲击的研究，多是采用数值模拟或是试验方法对落石冲击力进行分析研究，得出落石冲击力的放大系数；或是结合实测值拟合出落石冲击力的半经验半理论算法，所给出的落石冲击力的计算结果存在一定的偏差。个别文献中所给出的计算公式中，各个字母含义尚不十分明确。

在计算落石冲击力冲切破坏棚洞顶板时，落石的侵彻深度将会直接影响到落石冲击力在棚洞结构顶板上的扩散范围，鲜有学者对落石的侵彻深度进行定量的计算，故使得落石冲击后作用于棚洞顶板上部的应力范围将会存在一定的偏差。另外，落石冲击防护结构垫层土体后，落石冲击能量的分配情况亦鲜有研究。

2. 落石冲击下棚洞结构力学响应机理及耗能减震棚洞结构研究

(1)棚洞结构设计参数改良。该方案主要是改变棚洞结构中的局部设计参数，而并不改变棚洞的组成结构形式。如文献[176]中所提到的改变棚洞顶板的设置角度、改变立柱与顶板的连接处尺寸、改变立柱直径与立柱间距，以此来改变棚洞结构的受力性能。但该方案的缺点是并没有额外设置能量耗散结构，新型棚洞结构的力学性能改善程度有限。

(2)柔性棚洞结构。采用混凝土、型钢结构构建出框架结构，采用金属柔性防护网、钢丝绳、弹簧杆等柔性构件进行组装。柔性棚洞结构整体较为轻便、施工速度较快，其用于落石冲击能量较小区段[169,183,198,206]，或是用于应急抢险绿色通道中具有较好的优越性。但对于较大的落石冲击能量、多次落石冲击、规模性落石冲击，柔性棚洞极易形成破坏。另外，在雨水、日照等外部因素下，钢丝网、弹簧杆等结构易产生松弛、锈蚀，给后期落石防御工作埋下隐患。

聚苯乙烯泡沫塑料垫层及金属支座目前均鲜有研究，且研究方法主要为数值模拟。前者材料塑性较强、易碎，重复受荷效果差[192,207,208]；其材料弹性模量为6.9 MPa，与中硬黏土弹性模量一致，缓冲效果不明显[173,208,209]。后者方案中去除了顶板上部垫层土体，在大规模落石冲击作用下，顶板将直接被冲击破坏[210]。另外，其产生屈曲的金属支座不能及时更换，棚洞结构稳定性及受荷性能均较差，金属支座存在风化锈蚀的影响。

另外，目前鲜有学者采用理论算法的手段计算分析在落石冲击效应下棚洞结构的抗冲切破坏的阶段以及力学响应机理，并对棚洞整体结构及各组成构件进行系统的研究。

1.4 本书研究内容

为了对隧道洞口落石冲击风险评价体系与耗能减震棚洞防护结构进行系统、深入的研究，本书将从以下方面展开研究。

1.4.1 隧道洞口落石崩塌风险评价体系研究

(1)本书首先以“落石潜能”以及“落石历史事件”两个方面为基准，建立落石崩塌危险评价的初步评判卡。然后结合“地形因子”“地质因子”“气象水文因子”“危石因子”“公路因子”等五个方面的影响因素，建立落石崩塌风险评价的RRES评价系统。最后拟将落石崩塌分为“隧道洞口段落石崩塌的风险评价”“已经崩塌后的落石到达下部威胁区域的概率”两个方面，建立隧道洞口段落石灾害的“崩塌-冲击”风险评价体系，并给出各指标项的定量计算方法。

(2)以ALARP原则，建立落石崩塌后的人员生命损失的“S－N评估体系”及经济损失的“J－M评估体系”。采用VB语言编写《隧道洞口段落石灾害预测-风险评价-损失评估系统》(DRLSRTES V1.0)，实现评价过程的全面程序化。

(3)以西康高速上的Y隧道洞口段为依托，逐次分析落石崩塌发生的概率、崩落后冲击至隧道洞口段区域的概率以及造成下部人员死亡及承灾体经济损失的情况，并对人员死亡及经济损失等级进行评价。

1.4.2 隧道洞口段耗能减震棚洞结构研究

1. 冲击力、侵彻深度及能量耗散规律研究

(1)首先，采用1/2正弦曲线对落石冲击力的关宝树算法进行修正，并求解落石最大侵彻深度值。其次，分别采用空腔膨胀原理及能量守恒原理，推导落石冲击力及侵彻深度的空腔膨胀算法及能量守恒算法。最后，采用能量守恒原理计算在落石冲击过程中，摩擦内能、塑性成坑耗能及棚洞顶板能耗的分配规律。

(2)采用LS-DYNA软件，考虑不同垫层材料、不同垫层厚度、不同落石质量、不同落石下落高度因素的影响，进行120组落石冲击试验，并获得其落石最大冲击力值。以关宝树算法结果为基础，获得冲击力放大系数，并考虑落石重力、冲击角度等因素的影响，获得落石冲击力的LS-DYNA修正算法。

2. 棚洞结构抗落石冲切破坏的理论及数值模拟研究

(1)将落石冲击力及侵彻深度计算结果与棚洞结构顶板的冲击应力分布范围相联系，得出落石冲击后棚洞结构顶板上分布应力的理论解，进而采用弗拉索夫原理计算出棚洞顶板最大应力解。采用理论方法推导顶板配筋对贯穿块阻滞作用的理论解。采用LS-DYNA数值模拟软件，分析研究在落石冲击作用下的棚洞结构(顶板结构+立柱结构+立柱结构基础+曲板基础+横向系梁)的力学响应规律。

(2)分别在棚洞结构顶板与立柱结构上选取5个特征单元，采用数值模拟方法研究在不同落石冲击速度、不同冲击入射角度、不同冲击位置的情况下，棚洞结构的力学响应机理。

3. 耗能减震棚洞结构研究

(1)在棚洞结构顶板上部铺设不同厚度的EPE垫层，构成“砂土+EPE”复合型棚洞结构，研究在落石冲击作用下棚洞顶板的应力及位移情况。并考虑在同一EPE垫层厚度的情况下，采用不同EPE型号材料所产生的影响。

(2)尝试在刚性棚洞结构的立柱上端增设橡胶支座，并进一步添加EPE垫层，构成“EPE+橡胶支座”复合型棚洞结构。提取顶板、立柱结构特征单元的应力、位移，并与刚性棚洞工况进行对比。

(3)拟给出隧道洞口耗能减震棚洞的设计流程、设计工况、设计建议参数。依托西康高速Y隧道洞口危岩落石灾害，给出耗能减震棚洞结构的设计形式与具体参数。

1.5 本书技术路线

本书以隧道洞口段频发的落石灾害为研究对象，尝试建立较系统的隧道洞口段落石灾害预测-风险评价-损失评估系统，深入研究耗能减震棚洞防护结构。采用现场调研、资料收集、专家咨询、统计学、概率论以及AHP-FUZZY模糊评判，并结合理论计算、ROCKFALL

软件及 LS-DYNA 数值模拟软件，对本书中所涉及的问题进行研究计算，技术路线如图 1.7 所示。

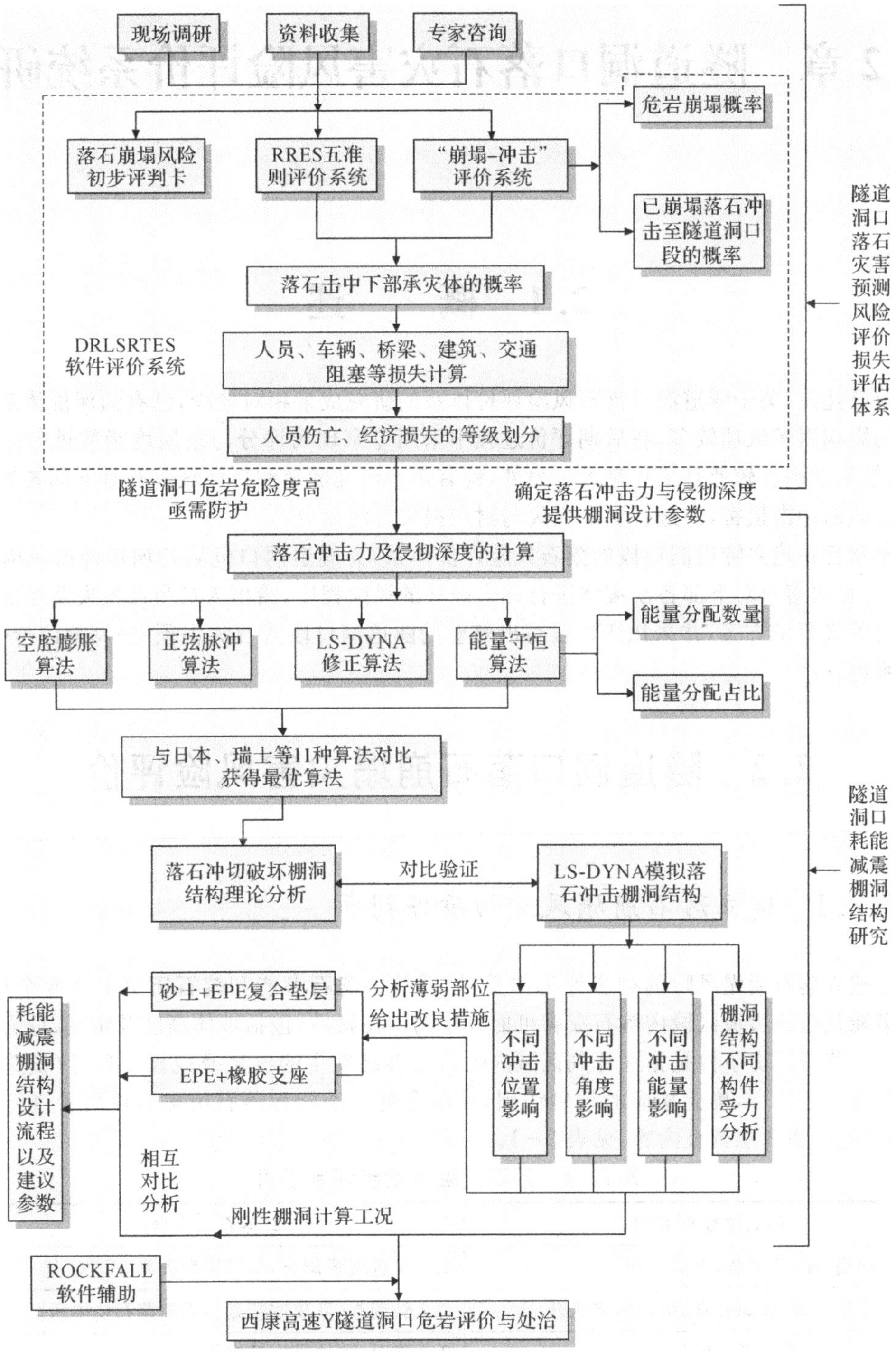

图 1.7　技术路线图

第2章　隧道洞口落石灾害风险评价系统研究

2.1　概　　述

前已述及，关于隧道洞口落石风险评价体系的研究成果相对较少，已有的评价体系中所考虑的影响因子缺项较多，在后期评价过程中采用专家现场评分与隶属度函数进行综合评判，其结果准确性较低且工作量大。另外，鲜有学者研究隧道洞口区域落石对下部各类承灾体所造成的冲击损害，并进行生命损失与财产损失等级划分。

本章旨在建立隧道洞口段的落石风险评价体系，为隧道洞口危岩的崩塌冲击风险进行预判，计算出落石对下部各承灾体进行冲击破坏的风险程度，给出人员生命损失及经济损失后果的等级评价方案，并采用VB编写出整套的隧道洞口段落石灾害预测-风险评价-损失评估系统。

2.2　隧道洞口落石崩塌灾害风险评价

2.2.1　建立落石崩塌风险初步评判卡

在建立落石崩塌风险的初步评价体系时，需结合落石潜能和落石历史事件两个指标。落石潜能是指该边坡区段内落石灾害可能发生的潜在特性，包括坡体高度及角度、危岩带的规模等。落石历史事件是指在评判区域内落石灾害已发生的次数及规模。参考《铁路工程地质勘查规范》[211]，确立相应的评判法则，在结合落石潜能和落石历史事件两者进行评判时，各自均存在3项调查内容，见表2-1。

表2-1　落石危险度初步评判项目

1.落石潜能评判项目	2.落石历史事件
1.1坡面高、陡，不平整，上陡下缓	2.1经过现场调查，落石发生频率>1次/月
1.2岩土层节理、裂隙发育，结构面多张开	2.2经调查，发现坡脚处有近期落石块体残留
1.3坡脚、坡面有崩塌物停积	2.3路面、防护措施等有新的划痕

如果同时满足两项以上的，则该项评定结果等级为 A 级；如果只满足其中任何一项，则评价结果应确定为 B 级；如果不满足 3 项中的任何一项，则结果为 C 级。当“落石潜能”“落石历史事件”两项判定结果均为 A 时，总体评价结果为 A；若其中一项为 A，而另一项为 B，则综合评价为 A^- 级，由此可逐步得出下式的评价集：

$$\left.\begin{array}{l} A+A\rightarrow A,\ A+B\rightarrow A^- \\ A+C\rightarrow B,\ B+B\rightarrow B \\ B+C\rightarrow B^-,\ C+C\rightarrow C \end{array}\right\} \tag{2.1}$$

落石崩塌风险初步评判的目的是，对工程地质段内的落石灾害情况进行初步的勘探与了解，获得初步预判结果，确定下一步的工作，提高评价工作效率。

为了快速进行定性评价，基于式(2.1)可建立表 2-2 的隧道洞口段落石崩塌风险初步评判卡。

表 2-2　隧道洞口段落石崩塌风险初步评判卡

<table>
<tr><th>项　目</th><th>类　型</th><th>是否满足
(√或×)</th><th>单向
评价</th><th>最终
评价</th></tr>
<tr><td rowspan="3">落石
潜能</td><td>1. 坡面高、陡，不平整，上陡下缓</td><td></td><td rowspan="3"></td><td rowspan="6"></td></tr>
<tr><td>2. 岩土层节理、裂隙发育，结构面多张开</td><td></td></tr>
<tr><td>3. 坡脚、坡面有崩塌物停积</td><td></td></tr>
<tr><td rowspan="3">历史
事件</td><td>1. 现场落石的发生频率>1 次/月</td><td></td><td rowspan="3"></td></tr>
<tr><td>2. 坡脚处有近期的落石块体残留</td><td></td></tr>
<tr><td>3. 路面、防护措施等有新的划痕</td><td></td></tr>
</table>

在对隧道洞口段落石危害进行初步评判后，若计算结果较好，则终止评价。反之，则需在初步评判结果的基础上进行详细评价。

2.2.2　基于危岩稳定性系数评价

对于特定的危岩体，结合工程地质及力学分析方法便可求出危岩体的倾覆力矩及抗倾覆力矩，进而根据稳定性系数判定岩体崩落的可能性，给出危岩稳定性计算方法[62,212]。考虑到危岩体存在滑塌式、坠落式及倾倒式等 3 种形式，对于坠落式及滑塌式危岩，稳定性系数的计算方法为

$$K=\frac{(W\cos\beta-P\sin\beta-Q)\tan\varphi+c\dfrac{H}{\sin\beta}}{W\sin\beta+P\cos\beta} \tag{2.2}$$

对于倾倒式危岩体，按单位长度进行考虑且不考虑基座的抗拉强度，其稳定性的计算公

式如下：

岩体重心在倾覆点内侧：

$$\left.\begin{aligned} M_{倾覆} &= Ph_0 + Q\left(\frac{1}{3}\frac{e_1}{\sin\beta} + \frac{H-e}{\sin\beta}\right) \\ M_{抗倾覆} &= Wa + f_{lk}\frac{H-e}{\sin\beta} + l_b f_{0k} \end{aligned}\right\} \tag{2.3}$$

岩体重心在倾覆点外侧：

$$\left.\begin{aligned} M_{倾覆} &= Wa + Ph_0 + Q\left(\frac{1}{3}\frac{e_1}{\sin\beta} + \frac{H-e}{\sin\beta}\right) \\ M_{抗倾覆} &= f_{lk}\frac{H-e}{\sin\beta} + l_b f_{0k} \end{aligned}\right\} \tag{2.4}$$

稳定性系数 K 为

$$K = \frac{M_{抗倾覆}}{M_{倾覆}} \tag{2.5}$$

式中：W 为危岩块体重力(N)；P 为落石块体所受的水土压力(Pa)；Q 为孔隙水压力(Pa)；β 为危岩体与基岩的接触面与水平线之间的夹角(°)；φ 为土体的内摩擦角(°)；c 为土体的黏聚力(Pa)；H 为岩体的总高度(m)；a 为落石的质点至落石转动点的横向距离(m)；h_0 为落石的质点至落石转动点的垂直向距离(m)；e、e_1 为孔隙比；f_{lk} 为危岩体抗拉强度标准值(Pa)；f_{0k} 为危岩体与基座之间的抗拉强度的标准值(Pa)。

2.2.3 危岩落石灾害评价系统

危岩落石灾害主要受“地形因子”“地质因子”“气象水文因子”“危石因子”“公路因子”等 5 个方面的影响。结合我国道路交通建设国情，考虑坡度、坡面及防护结构因素的影响，本书建立一个危岩落石灾害的 RRES 评价系统，具体见表 2-3。其中所包含的 13 个定量因子的评价算法分别介绍如下。

(1)坡体高度 H。坡体高度表示坡体顶端至路面的最大垂直距离。坡体高度需在现场结合经纬仪、皮尺等工具进行测定，坡体高度值的计算公式为

$$H = \frac{L_R \sin\alpha \sin\beta}{\sin(\alpha-\beta)} + H_1 \tag{2.6}$$

式中：α 为设置于道路左侧边缘的仪器主机与坡顶连线与水平线所夹钝角(°)；β 为设置于道路右侧边缘的仪器主机与坡顶连线与水平线所夹的锐角(°)；L_R 为道路的宽度(m)；H_1 为仪器高度(m)。各指数函数均以 3 为底数，坡体高度分值 T_1S_1 的算法为

$$T_1S_1 = \psi^{\frac{H}{7.5}} \tag{2.7}$$

(2)坡体角度 K。坡体角度 K 可采用罗盘或经纬仪进行测定，坡度分值 T_1S_2 的算法为

$$T_1S_2 = \psi^{\frac{K-10}{20}} \tag{2.8}$$

表 2-3　RRES 风险评价体系

项目		评价与计分准则			
		分值(3^1)	分值(3^2)	分值(3^3)	分值(3^4)
地形因子(T_1)	坡体高度/m	7.5	15	22.5	30
	坡体角度/(°)	30	50	70	90
	坡面平整度/m	0.4	0.3	0.2	0.1
	植被覆盖率/(%)	60	40	20	0
地质因子(T_2)	地层岩性	见附注	见附注	见附注	见附注
	结构面发育	不发育	较发育	发育	很发育
	差异风化	差异极小	差异较小	中等差异	差异性大
气象水文因子(T_3)	每年降雨量/mm	300	600	900	1 200
	每年冻融期/月	1.5	3.0	4.5	6.0
	地震烈度	3 度	4 度	5 度	6 度
危石因子(T_4)	落石形状	片状	柱状	块状	近球形
	落石质量/kg	25	75	125	175
	落石暴漏量/(%)	10	30	50	70
	冲击形式	滑动	滚动	跳跃	竖直坠落
	落石灾害频率/(次/年)	0.5	2.5	4.5	6.5
公路因子(T_5)	平均行车风险/(%)	25	50	75	100
	反应视距/(%)	100	80	60	40
	道路宽度/m	15	12	9	6
	边沟拦截作用	完全拦截	效果较好	效果较差	不能拦截
	防护结构及效果	2 项、效果好	1 项、效果好	1 项、效果差	无

附注：地层岩性分项为：碎裂结构、散体结构(3^1)；薄层状、中厚层结构、互层状结构(倾外)(3^2)；中厚层结构、互层状结构(倾内)(3^3)；整体块状结构、(巨)厚层状结构(3^4)。反应视距中百分数表示：实际的反应视距与设计值之比。

(3)坡面平整度 η。坡面平整度将会直接影响落石在坡面上的运动形式，坡面平整度分值 T_1S_3 的算法为

$$T_1S_3=\psi^{10(0.5-\eta)} \tag{2.9}$$

(4)植被覆盖率 F。坡面的植被覆盖率会在很大程度上影响落石的冲击路径，植被覆盖率评价分值的算法为

$$T_1S_4=\psi^{\frac{70-100F}{20}+\frac{1}{2}} \tag{2.10}$$

(5)每年降雨量 R。降雨量 R(mm)亦是对落石崩塌灾害产生影响的另一个重要的因

素,降雨量评价分值 T_3S_1 的算法为

$$T_3S_1 = \psi^{\frac{R}{300}} \tag{2.11}$$

(6)每年冻融期 T。坡面岩体在受到冻融荷载后,将产生分解与碎裂,并形成危岩体崩落事故,冻融期 T(月)评价分值 T_3S_2 的算法为

$$T_3S_2 = \psi^{\frac{T}{1.5}} \tag{2.12}$$

(7)地震烈度 E。地震是诱发危岩体崩塌的一个重要的因素,选取地震烈度进行评价,对应的 T_3S_3 的算法为

$$T_3S_3 = \psi^{E-2} \tag{2.13}$$

(8)落石质量 M。落石体质量 M(kg)愈大,崩塌冲击的能量值越大,落石体的冲击长度与影响范围均增加,落石体质量分值 T_4S_2 的算法为

$$T_4S_2 = \psi^{\frac{M-25}{50}+1} \tag{2.14}$$

(9)落石暴漏量 P。落石体的暴露量是指危岩体伸出基岩的长度 $L_{伸}$ 占整个危岩体长度 $L_{总}$ 的百分比,T_4S_3 分值的算法为

$$\left.\begin{aligned} P &= \frac{L_{伸}}{L_{总}} \times 100\% \\ T_4S_3 &= \psi^{\frac{100P-10}{20}+1} \end{aligned}\right\} \tag{2.15}$$

(10)落石灾害频率 G。落石灾害的历史发生频率,可在很大程度上预测落石灾害发生与否,落石灾害频率评价分值 T_4S_5 的算法为

$$T_4S_5 = \psi^{\frac{2G-1}{4}+1} \tag{2.16}$$

(11)平均行车风险 AVR。平均行车风险指标表征了车辆经过落石灾害区域时,事故在空间上发生的可能性。其计算公式为

$$\text{AVR}=\frac{\text{日平均交通量(ADT)}\times\text{灾害区域长度(SL)}/24}{\text{设计行车限速(PSP)}}\times 100\% \tag{2.17}$$

式中:ADT 是每天的平均交通流量(辆/天);SL 是灾害区域的长度(km);PSP 是已发布的限制车速(km/h)。

平均行车风险 AVR 评价分值 T_5S_1 的算法为

$$T_5S_1 = \psi^{\frac{AVR}{0.25}} \tag{2.18}$$

(12)反应视距 PDSD。该指标反映了反应视距的减少百分比。反应视距百分比的计算公式为

$$\text{PDSD}=\frac{\text{可视距离(ASD)}}{\text{刹车反应距离(DSD)}}\times 100\% \tag{2.19}$$

式中:ASD 是实际的视距。

关于反应视距 PDSD 评价分值 T_5S_2 的算法为

$$T_5S_2 = \psi^{\frac{1.2-\text{PDSD}}{0.2}} \tag{2.20}$$

(13)道路宽度 L。道路宽度 L(m)是指从道路的中心线到人行道边缘的距离(包括路肩宽度),该项指标评价分值 T_5S_3 的算法为

$$T_5S_3 = \psi^{\frac{18-L_C}{3}} \tag{2.21}$$

有了各个影响因子的计算/评价分值后,可按照所有影响因素的总均值 EC 来评价落石崩塌的危险性,其计算公式为

$$EC = \frac{1}{N}\sum T_iS_j \tag{2.22}$$

式中:N 为参与评价的总项数;T_iS_j 为各项分值。

按照表 2-4 对隧道洞口段危岩崩塌的风险概率做出最终评价。

表 2-4 危岩崩塌概率表

1. EC 分值	(0,9]	(9,18]	(18,27]	(27,36]	(36,54]	(54,81]
2. 评价集	安全	较安全	较危险	危险	很危险	极危险
3. RASRDTE 分值	(90,100]	(80,90]	(70,80]	(60,70]	(40,60]	(0,40]
4. 评价语言	优	良	中	差	很差	极差
5. 安全等级	Ⅰ	Ⅱ	Ⅲ	Ⅳ	Ⅴ	Ⅵ
6. 风险概率	0.1	0.3	0.5	0.7	0.9	0.99

2.2.4 隧道洞口危岩崩塌风险模糊评价

隧道洞口落石灾害风险,应包括坡体危岩崩塌的概率、崩塌后冲击至隧道洞口段的概率。采用 AHP-FUZZY 模糊评判算法建立评价机制。

2.2.4.1 AHP-FUZZY 模糊评价结构

AHP-FUZZY 模糊评判法,首先需准确提取出对评价目标产生影响的所有主要相关因素,进而由主到次、逐级逐层地建立出树状的模糊评价结构。通过现场调研、资料收集、文献查阅等方法,建立出图 2.1 所示的"危岩崩落风险评价体系"。

2.2.4.2 构造判断矩阵

在模糊评价结构的基础上构造对应的判断矩阵,其实质为下一层的各元素相对于上一层中所隶属的总因素的重要度之比。判断矩阵中各因素的重要度是通过一定的数字来进行标度的,以此将定性的问题转化为定量问题。在判断矩阵中所赋予的矩阵元素值,表征了各影响因素之间的相对重要性。

倘若某准则层 Q_k 下存在 n 个因素:Q_{k1}、Q_{k2}、…、Q_{kn},每一次取出两个独立因素 Q_{ki} 与 Q_{kj},以 u_{ij} 的值来表示 Q_{ki} 与 Q_{kj} 相对于准则层 Q_k 的重要度比值,以此类推便可得出对应的整体判断矩阵,见表 2-5。

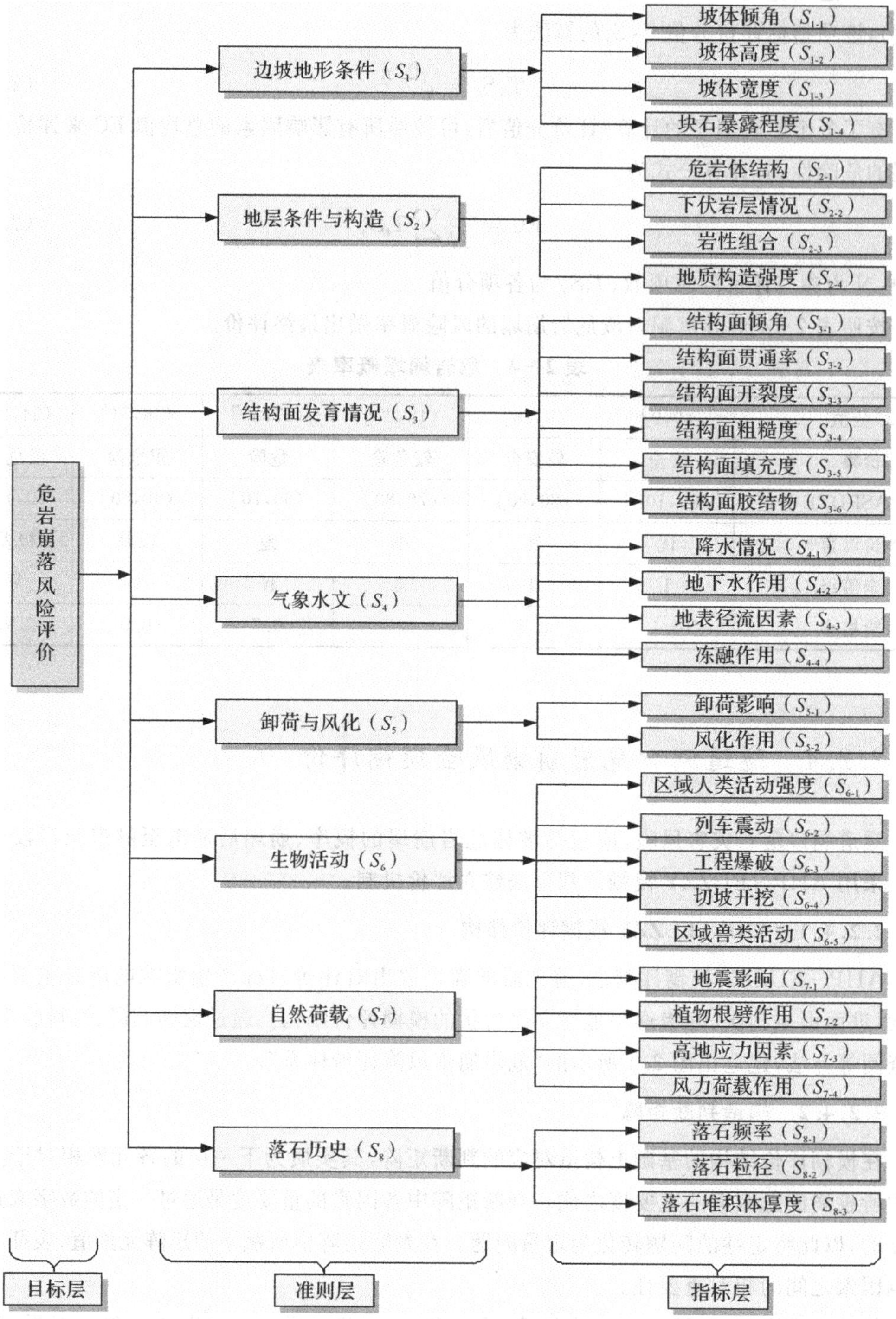
危岩崩落风险评价
边坡地形条件（S_1）
坡体倾角（S_{1-1}）
坡体高度（S_{1-2}）
坡体宽度（S_{1-3}）
块石暴露程度（S_{1-4}）
地层条件与构造（S_2）
危岩体结构（S_{2-1}）
下伏岩层情况（S_{2-2}）
岩性组合（S_{2-3}）
地质构造强度（S_{2-4}）
结构面发育情况（S_3）
结构面倾角（S_{3-1}）
结构面贯通率（S_{3-2}）
结构面开裂度（S_{3-3}）
结构面粗糙度（S_{3-4}）
结构面填充度（S_{3-5}）
结构面胶结物（S_{3-6}）
气象水文（S_4）
降水情况（S_{4-1}）
地下水作用（S_{4-2}）
地表径流因素（S_{4-3}）
冻融作用（S_{4-4}）
卸荷与风化（S_5）
卸荷影响（S_{5-1}）
风化作用（S_{5-2}）
生物活动（S_6）
区域人类活动强度（S_{6-1}）
列车震动（S_{6-2}）
工程爆破（S_{6-3}）
切坡开挖（S_{6-4}）
区域兽类活动（S_{6-5}）
自然荷载（S_7）
地震影响（S_{7-1}）
植物根劈作用（S_{7-2}）
高地应力因素（S_{7-3}）
风力荷载作用（S_{7-4}）
落石历史（S_8）
落石频率（S_{8-1}）
落石粒径（S_{8-2}）
落石堆积体厚度（S_{8-3}）
目标层
准则层
指标层

图 2.1　危岩崩落风险评价体系

表 2-5　构造判断矩阵

Q_k	Q_{k1}	Q_{k2}	Q_{k3}	…	Q_{kn}
Q_{k1}	u_{11}	u_{12}	u_{13}	…	u_{1n}
Q_{k2}	u_{21}	u_{22}	u_{23}	…	u_{2n}
Q_{k3}	u_{31}	u_{32}	u_{33}	…	u_{3n}
…	…	…	…	…	…
Q_{kn}	u_{n1}	u_{n2}	u_{n3}	…	u_{nn}

由此便可得出对应的判断矩阵 $\boldsymbol{U}$：

$$\boldsymbol{U}=\begin{bmatrix} u_{11} & u_{12} & \cdots & u_{1n} \\ u_{21} & u_{22} & \cdots & u_{2n} \\ \vdots & \vdots & & \vdots \\ u_{n1} & u_{n2} & \cdots & u_{nn} \end{bmatrix}=(u_{ij})_{n\times n} \tag{2.23}$$

对于判断矩阵 $\boldsymbol{U}=(u_{ij})_{n\times n}$ 中的各元素，存在如下的关系：

$$\left.\begin{aligned} u_{ij} &= \frac{1}{u_{ji}} \\ u_{ij} &= \geqslant 0 \quad (i,j=1,2,\cdots,n) \\ u_{ii} &= 1 \end{aligned}\right\} \tag{2.24}$$

式(2.24)中的 u_{ij} 表示准则层 Q_k 下的两因素 Q_{ki} 与 Q_{kj} 的相对重要程度。

影响因素的重要性评判，需引入特定的数字判断标度。关于数字标度，最早由 SATTY 教授所提出的“1～9 标度法”，继而出现了“1～5 标度法”“1～15 标度法”“x^2 标度法”“$x^{1/2}$ 标度法”“9/9～9/1 标度法”“10/10～18/2 标度法”及“指标标度法”[213]。但已有较多研究成果表明采用 1～9 标度法后，会出现评价结果逆序、判断矩阵的一致性与思维的一致性相脱节等问题[214]。

文献[215]指出基于“韦伯-费希纳”定律得出的指数标度可克服“1～9 标度”不一致性的缺陷。文献[216-217]证明了采用“1～9 标度法”的判断矩阵可以通过一致性检验，而指数标度算法却无法通过标度检验，验证了“指数标度法”是一种较为严谨与完善的计算方法，并给出了 13 阶一致性检验指标值。

采用指数标度算法进行计算，其优势是基于“韦伯-费希纳”定律建立“等距分级、等比赋值”的指标体系，该算法为

$$\varepsilon_q = K^{\mu}\,(\mu=0,1,\cdots) \tag{2.25}$$

式中：K 为待定参数；μ 为重要性等级的划分。

文献 [216-217]中指出待定参数 K 的值取为 1.316，重要性等级应划分为 9 个等级，故 $\mu=8$，从而

$$\varepsilon_q = 1.316^{\mu}\,(\mu=0,1,\cdots,8) \tag{2.26}$$

各等级的评语及标度值见表 2-6。

表 2-6 指数标度

μ	0	2	4	6	8
评 语	同等重要	稍微重要	明显重要	强烈重要	极端重要
标度值	1.000	1.732	3.000	5.194	3.000
中间差值	当 μ 为 1、3、5、7 时，按照式(2.25)计算标度值				

2.2.4.3 准则层及指标层的权重计算

鉴于判断矩阵 $\boldsymbol{U}$ 的阶数较高，采用 MATLAB 软件对判断矩阵 $\boldsymbol{U}$ 进行计算，求解出特征根 λ_i，以及最大特征根 $\lambda_{\max}$ 和对应的特征向量 $\boldsymbol{W}$：

$$\boldsymbol{UW} = \lambda_i \boldsymbol{W} \tag{2.27}$$

若判断矩阵可通过一致性检验，则可对特征向量 $\boldsymbol{W}$ 进行归一化处理得出向量 $\boldsymbol{\omega}$。向量 $\boldsymbol{\omega}$ 即为在目标层下的权重系数。

$$\left.\begin{aligned} \boldsymbol{W} &= (W_1, W_2, \cdots, W_n)^{\mathrm{T}} \\ \boldsymbol{\omega} &= (\omega_1, \omega_2, \cdots, \omega_n)^{\mathrm{T}} \\ \omega_k &= \sum_{i=1}^{n} \frac{W_k}{W_i} \begin{pmatrix} i = 1,2,\cdots,n \\ k = 1,2,\cdots,n \end{pmatrix} \end{aligned}\right\} \tag{2.28}$$

2.2.4.4 判断矩阵的一致性检验

研究人员对事物的认识具有一定的局限性，客观事物自身又具有复杂性、模糊性等特点，需对判断矩阵进行一致性检验，验证计算结果的可靠性。

一致性指标 CI 的计算公式为

$$\mathrm{CI} = \frac{\lambda_{\max} - n}{n - 1} \tag{2.29}$$

判断矩阵的一致性计算结果 CR 为

$$\mathrm{CR} = \frac{\mathrm{CI}}{\mathrm{RI}} \tag{2.30}$$

式中：RI 为随机一致性指标。当 CR<0.10 时，认为判断矩阵满足一致性要求，RI 的取值见表 2-7[218]。

表 2-7 随机一致性指标 RI

n	1	2	3	4	5	6	7	8	9	10	11	12	13
RI	0	0	0.36	0.58	0.72	0.82	0.88	0.93	0.97	0.99	1.01	1.03	1.04

2.2.4.5 准则层指标权重的确定

经现场调研与资料收集，判定对隧道洞口危岩崩塌产生影响的因素包括 9 项：边坡地形条件、地层岩性、岩性组合、结构面的发育情况、气象水文、卸荷与风化、生物活动、自然荷载、落石历史，构建表 2-8 的判断矩阵。

(1)采用 MATLAB 软件计算的结果在表 2-8 中，判断矩阵 $\boldsymbol{U}$ 的最大特征根 $\lambda_{\max}$ 及对

应的特征向量 $\boldsymbol{W}$ 为

$$\left.\begin{aligned} &\lambda_{\max} = 8.4379 \\ &\boldsymbol{W} = \begin{pmatrix} 0.356, 0.486, 0.569, 0.373, \\ 0.161, 0.242, 0.191, 0.231 \end{pmatrix}^{\mathrm{T}} \end{aligned}\right\} \tag{2.31}$$

(2)在本书中，准则层数量 $n=8$。据表 2-7 可得 RI=0.93，代入式(2.30)，则有

$$\left.\begin{aligned} &\mathrm{CI}=\frac{8.4379-8}{8-1}=0.06256 \\ &\mathrm{CR}=\frac{\mathrm{CI}}{\mathrm{RI}}=\frac{0.06256}{0.93}=0.06727<0.1 \end{aligned}\right\} \tag{2.32}$$

结合式(2.32)可以得出，判断矩阵 $\boldsymbol{U}$ 的计算结果满足一致性要求。

表 2-8　准则层的判断矩阵

Q	Q_1	Q_2	Q_3	Q_4	Q_5	Q_6	Q_7	Q_8
Q_1	1	$1.316^{1/3}$	$1.316^{1/4}$	$1.316^{2/5}$	1.316^{2}	$1.316^{2/3}$	1.316	$1.316^{1/2}$
Q_2	$1/1.316^{1/3}$	1	$1.316^{3/4}$	$1.316^{7/5}$	1.316^{6}	1.316^{2}	1.316^{3}	$1.316^{3/2}$
Q_3	$1/1.316^{1/4}$	$1/1.316^{3/4}$	1	$1.316^{8/5}$	1.316^{8}	$1.316^{8/3}$	1.316^{4}	1.316^{2}
Q_4	$1/1.316^{2/5}$	$1/1.316^{7/5}$	$1/1.316^{8/5}$	1	1.316^{5}	$1.316^{7/4}$	$1.316^{5/2}$	$1.316^{3/2}$
Q_5	$1/1.316^{2}$	$1/1.316^{6}$	$1/1.316^{8}$	$1/1.316^{5}$	1	$1.316^{1/3}$	$1.316^{2/3}$	$1.316^{1/4}$
Q_6	$1/1.316^{2/3}$	$1/1.316^{2}$	$1/1.316^{8/3}$	$1/1.316^{7/4}$	$1/1.316^{1/3}$	1	$1.316^{3/2}$	$1.316^{3/4}$
Q_7	1/1.316	$1/1.316^{3}$	$1/1.316^{4}$	$1/1.316^{5/2}$	$1/1.316^{2/3}$	$1/1.316^{3/2}$	1	$1.316^{1/2}$
Q_8	$1/1.316^{1/2}$	$1/1.316^{3/2}$	$1/1.316^{2}$	$1/1.316^{3/2}$	$1/1.316^{1/4}$	$1/1.316^{3/4}$	$1/1.316^{1/2}$	1

(3)对特征项向量 $\boldsymbol{W}$ 进行归一化处理，可得出各项准则层 Q_k 相对于目标层的权重 $\boldsymbol{\omega}$（见表 2-9）为

$$\boldsymbol{\omega}_k = \sum_{i=1}^{n} \frac{W_k}{W_i} \begin{pmatrix} i = 1, 2, \cdots, n \\ k = 1, 2, \cdots, n \end{pmatrix} = \begin{pmatrix} 0.136, 0.186, 0.218, 0.143, \\ 0.062, 0.093, 0.073, 0.089 \end{pmatrix}^{\mathrm{T}} \tag{2.33}$$

采用饼图绘制各准则层的权重值，如图 2.2 所示（见彩图 2.2）。可以看到，对隧道洞口段危岩崩塌产生重要影响的因素有 4 个方面："边坡地形""岩性与构造""结构面发育"及"气象水文"，其总影响权重占 68.3%。

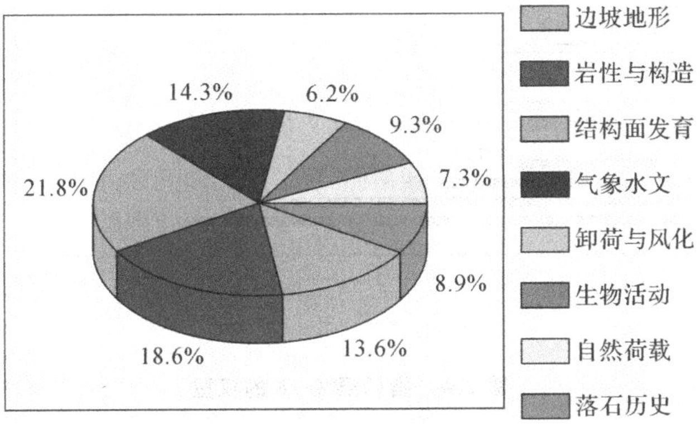

图 2.2　准则层权重

表 2-9　各准则层的指标权重

序号	1	2	3	4	5	6	7	8
准则层	边坡地形条件	岩性与构造	结构面发育情况	气象水文	卸荷与风化	生物活动	自然荷载	落石历史
权重	0.136	0.186	0.218	0.143	0.062	0.093	0.073	0.089

以此类推，以各准则层为基准，分别建立 8 个判断矩阵进行计算，求解出各项指标层的权重值，获得指标层对于目标层的权重值，如图 2.3 及图 2.4 所示。

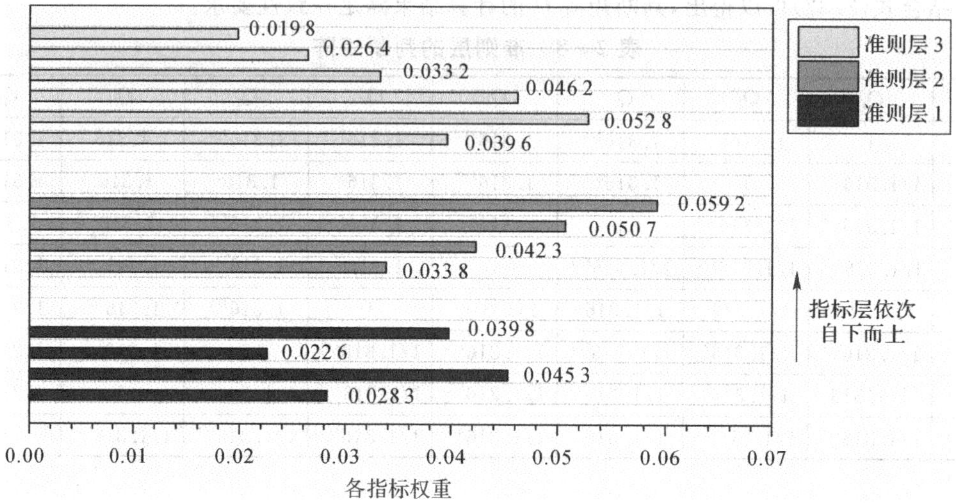

图 2.3　指标层 1～3 的权重

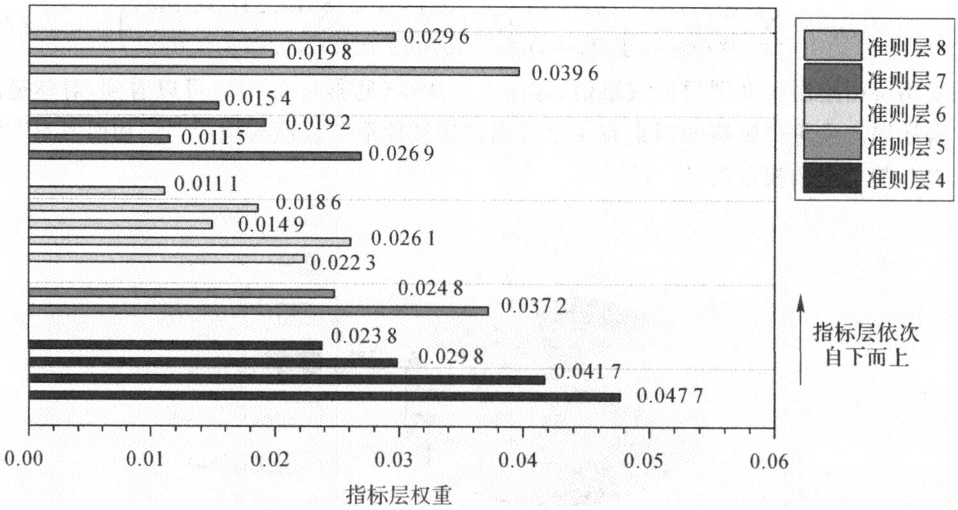

图 2.4　指标层 4～8 的权重

2.2.4.6 危险度的模糊评判法

对于道路安全等级较低的落石灾害，可采用模糊隶属度函数进行评价。模糊评价集按照五级进行划分：[10，极其危险]，[30，很危险]，[50，危险]，[70，较安全]，[90，安全]，对应的隶属度函数为：

(1)“极其危险”等级按照三个等级进行划分，即

$$S_M=\begin{cases}1 \ (0\leqslant M<10)\\ \dfrac{(30-M)}{20} \ (10\leqslant M<30)\\ 0 \ (30\leqslant M<100)\end{cases} \tag{2.34}$$

(2)“很危险”等级按照五个等级进行划分，即

$$S_M=\begin{cases}0 \ (0\leqslant M<10)\\ \dfrac{(M-10)}{20} \ (10\leqslant M<30)\\ 1 \ (M=30)\\ \dfrac{(50-M)}{20} \ (30<M<50)\\ 0 \ (50\leqslant M<100)\end{cases} \tag{2.35}$$

(3)“危险”等级按照五个等级进行划分，即

$$S_M=\begin{cases}0 \ (0\leqslant M<30)\\ \dfrac{(M-30)}{20} \ (30\leqslant M<50)\\ 1 \ (M=50)\\ \dfrac{(70-M)}{20} \ (50<M<70)\\ 0 \ (70\leqslant M<100)\end{cases} \tag{2.36}$$

(4)“较安全”等级按照五个等级进行划分，即

$$S_M=\begin{cases}0 \ (0\leqslant M<50)\\ \dfrac{(M-50)}{20} \ (50\leqslant M<70)\\ 1 \ (M=70)\\ \dfrac{(90-M)}{20} \ (70<M<90)\\ 0 \ (90\leqslant M<100)\end{cases} \tag{2.37}$$

(5)“安全”等级按照三个等级进行划分，即

$$S_M=\begin{cases}0 \ (0\leqslant M<70)\\ \dfrac{(M-70)}{20} \ (70\leqslant M<90)\\ 1 \ (90\leqslant M<100)\end{cases} \tag{2.38}$$

在采用隶属度函数进行模糊评价时，若某一项评价指标的最终评价分数为 $S_M=75$，根据式(2.34)～式(2.38)可得：“极其危险”的概率为 $P_{i1}=0$，“很危险”的概率为 $P_{i2}=0$，“危

险”的概率 $P_{i3}=0$,“较安全”的概率 $P_{i4}=(90-75)/20=75\%$,安全的概率 $P_{i5}=(75-70)/20=25\%$,则该评判项的隶属度为(0.25,0.75,0,0,0)。将结果绘制于图 2.5 的隶属度评价曲线。

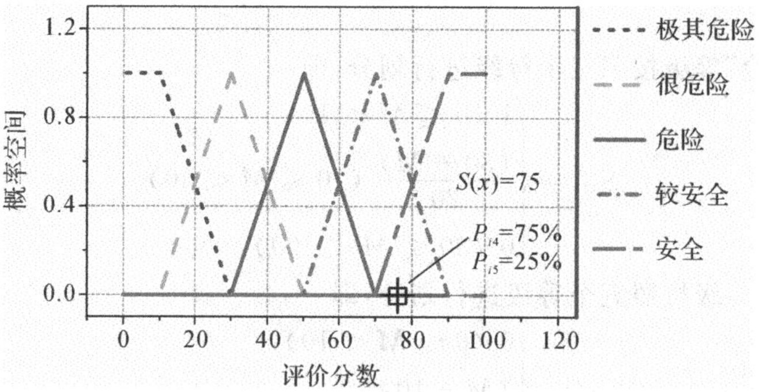

图 2.5　隶属度评价曲线

假定在经由专家进行评判后,得出某一准则层下的某一指标层的隶属度矩阵 $\boldsymbol{P}_{ij}$ 为

$$\boldsymbol{P}_{ij}=[f_{i1},f_{i2},f_{i3},f_{i4},f_{i5}] \tag{2.39}$$

式中:i 表示第 i 个准则层;j 表示第 i 个准则层下的第 j 项指标层。

由此可得某一子准则层下所有指标层所构成的整体评判矩阵 $\boldsymbol{R}_i$ 为

$$\boldsymbol{R}_i=[\boldsymbol{P}_{i1},\boldsymbol{P}_{i2},\cdots,\boldsymbol{P}_{ik}]^{\mathrm{T}}=\begin{bmatrix} f_{i1}^{(1)} & f_{i2}^{(1)} & \cdots & f_{i5}^{(1)} \\ f_{i1}^{(2)} & f_{i2}^{(2)} & \cdots & f_{i5}^{(2)} \\ \vdots & \vdots & & \vdots \\ f_{i1}^{(k)} & f_{i2}^{(k)} & \cdots & f_{i5}^{(k)} \end{bmatrix} \tag{2.40}$$

式中:k 表示第 i 个准则层下所存在 k 个子准则层(指标层)。

采用加权平均模型进行评价,若某一子准则层的权重向量 $\boldsymbol{\zeta}_i$ 为

$$\boldsymbol{\zeta}_i=[\zeta_{i1},\zeta_{i2},\cdots,\zeta_{ik}] \tag{2.41}$$

则某一子准则层(指标层)的综合评价向量 $\boldsymbol{\tau}_i$ 为

$$\boldsymbol{\tau}_i=\boldsymbol{\zeta}_i\boldsymbol{R}_i=\left[\sum_{m=1}^{k}\zeta_{im}f_{i1}^{(m)},\sum_{m=1}^{k}\zeta_{im}f_{i2}^{(m)},\cdots,\sum_{m=1}^{k}\zeta_{im}f_{i5}^{(m)}\right] \tag{2.42}$$

从而可得出准则层的评价矩阵 $\boldsymbol{\tau}$ 为

$$\boldsymbol{\tau}=[\tau_1,\tau_2,\cdots,\tau_n]^{\mathrm{T}} \tag{2.43}$$

假定各准则层的权重向量 $\boldsymbol{\chi}$ 为

$$\boldsymbol{\chi}=[\chi_1,\chi_1,\cdots\chi_n] \tag{2.44}$$

则目标层的评价向量 $\boldsymbol{C}$ 为

$$\boldsymbol{C}=\boldsymbol{\chi\tau} \tag{2.45}$$

则最终的评价分值 F_{s} 为

$$F_{\mathrm{s}}=\boldsymbol{C}(M_{\mathrm{F}})^{\mathrm{T}}=\boldsymbol{C}[90,70,50,30,10]^{\mathrm{T}} \tag{2.46}$$

2.2.4.7　危险度的函数评价法

采用隶属度函数对隧道洞口危岩崩塌风险进行评价时,存在 3 方面不足:①需若干专家

亲赴现场进行评判；②评价过程繁冗、评价工作量大；③评价结果受人为主观影响大。

为了使隧道洞口段危岩崩塌风险评价更为便捷、准确，需提炼出充分的评价指标，并针对各项指标的特点寻求定量评价函数，实现评价过程程序化、评价结果精确化。

1. 边坡地形条件(S_1)

(1)坡体倾角($S_{1\text{-}1}$)。当危岩体所处的坡体角度越大时，危岩体的重心线将会越靠近外侧。在自重、降雨、地震等因素的作用下将形成危岩崩塌。如在以切坡方式所修建的盘山公路中，边坡体极易发生危岩崩塌灾害。文献[219]中通过现场调研得出，陡崖斜坡体的坡度在 60°～90°之间时最容易形成危岩崩塌事故，该项指标的评价算法如图 2.6 所示。

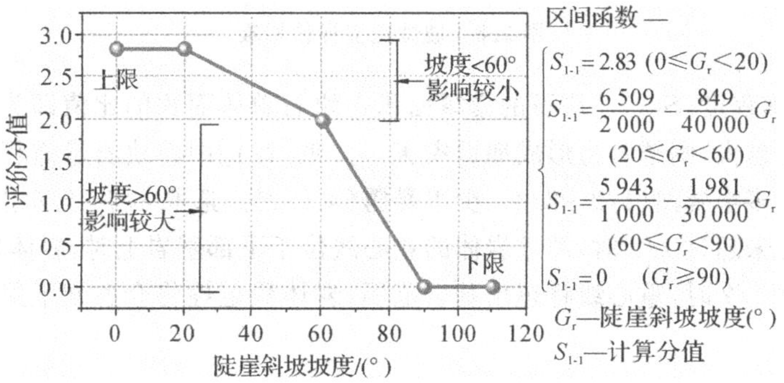

图 2.6　陡崖斜坡坡度评价标准

(2)坡体高度($S_{1\text{-}2}$)。坡体高度是指危岩体距离下部道路水平面的垂直距离。坡体高度亦是影响危岩崩塌的重要影响因素。人类活动、机械震动、动物出没等因素导致较低位置处的危岩体已被清除。位置较高处的危岩块体，由于受扰动小、岩体较完整，在常年受雨水侵蚀、风化、地震等因素影响下，往往会孕育较严重的危岩崩塌事故。已有的统计资料表明，危岩崩塌多发生于距离地面 20 m 以上的位置，文献[220]中选取了 5～35 m 为作为评价区间，该指标的评价算法如图 2.7 所示。

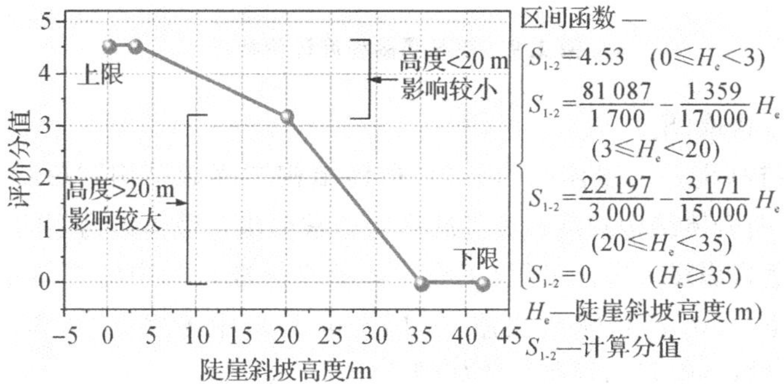

图 2.7　陡崖斜坡高度评价标准

(3)坡体宽度($S_{1\text{-}3}$)。坡体宽度是指危岩所在坡面与下方道路的相接宽度。若坡体宽度较窄，落石可能会沿两侧斜坡运动，避免冲击至下部威胁区域。文献[221]认为坡体宽度在 180 m 范围内受影响最大，超过 180 m 时影响较小，评价算法如图 2.8 所示。

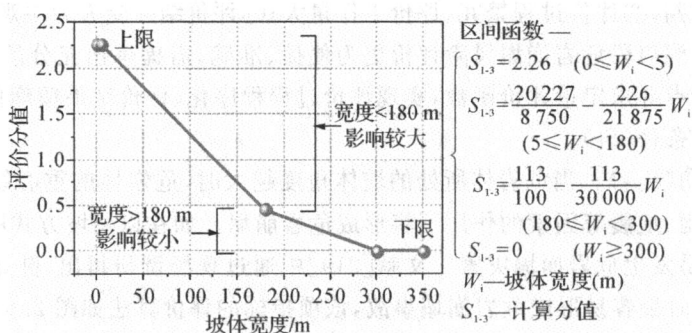

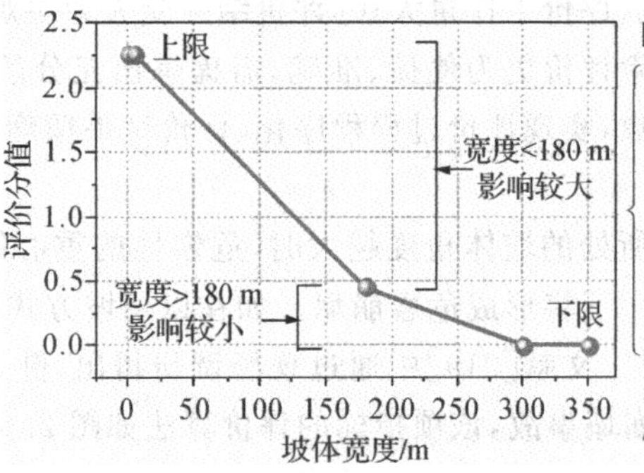

图 2.8　坡体宽度评价标准

(4)块石暴露程度($S_{1\text{-}4}$)。块石的暴露面积占块石总体面积的比值即为块石暴露程度。危岩体暴露程度越大,则越容易形成崩塌灾害。文献[221]中将块石暴露程度分为三类:完全暴露(>2/3)、多半暴露(1/2～2/3)、少半暴露(<1/2)。选取 1/6～5/6 作为评价边界,但当危岩暴露程度未超过 1/2 时,即危岩体的重心线位于下部基岩上时,岩体稳定性较好。如果暴露程度超过 1/2 时,重心线将超出基岩范围,岩体稳定性将会急剧下降,评价算法如图 2.9 所示。

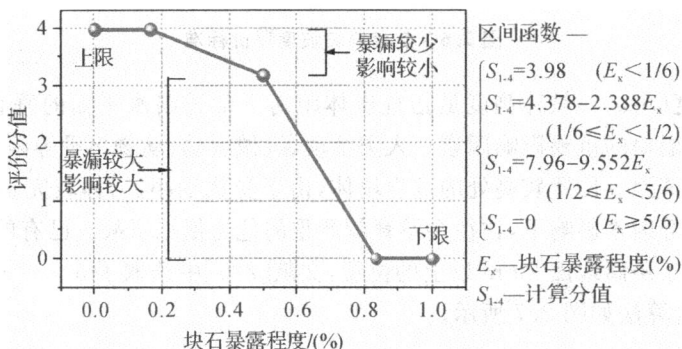

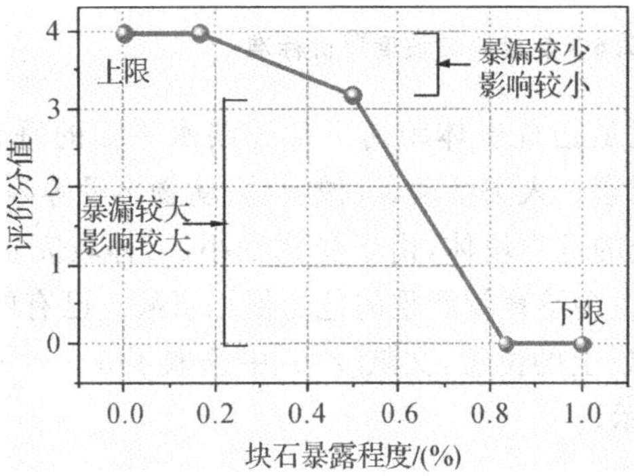

图 2.9　块石暴露程度评价标准

2. 地层条件与构造(S_2)

(1)危岩体结构($S_{2\text{-}1}$)。岩体结构分为“散体结构”“碎裂结构”“层状结构”及“块体结构”。已有资料证明岩体结构对落石灾害的影响非常突出。散体结构不能形成落石灾害,块体结构将易形成危岩崩塌灾害。采用《工程岩体分级标准》[222]中的岩体完整性系数 K_v 进行评价:其中破碎(<0.15),完整性差(0.15～0.35),中等完整(0.35～0.55),较完整(0.55～0.75),完整(>0.75),评判算法如图 2.10 所示。

(2)下伏岩层情况($S_{2\text{-}2}$)。危岩崩塌灾害多发生于坚硬稳固的地层结构中,这是由于在坚硬地层结构中更易形成高陡边坡,进而在地质构造运动、日照作用、雨水侵蚀等因素影响下产生节理、裂隙,最终孕育成坡体危岩。与之相反,富含千枚岩、页岩的坡体则很难形成陡峭山坡[10]。采用岩体坚固性系数 f 进行评判,无资料时可参考坡体岩性进行评价,选取 f 为 0.3～20 作为评判边界[223],计算评价公式为

$$S_{2-2}=\begin{cases}F(x_1)=4.23 & (\text{上限})(0<U_n<0.3)\\ F(x_2)=\dfrac{846}{197}-\dfrac{423}{1970}U_n & (\text{线性减小})(0.3\leqslant U_n<20)\\ F(x_3)=0 & (\text{下限})(U_n\geqslant 20)\end{cases} \tag{2.47}$$

式中：U_n为下伏基岩的坚固性系数；S_{2-2}为 U_n的计算分值。

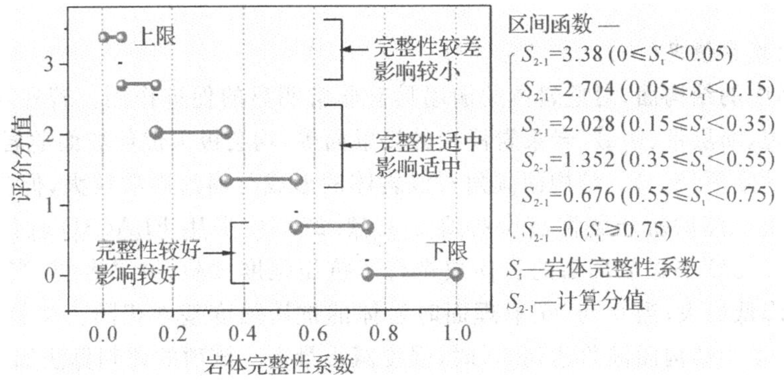

图 2.10　危岩体结构评价标准

(3)岩性组合(S_{2-3})。岩体中存在不同的岩性组合，在外部环境影响下往往会形成不同程度的差异风化，较软弱的岩体先风化，造成坚固岩层形成临空面，在外部应力的长期扰动下，极易发生危石崩塌灾害。文献[224]中将岩性组合分为“灰岩组、辉长岩-灰绿岩组”“板岩-千枚岩组(硅质岩组)”“花岗岩-闪长岩(页岩组、堆积岩组)”分别进行评价。文献[225]中指出，对于岩体的差异风化，可参考回弹值、RQD 值、岩体纵向波速进行评判，或根据岩层岩性的坚硬系数之比来评价。以花岗岩(坚硬系数＝15)与致密黏土层(坚硬系数＝1)坚硬系数的比值作为评判边界，评判标准按照表 2－10 进行选取。

$$D_c=\frac{H_b}{H_s} \tag{2.48}$$

式中：D_c定义为岩性组合系数；H_b为坚硬岩的硬度系数；H_s为较软岩的硬度系数。

表 2－10　岩性组合评价标准

岩性组合系数	≈1	1～3	3～5	5～7	7～9	9～11	11～13	13～15	>15
定性描述	极小	较小	小	较大	大	很大	很大	很大	极大
评价分值	5.07	4.438	3.804	3.17	2.536	1.902	1.268	0.634	0

注：区间内左侧数字取大于或等于，必要时可进行相邻数值内插。

(4)地质构造强度(S_{2-4})。地质构造是指在地球的内、外力作用下，岩层或者岩体发生变形或者位移而遗留下来的形态，具体表现为褶皱、断裂、劈理，以及其他的线状及面状结构。文献[226]中指出，地质构造作用越明显，则越容易形成崩塌、滑坡等地质灾害。文献[227]中结合回归分析法对许厂煤矿 330 采区的若干种构造要素进行了评价。此处采用定性定量相结合的方法进行评判，具体见表 2－11。

表 2-11 地质构造强度评价标准

地质构造强度定性描述	强度极弱	强度很弱	强度较弱	强度弱	强度较强	强度强	强度很强	强度极强
评价分值	5.92	5.112	4.28	3.424	2.568	1.712	0.856	0

注：必要时可再次进行相邻数值的内插。

3. 结构面发育情况(S_3)

陡崖坡体中的结构面，对危岩体的崩塌具有非常明显的促进作用。若在坡体中存在较多的节理、裂隙、断层带、褶皱、岩浆岩侵入的接触面等，均会极大促使坡面危岩体发生崩塌。

(1)结构面倾角(S_{3-1})。结构面倾角对危岩体的形成与崩落影响较大，但当倾角超过一定的范围后，块石体的抗压强度将会提高。文献[228]中采用 FLAC3D 软件，分别对 0°、15°、30°、45°、60°、75°、90°节理面的岩体块进行了抗压强度试验，结果表明：当节理面为 60°时，岩体强度降低最大；当 0°与 90°节理面时岩体的抗压强度基本相同。文献[229]中采用试验方法证明了当结构面倾角达到 60°时，强度减小最大。该项的评判算法如图 2.11 所示。

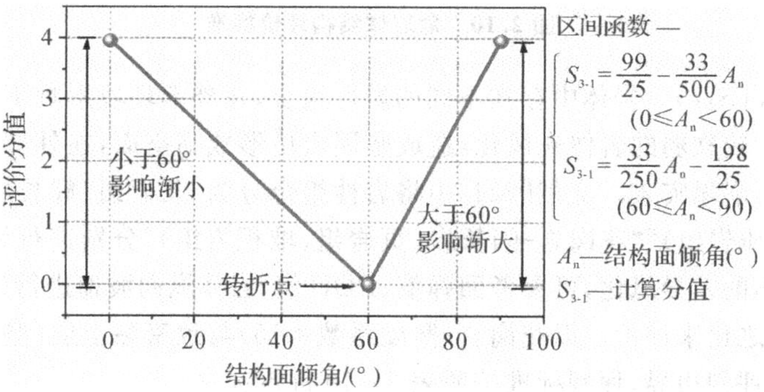

图 2.11 结构面倾角评价标准

(2)结构面贯通率(S_{3-2})。结构面贯通率的大小，将会直接影响到岩的整体强度，促成了危岩块体的形成与崩塌。文献[230]结合模型试验证明了结构面贯通率将会极大影响块石体的强度。当贯通率小于 50%时，强度只降低 5%左右，而当贯通率达到 90%时，强度将降低 80%。建立图 2.12 所示的评判算法。

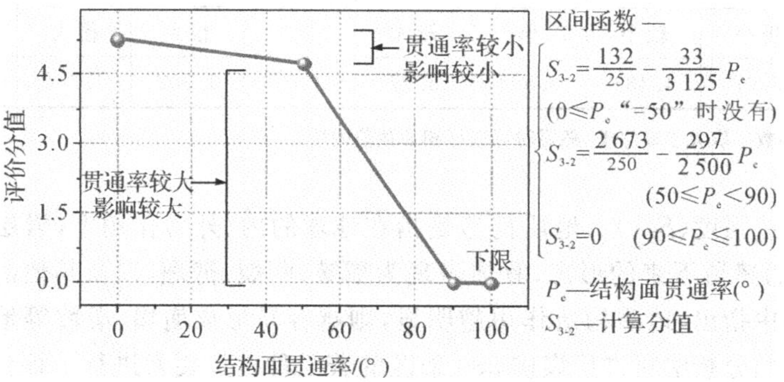

图 2.12 危岩体结构评价标准

(3)结构面开裂度($S_{3\text{-}3}$)。岩体结构面的开裂度越大,则越容易形成危岩体,并继而产生崩塌。通常在野外工程鉴别上,岩体结构面张开度的最大值为5.0 mm,最小值为1.0 mm。对于岩体裂隙张开度小于1.0 mm的情况,已再无细分意义。文献[224]给出了同样的划分级别,其计算评判的算法为

$$S_{3\text{-}3}=\begin{cases}F(x_1)=4.62 & (\text{上限})(0\leqslant C_r<1)\\ F(x_2)=\dfrac{231}{40}-\dfrac{231}{200}C_r(\text{线性减小}) & (1\leqslant C_r<5)\\ F(x_3)=0 & (\text{下限})(C_r\geqslant 5)\end{cases}\tag{2.49}$$

式中:C_r为结构面的开裂宽度(mm);$S_{3\text{-}3}$为C_r的计算分值。

(4)结构面粗糙度($S_{3\text{-}4}$)。粗糙度的评价与分级可为岩体结构面的强度提供依据。当结构面越粗糙时,危岩体越不容易形成崩塌,按照粗糙度系数JCR对结构面粗糙度进行定量评价。

N. BARTON给出的JCR算法是工程中的经典算法,具体表达式为[231]

$$\tau_p=\sigma_n\tan\left(\varphi_b+\text{JRC}\lg\frac{\text{JCS}}{\sigma_n}\right)\tag{2.50}$$

式中:τ_p为峰值抗剪强度(MPa);σ_n为有效法向应力(MPa);φ_b为基本摩擦角(°);JCS为结构面两侧岩石的单轴抗压强度(MPa);JRC为粗糙度系数。

TSE & CRUDEN建立了JRC与坡度均方根Z_2之间的统计关系式为

$$\text{JRC}=32.2+32.47\lg Z_2\tag{2.51}$$

式中:Z_2为沿着结构面隔一定间距统计结构面的坡度,并取其坡度的均二次方根。

其具体的评判算法为

$$S_{3\text{-}4}=\begin{cases}F(x_1)=0.181R_o(\text{线性增大})(0<R_o<20)\\ F(x_2)=3.62 \quad (\text{上限})(R_o\geqslant 20)\end{cases}\tag{2.52}$$

式中:R_o为结构面的粗糙度系数;$S_{3\text{-}4}$为R_o的计算分值。

(5)结构面填充度($S_{3\text{-}5}$)。文献[232]采用模型试验方法指出,结构面填充度对结构面的力学性质起着主控作用,并给出了摩擦因数与填充度之间的指数关系曲线,得出了结构面的填充度越大,越不利于结构面受力的结果,按照图2.13的算法进行评判。

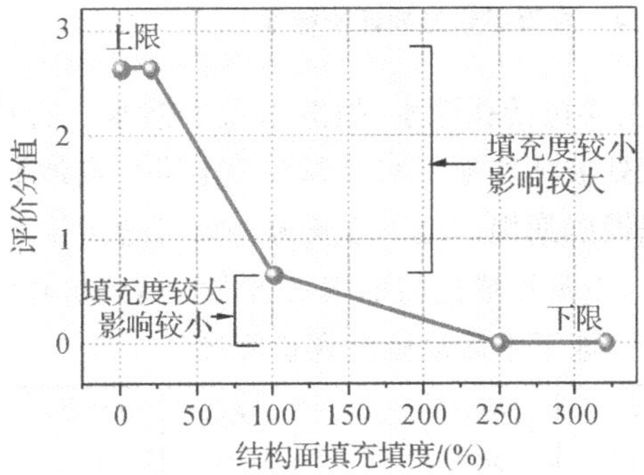

区间函数—

$$\begin{cases}S_{3\text{-}5}=2.64 & (F_i<20)\\ S_{3\text{-}5}=\dfrac{627}{200}-\dfrac{99}{4\,000}F_i & (20\leqslant F_i<100)\\ S_{3\text{-}5}=\dfrac{11}{10}-\dfrac{33}{7\,500}F_i & (100\leqslant F_i<250)\\ S_{3\text{-}5}=0 & (F_i\geqslant 250)\end{cases}$$

F_i—结构面填充填度(%)

$S_{3\text{-}5}$—计算分值

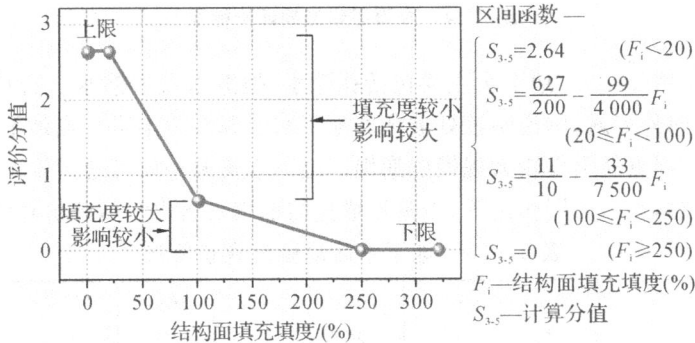

图2.13　岩体结构面填充度评价标准

(6)结构面胶结物($S_{3\text{-}6}$)。结构面胶结物强度越高,则越不容易产生落石崩塌灾害。文献[233]指出,岩体结构面之间主要的胶结物有钙质、硅质、铁质、泥质、可溶盐等,文献[234]指出结构面胶结物亦包含少量的绿泥石、重晶石、天青石等。按照胶结物种类进行定性与定量评判,见表 2-12。

表 2-12 结构面胶结物评价标准

胶结物种类描述	无胶结	其他胶结物	碳酸盐胶结	泥质胶结	钙质胶结	铁锰质胶结	硅质胶结
评价分值	0	0.33	0.66	0.99	1.32	1.65	1.98

4. 气象水文(S_4)

(1)降水情况($S_{4\text{-}1}$)。铁路部门有句谚语"大雨大塌,小雨小塌,无雨不塌"。降雨会直接弱化危岩块体与基岩之间的咬合作用,促使危岩崩塌灾害的形成。据文献[224]统计,危岩块体 80%是在雨季进行崩塌的,长期的暴雨相比于绵绵细雨更容易造成落石崩塌,且各月份的降雨量曲线与危岩崩塌次数曲线趋势基本一致。对于年降水量划分:当年降水量<200 mm 时,为干旱地区;当 200 mm<年降水量<400 mm 时,为半干旱地区;当 400 mm<年降水量<800 mm 时,为半湿润地区;当年降水量>800 mm 时,为湿润地区。经资料收集,陕北地区年降水量为 400~600 mm,关中地区为 500~700 mm,陕南地区为 700~900 mm。北京地区为 644.2 mm,上海地区为 1 123.7 mm,最终建立图 2.14 的评判算法。

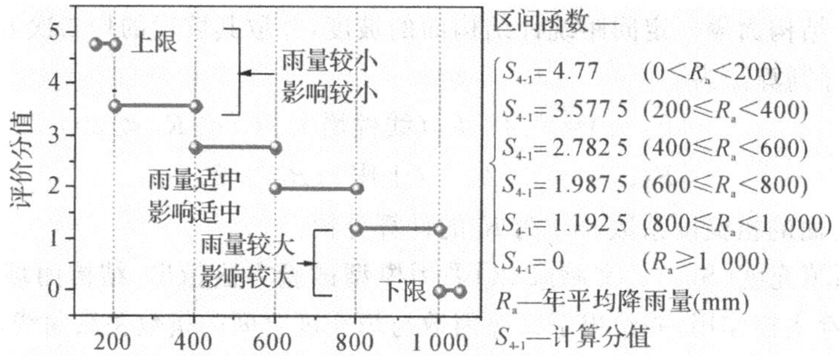

图 2.14 降雨因素影响评价标准

(2)地下水作用($S_{4\text{-}2}$)。地下水主要包括孔隙水、裂隙水及岩溶水。若坡体中的地下水可通过坡面表层向外流露,则说明该处坡体的地下水资源较为丰富。当地下水流露越多,且与坡脚越靠近时,则更易引发较大规模的崩塌。地下水资源一般可通过雨水、地表径流进行补给,在地下水与雨水的共同作用下,更易形成危岩崩塌灾害[49,235],评价算法见表 2-13。

表 2-13 地下水活动强度评价标准

涌水量 L/min·10 cm	0	0~5	5~10	10~25	25~50	50~75	75~100	100~125	>125
定性描述	干燥	较潮	潮	湿润	渗水	滴水	渗流	流水	冒水
评价分值	4.17	3.647	3.126	2.605	2.084	1.563	1.042	0.521	0

(3)地表径流因素(S_{4-3})。地表径流将会对两侧山体形成切削作用,导致山体下部脱空形成临空面,加之在岩体重力及风化因素的影响下,更易造成危岩体的形成与崩塌。经资料搜集:黄河的年平均流量为 1 774.5 m³/s,珠江河口年平均流量为 10 700 m³/s,黑龙江年平均流量为 10 800 m³/s,怒江年平均流量为 2 229 m³/s。参考《堤防工程设计规范》[236]中对于拦河闸流量的划分,大型拦河闸的过闸流量为>1 000 m³/s,中型拦河闸为 100 m³/s<过闸流量<1 000 m³/s,小型的拦河闸为 10 m³/s<过闸流量<100 m³/s。选取 2~350 m³/s 作为评价边界,得计算公式为

$$S_{4-3}=\begin{cases}F(x_1)=2.98 & (\text{上限})\ (0\leqslant R_i<2)\\ F(x_2)=\dfrac{1\,043}{348}-\dfrac{149}{17\,400}R_i(\text{线性减小}) & (2\leqslant R_i<350)\\ F(x_3)=0 & (\text{下限})\ (R_i\geqslant 350)\end{cases}\tag{2.53}$$

式中:R_i 为河流径流量(m³/s);S_{4-3}为 R_i 的计算分值。

(4)冻融作用(S_{4-4})。岩体裂隙中通常会赋存一定的水分,在冻融循环的作用下,裂隙水体会不断涨缩,对岩体形成了劈裂效应,导致岩体产生分解、强度降低。文献[237]指出:冻融循环的频率是影响一个地区冻融强度的主要评价指标,而平均气温年较差是评价冻融循环频率的指标。评价见表 2-14。

平均气温年较差 T_D的计算公式为

$$T_D=\overline{T_H}-\overline{T_L}\tag{2.54}$$

式中:T_H为一年中气温最高月的平均气温值(℃);T_L为最低月的气温平均值(℃)。

表 2-14　冻融作用强度评价标准

平均气温年较差/℃	<12	12~18	18~24	24~29.5	29.5~35	35~42	42~49
定性描述	轻微	较轻	轻度	一般	中度	较强	强烈
评价分值	2.38	1.985	1.588	1.191	0.794	0.397	0

5. 卸荷与风化(S_5)

(1)卸荷影响(S_{5-1})。文献[219]中指出,地形地貌、结构面等因素是促使危岩形成的内部条件,而卸荷与风化作用是促使危岩形成的外在条件,二者相辅相成。文献[238]指出,边坡岩体卸荷的影响因素较多,主要有地形地貌、应力特征、风化状况、地层岩性、断裂构造、地震、地下水、人类工程活动等。采用定性与定量相结合的方法进行评判计算,见表 2-15。

表 2-15　卸荷作用评价标准

卸荷作用强度定性描述	极弱	很弱	较弱	弱	较强	强	很强	极强
评价分值	3.72	3.186	2.655	2.124	1.593	1.062	0.531	0

注:必要时可再次进行相邻状态的内插。

(2)风化作用(S_{5-2})。坡面岩体在日照、降雨、地下水侵蚀、温差变化等因素影响下将会

逐步风化。完整的边坡岩体由于风化作用极易发生危岩崩塌。此处按风化系数进行评价：当风化系数为0.9～1.0时，岩体为未发生风化；当风化系数为0.8～0.9时，岩体为微风化；当风化系数为0.4～0.8时，岩体为中风化；当风化系数为0.2～0.4时，岩体为强风化；当风化系数<0.2时，岩体为全风化，见表2-16。风化系数的计算式为

$$K_F = \frac{P_W}{P_F} \tag{2.55}$$

式中：P_W、P_F分别为风化岩石、新鲜岩石的饱和单轴抗压强度(Pa)。

表2-16 风化作用评价标准

风化系数	<0.2	0.2～0.4	0.4～0.6	0.6～0.8	0.8～0.9	0.9～1.0
定性描述	全风化	强风化	中风化	中风化	微风化	未风化
评价分值	0	0.476	0.952	1.428	1.904	2.38

6. 生物活动(S_6)

(1)区域人类活动强度(S_{6-1})。区域人类活动强度将会直接关系到人类对自然生态环境的扰动程度。文献[239]指出，对区域人类活动强度进行评判时，需综合考虑社会因子(包括人口结构、人口自然增长率、人口密度等)、经济因子(经济密度、人均国民生产总值、全社会固定资产投资等)、文化因子(普通中学在校学生数、普通中学数、教师数量)。采用表2-17对该项指标进行评判计算。

表2-17 区域人类活动强度评价标准

人类活动强度定性描述	极低	很低	较低	低	较高	度高	很高	极高
评价分值	2.23	1.914	1.595	1.276	0.957	0.638	0.319	0

注：必要时可再次进行相邻状态的内插。

(2)列车震动(S_{6-2})。文献[49]指出，当列车车次<1次/天时，列车荷载则可忽略不计，而当列车车次>30次/天时，为最不利计算工况，其评价计算公式为

$$S_{6-2} = \begin{cases} F(x_1) = 2.61 & (\text{上限})(T_r = 0) \\ F(x_2) = \dfrac{783}{290} - \dfrac{261}{2\,900}T_r & (\text{线性减小})(1 \leqslant T_r < 30) \\ F(x_3) = 0 & (\text{下限})(T_r \geqslant 30) \end{cases} \tag{2.56}$$

式中：T_r为列车车次(次/天)；S_{6-2}为列车震动项的计算分值。

(3)工程爆破(S_{6-3})。工程爆破震动会对危岩体崩塌产生较大影响。工程爆破震动强度受制于单次的工程爆破规模以及爆破次数两方面因素。参考《爆破安全规程》[240]中关于爆破等级的划分，同时在隧道施工过程中，围岩每循环爆破施工作业的炸药使用量Ⅳ级为1.2 kg/m³，Ⅴ级为1.5 kg/m³。该项指标的评判算法见表2-18。

表2-18　工程爆破强度评价标准

爆破次数 T/(次·天$^{-1}$)	装药量 Q/kg			
	$Q\leqslant 50$ (小药量)	$50<Q\leqslant 100$ (中药量)	$100<Q\leqslant 300$ (大药量)	$Q>300$ (极大药量)
$T\leqslant 2$(偶尔)	1.49	1.24	0.992	0.744
$2<T\leqslant 5$(次数较多)	1.24	0.992	0.744	0.496
$5<T\leqslant 15$(次数多)	0.992	0.744	0.496	0.248
$T>15$(次数很多)	0.744	0.496	0.248	0

注:必要时可再次进行相邻状态的内插。

(4)切坡开挖($S_{6\text{-}4}$)。由于修建道路、开辟场地、开山取矿等缘故,往往会出现大幅刷坡、切坡现象,这将会造成坡体植被破坏、坡脚处形成临空面、岩体产生应力释放,极大促成了危岩崩塌灾害。参考《建筑边坡工程技术规范》[241]《岩土工程勘察规范》[242]中的相关规定,对切坡开挖等级进行划分,评判算法见表2-19。

表2-19　工程开挖等级评价标准

岩质边坡开挖高度/m	0	0~5	5~10	10~15	15~22.5	22.5~30	>30
土质边坡开挖高度/m	0	0~5	5~7.5	7.5~10	10~12.5	12.5~15	>15
评价分值	1.86	1.55	1.24	0.93	0.62	0.31	0

(5)区域兽类活动($S_{6\text{-}5}$)。区域兽类在进行日常捕食等活动时,其足迹几乎遍布于坡体的所有角落,对坡面危岩体的松动与崩落将起到一定促进作用。文献[243]指出,山岭地区比平原地区的物种丰富度高,以"兽类出没频次"及"平均每次出没的数量"两方面进行评判,必要时可从评价区附近的常住居民及当地野生动物管理部门获取相关统计资料,评价算法见表2-20。

表2-20　区域兽类活动强度评价标准

数量 M/(只·次$^{-1}$)	频次 P/(次·天$^{-1}$)			
	$P<5$ (频率较低)	$5\leqslant P<20$ (一般)	$20\leqslant P<50$ (频率较高)	$P\geqslant 50$ (频率很高)
$M<3$(零星个别)	1.11	0.925	0.74	0.555
$3\leqslant M<10$(三五成群)	0.925	0.74	0.555	0.37
$10\leqslant M<30$(成群结队)	0.74	0.555	0.37	0.185
$M\geqslant 30$(大群)	0.555	0.37	0.185	0

7.自然荷载(S_7)

(1)地震影响($S_{7\text{-}1}$)。地震对危岩崩塌灾害的影响较大。地震对危岩体的影响主要包括地震强度与地震频度两个方面,参考中国地震强度区划及文献[69,244]进行定性与定量评价，具体评价算法见表 2－21。

表 2－21　地震活动强度评价标准

地震烈度	<3	3～4	4～5	5～6	6～7	7～8	7～8	>9
定性描述	弱震	弱震	中震	中震	中强震	强震	强震	大地震
评价分值	2.69	2.304	1.92	1.536	1.152	0.768	0.384	0

(2)植物根劈作用(S_{7-2})。采用郁闭度来反映植被根劈作用的强弱。郁闭度是指森林中乔木树冠遮蔽地面的程度，是反映森林结构以及植被茂密程度的重要指标。在野外可采用目测法进行评判，郁闭度 η_Y的计算式为

$$\eta_Y = \frac{S_{冠}}{S_{地}} \tag{2.57}$$

式中：$S_{冠}$为树冠遮蔽地面的面积(m^2)；$S_{地}$为样方总面积(m^2)。

具体的评判标准见表 2－22。

表 2－22　根劈作用强度[郁闭度(%)]评价标准

根劈作用	0	0～10	10～20	20～30	30～40	40～55	55～70	70～85	85～100
定性描述	无作用	强度较低	强度较低	中度	中度	强度较高	强度较高	强度很高	强度很高
评价分值	1.15	1.008	0.864	0.720	0.576	0.432	0.288	0.144	0

(3)高地应力因素(S_{7-3})。地应力较高时，则其在岩体内部会赋存较高的能量，在人为开挖、爆破震动等因素扰动下，极易发生落石崩塌灾害。参考《水利水电规程》中关于地应力的等级划分，其中低地应力(<10 MPa)，中等地应力(10～20 MPa)，高地应力(20～40 MPa)，极高地应力(≥40 MPa)，评判算法如图 2.15 所示。

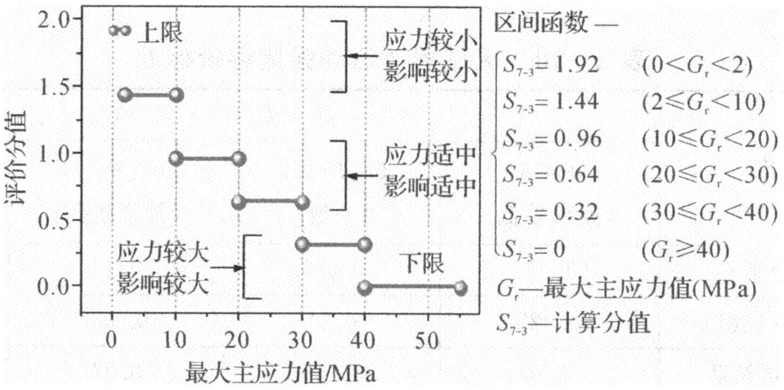

图 2.15　高地应力评价标准

(4)风力荷载作用(S_{7-4})。在河流沟谷处，经常会形成较严重的“穿堂风”效应，较大的风荷载会造成陡崖峭壁上的危岩体发生松动、崩塌。参考风力等级划分标准，并按表 2－23 进行评判计算。

表 2-23　风力荷载强度评价标准

风力等级/级	0	1～2	3～4	5～6	7～8	9	>9
强度描述	无风	轻风	和风	强风	大风	狂风	飓风
评价分值	1.54	1.285	1.028	0.771	0.514	0.257	0

8. 落石历史(S_8)

落石历史情况可对危岩是否产生崩塌起到预判效果。在初步评判卡及 RRES 评价体系中，落石历史情况都是重要的评判因素。落石历史因素包括落石频率、落石粒径、下部落石堆积体厚度等三项内容。

(1)落石频率($S_{8\text{-}1}$)。对于落石发生频率，文献[49]指出：当落石频率<0.01 次/天时，可认为落石灾害极少发生；当落石频率>0.5 次/天时，认为落石灾害的发生频率极高，最终建立表 2-24 所示的评判算法。

表 2-24　落石频率评价标准

落石频率/次·天$^{-1}$	<0.01	0.01～0.025	0.025～0.05	0.05～0.075	0.075～0.1	0.1～0.25	0.25～0.5	>0.5
定性描述	少发生	偶尔发生	经常发生	经常发生	频繁发生	频繁发生	很频繁	极频繁
评价分值	3.96	3.396	2.83	2.264	1.698	1.132	0.566	0

(2)落石粒径($S_{8\text{-}2}$)。落石的崩落粒径是表征落石灾害的严重程度及发生概率大小的重要因素，粒径越大，则说明该边坡处落石灾害发生概率越高，崩塌事件后果越严重。参考文献[49]并选取 0.05～10 m 作为评价区间，评价标准见表 2-25。

表 2-25　落石粒径评价标准

落石粒径/m	<0.05	0.05～0.25	0.25～0.5	0.5～1.0	1.0～2.0	2.0～5.0	5.0～10.0	>10.0
定性描述	小块落石	中等落石	大块落石	巨块落石	巨块落石	大规模落石	大规模落石	极大规模落石
评价分值	1.98	1.698	1.415	1.132	0.849	0.566	0.283	0

(3)落石堆积体厚度($S_{8\text{-}3}$)。落石堆积体厚度亦可判断该坡体处落石灾害所发生的频率及严重程度。落石灾害发生频率越高，灾害程度越严重，下部落石堆积体的堆积厚度势必会越大，参考文献[49]并选取 1～15 m 作为评价边界，评价计算公式为

$$S_{8\text{-}3}=\begin{cases}F(x_1)=2.96 & (\text{上限})(0\leqslant R_{\mathrm{T}}<1)\\ F(x_2)=\dfrac{111}{35}-\dfrac{37}{175}R_{\mathrm{T}} & (\text{线性减小})(1\leqslant R_{\mathrm{T}}<15)\\ F(x_3)=0 & (\text{下限})(R_{\mathrm{T}}\geqslant 15)\end{cases}\tag{2.58}$$

式中：R_{T}为落石堆积体厚度(m)；$S_{8\text{-}3}$为 R_{T}的计算分值。

2.2.5 崩塌危岩冲击至隧道洞口区域模糊评价

隧道洞口段的危岩体产生崩塌后，需对已崩塌的落石进一步冲击至隧道洞口区域的风险进行评价，建立如图 2.16 所示的评价体系。

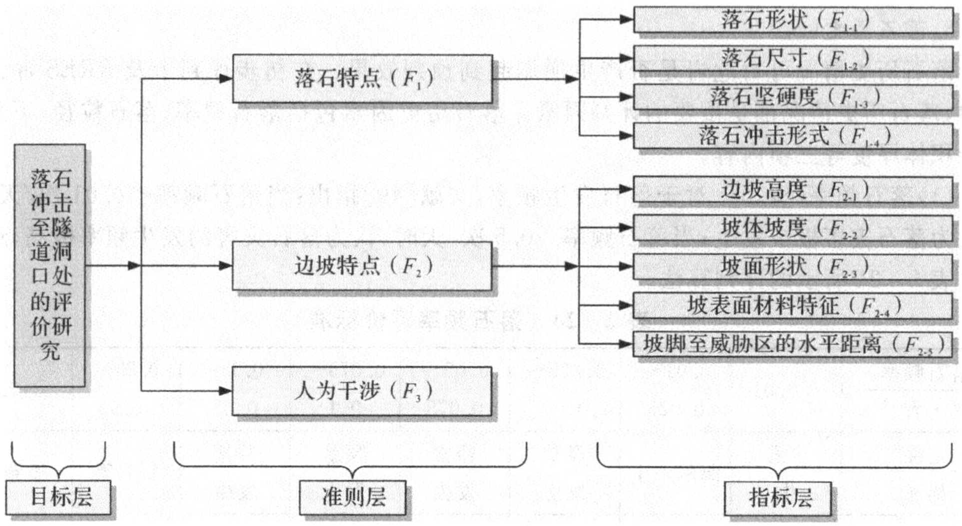

图 2.16 落石冲击至隧道洞口处的评价

采用 AHP-FUZZY 模糊评判法构建树状评价体系。对于已崩塌的危岩体，影响其冲击至下部隧道洞口区域的因素有：①落石特点（内在特征）；②边坡特性（外在特征）；③人为干涉三方面因素，各准则层下亦存在若干独立的子因素，如图 2.16 所示。构造出对应的判断矩阵，采用 MATLAB 软件求解最大特征值及特征向量，获取准则层及指标层权重分配，如图 2.17 所示。

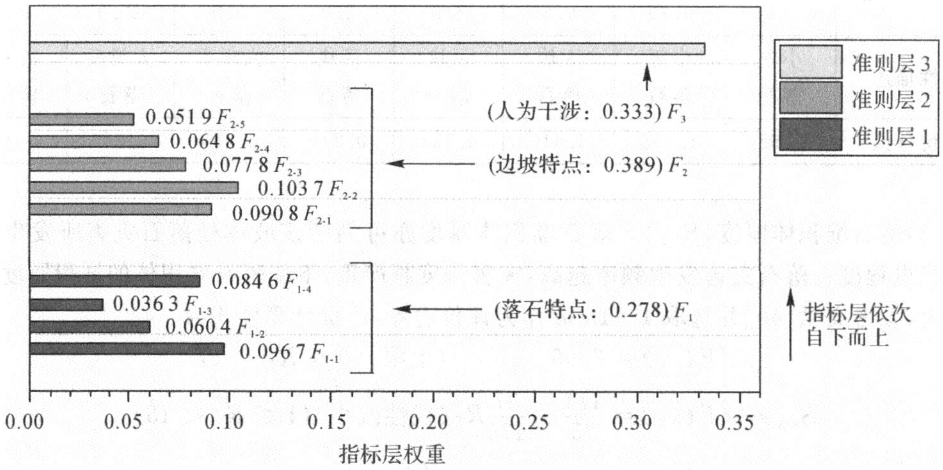

图 2.17 各指标层权重

1. 落石特点(F_1)

(1)落石形状($F_{1\text{-}1}$)。坡面危岩体崩塌后，落石形状特点是影响其冲击至隧道洞口区域的重要因素。落石形状越接近于理想圆球体时，则其越容易形成的滑动与滚动。反之，落石形状越不规则，其在坡面运动时越为困难，建立表 2-26 的评判算法。

表 2-26　落石形状评价标准

序号	落石形状特征描述	评价分值	序号	落石形状特征描述	评价分值
1	不规则片石状	9.670	7	不规则方块石	4.395
2	较规则片石状	8.790	8	较规则方块石	3.516
3	不规则棱台(锥)状	7.911	9	不规则椭球状	2.637
4	较规则棱台(锥)状	7.032	10	较规则椭球状	1.758
5	不规则长柱状	6.153	11	不规则圆球状	0.879
6	较规则长柱状	5.274	12	较规则圆球状	0

(2)落石尺寸($F_{1\text{-}2}$)。落石尺寸越大，其质量越大，较大的冲击能量会致使落石冲击距离更远，影响范围更大，从而引发严重的落石灾害事故。根据文献[221]，选取 0.1～6.0 m 作为评价边界，建立图 2.18 的评判算法。

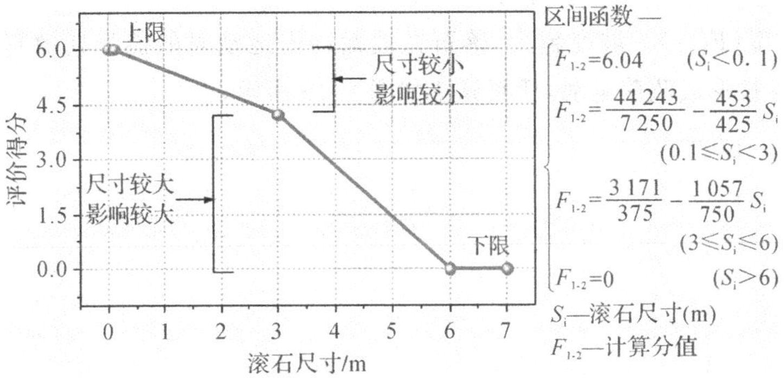

图 2.18　落石尺寸评价标准

(3)落石坚硬度($F_{1\text{-}3}$)。当落石块体岩质较软时，其在坡面上进行滑动、滚动、冲击碰撞时，往往会致使块体产生破碎与分解。另外，如果落石体坚硬程度越大，其在坡面上进行滚动、碰撞时的恢复系数也越大，使落石冲击距离更远。采用岩石坚硬系数作为评判指标，评价计算公式为

$$F_{1\text{-}3}=\begin{cases}F(x_1)=3.63 & (\text{上限})(0<H_a<2)\\ F(x_2)=\dfrac{1\,089}{260}-\dfrac{363}{1\,300}H_a & (\text{线性减小})(2\leqslant H_a<15)\\ F(x_3)=0 & (\text{下限})(H_a\geqslant 15)\end{cases} \tag{2.59}$$

式中：H_a为落石的硬度系数；$F_{1\text{-}3}$为 H_a的计算分值。

(4)落石冲击形式(F_{1-4})。对于已崩塌危岩体,其在坡面上的运动形式将会直接影响到落石冲击速度及运动路径,进而影响落石冲击至下部隧道洞口区域的概率,参考落石块体在坡面的运动形式[53,245-247],按表 2-27 进行评判计算。

表 2-27 落石块体运动形式的评价标准

落石运动形式描述	斜抛运动	竖直坠落型	坠落-弹跳结合型	碰撞弹跳型	滚落型	滚-滑动结合型	滑动型
评价分值	0	1.41	2.82	4.23	5.64	7.05	8.46

2. 边坡特点(F_2)

(1)边坡高度(F_{2-1})。隧道洞口段危岩体高度会影响落石冲击的总能量。毫无疑问,危岩体位置越高,则其冲击能量越大、冲击距离与范围越广。依据文献[235]选取 15~120 m 作为评价边界,评价计算公式为

$$F_{2-1}=\begin{cases}F(x_1)=9.08 & (\text{上限})(0<S_h<15)\\ F(x_2)=\dfrac{5\,448}{525}-\dfrac{227}{2\,625}S_h & (\text{线性减小})(15\leqslant S_h<120)\\ F(x_3)=0 & (\text{下限})(S_h\geqslant 120)\end{cases} \tag{2.60}$$

式中:S_h为边坡高度(m);F_{2-1}为 S_h的计算分值。

(2)坡体坡度(F_{2-2})。坡度越大,落石在坡面冲击运动时的能量耗散越小。坡度大于 90°时,落石将直接形成坠落运动,评判算法如图 2.19 所示。

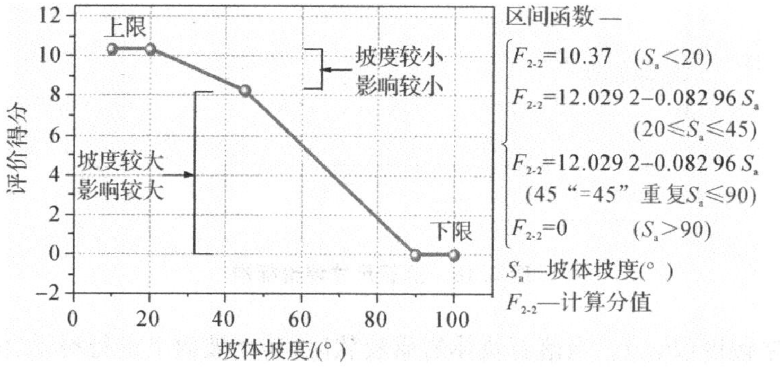

图 2.19 坡体坡度评价标准

(3)坡面形状(F_{2-3})。隧道洞口区域的坡面形状会影响落石的冲击速度与冲击形态。若坡面较平坦,则落石在冲击运动时阻力较小,更易冲击至隧道洞口区域。反之,若坡体表面呈凹凸不平的坑洼状,则会极大阻碍冲击过程。其评判算法如图 2.20 所示。

(4)坡表面材料特征(F_{2-4})。坡体表面材料特征会影响落石的冲击运动形式。假如坡面材料为裸露基岩或是新开挖的边坡,落石将会极易冲击至下部隧道洞口区域。当坡表面为软土、灌木、乔木覆盖时,落石恐较难冲击至隧道洞口,按表 2-28 进行评价。

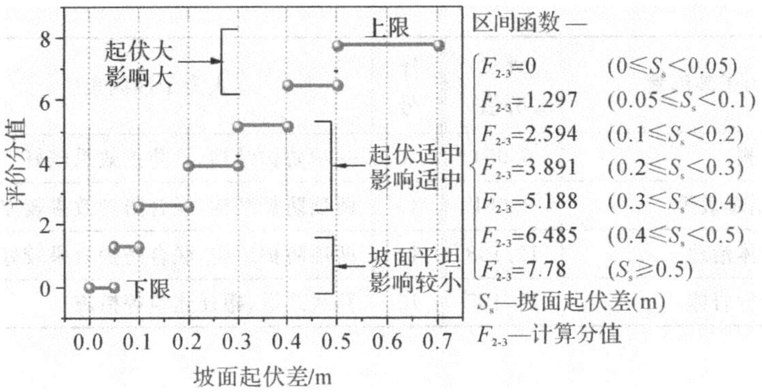

图 2.20　坡面形状的评价标准

表 2-28　坡表面材料特征的评价标准

序号	坡表面材料特征描述	评价分值	序号	坡表面材料特征描述	评价分值
1	坡体松软、灌木丛生，乔木发育	6.480	5	块石堆积坡面	2.778
2	松散坡积堆积，灌木丛生，少乔木	5.556	6	软岩面	1.852
3	密实碎石堆积、砂土坡面	4.630	7	已风化硬岩表面	0.926
4	碎石堆积、硬土坡面	3.704	8	光滑硬岩	0

(5)坡脚至威胁区的水平距离($F_{2\text{-}5}$)。坡脚至威胁区域的水平距离越大，落石则越难对下部人员、车辆构成威胁。根据文献[63]，选取 2～25 m 作为评判边界，评价计算公式为

$$F_{2\text{-}5}=\begin{cases}F(x_1)=0 & (\text{下限})(0<S_d<2)\\ F(x_2)=\dfrac{519}{2\,300}S_d-\dfrac{519}{1\,150} & (\text{线性增大})(2\leqslant S_d<25)\\ F(x_3)=5.19 & (\text{上限})(S_d\geqslant 25)\end{cases}\tag{2.61}$$

式中：S_d为坡脚至威胁区域的水平距离(m)；$F_{2\text{-}5}$为 S_d的计算分值。

3. 人为干涉(F_3)

人为干涉因素会影响落石是否冲击至下部隧道洞口区域。施工人员在坡脚处实施了切坡与爆破行为，则会加大落石冲击至隧道洞口区域的概率。而若人为在下部增设了钢丝网防护，则会大幅避免落石冲击危害，建立表 2-29 的判断标准。

表 2-29　人为干涉因素的评价标准

序号	人为干涉因素	评价分值	序号	人为干涉因素	评价分值
1	切坡、爆破	0	7	通过人为削坡处治边坡危岩灾害	18.162
2	无任何人为扰动	3.027	8	一项防护结构，且防护效果较差	21.189

续表

序号	人为干涉因素	评价分值	序号	人为干涉因素	评价分值
3	警示与监测	6.054	9	一项防护结构，且防护效果较好	24.216
4	排水、控制爆破等	9.081	10	两项防护结构，联合防护效果较差	27.243
5	个别危岩体治理	12.108	11	两项防护结构，联合防护效果较好	30.270
6	大幅处治危岩体	15.135	12	路线改道、搬迁建筑等措施	33.3

2.3 落石击中隧道洞口承灾体概率及损失计算

对于已经崩塌的危岩体、且危岩体崩塌后已冲击至下部威胁区域，需进一步计算该落石击中隧道洞口区域各承灾体的概率及损失。因落石冲击造成下部各承灾体的损失的计算公式为

$$A_R = R_i V_u \tag{2.62}$$

式中：A_R为在落石冲击后，承受灾害体的经济或生命损失量；R_i为灾害对承灾体的风险性；V_u为承灾体的易损性。

关于隧道洞口区域的落石冲击，可能造成的灾害影响有如下六方面：①落石击中下部静止车辆以及车辆内部的司乘人员；②击中下部运动车辆及内部司乘人员；③击中下部行人；④击中下部建筑物及内部人员、物品；⑤车辆撞击路面上静止的落石体而致灾；⑥落石阻塞道路交通引发经济损失。

2.3.1 击中下部静止车辆及司乘人员

对于隧道洞口区域的崩塌落石，其击中下部静止车辆的概率 P_C计算公式为

$$P_C = \frac{TL_C}{365 \times 24 \times (L_C + D_a)} \tag{2.63}$$

式中：L_C为阻塞车辆长度(m)；T 为一年内在危岩威胁区域内发生车辆阻塞的时间(h)；D_a为车辆之间间距(m)。

在计算落石击中下部车辆及内部司乘人员时，被阻塞车辆的类型按“小货、中货、大货、大客、中客、小客、拖挂车、集装箱车”进行考虑，阻塞时车辆间距为 1.5 m，司乘人员分为老人、儿童、青壮年三类[248]。

学者 JORDI 给出了建筑物及人员的易损性评价集，见表 2 - 30[78]。为保守起见，落石击中车辆后，车辆内部老人、幼儿的易损率均取 1，青壮年的易损性取 0.5。

表2-30　JORDI易损性评价表

承灾体	固定建筑物	落石体积	<1 m³	1~5 m³	>5 m³
		易损性	0.1	0.2	0.3
	人员	人员	在室内	在室外	
		易损性	0.5	1.0	

落石击中静止小货车的概率为

$$P_{JC小货}=\frac{T}{365\times 24}\times\frac{L_Z}{L_T}\times\frac{L_{小货}N_{XXH}}{L_X} \tag{2.64}$$

式中：L_T为受落石冲击影响区域长度(m)；L_Z为阻塞车辆总长度(m)；L_X为特定计算区间长度(m)；N_{XXH}为特定计算区域内小货车数量(辆)；$P_{JC小货}$为落石击中静止小货车概率。当$L_Z\geqslant L_T$时，取$L_Z=L_T$。

落石击中其他车辆概率便可依次类推而得，则有

$$P_{JC}=\sum_{i=1}^{8}P_{JCi}=P_{JC小货}+P_{JC中货}+P_{JC大货}+P_{JC大客}+P_{JC中客}+P_{JC小客}+P_{JC拖挂}+P_{JC集装} \tag{2.65}$$

式中：$P_{JC小货}$、$P_{JC中货}$、…、$P_{JC集装}$分别为落石击中区间内静止小货车、中货车、…、集装箱车的概率；P_{JC}是落石击中下部各类型静止车辆的总概率。

可进一步求出落石击中静止小货车，而致使车内司乘人员死亡数量，其计算公式为

$$P_{JP小货}=P_{JC小货}C_C C_D N_P P_Q+P_{JC小货}C_C C'_D N_P P_L \tag{2.66}$$

式中：$P_{JP小货}$为落石击中静止小货车导致司乘人员死亡的数量(人)；N_P为车辆内部司乘人员总数量；P_Q为青壮年人数比例；P_L为车辆内老人及幼童比例；C_C为落石击中车辆内部人员概率，可取0.5[249]；C_D为青壮年易损性；C'_D为老人、幼童易损性。

基于落石击中各类型车辆的概率，得出落石击中静止车辆而致使内部司乘人员死亡的总人数P_{JP}(人)为

$$P_{JP}=\sum_{i=1}^{8}P_{JPi}=P_{JP小货}+P_{JP中货}+P_{JP大货}+P_{JP大客}+P_{JP中客}+P_{JP小客}+P_{JP拖挂}+P_{JP集装} \tag{2.67}$$

式中：$P_{JP小货}$、$P_{JP中货}$、…、$P_{JP集装}$分别为落石击中区间内静止小货车、中货车、…、集装箱车而致使内部司乘人员死亡数量(人)。

2.3.2　击中下部运动车辆及司乘人员

假若在落石冲击过程中，各类型车辆均以匀速、等间距的方式进行行驶，则下部运动车辆会呈现出动态静止的运动形式。对于车辆前方一定距离的崩塌落石体，司机来不及反应仍会构成灾害。

落石击中运动小货车的概率为

$$P_{DC小货}=\frac{T_{EC小货}}{365\times 24}\times\frac{L_{小货}+L_{反应}}{L_{小货}+L_{间距}} \tag{2.68}$$

式中：$T_{EC小货}$表示一年内小货车在落石威胁区域以匀速、等车距的等效运动时间(h/年)；$L_{小货}$表示小货车长度(m)；$L_{反应}$为司机反应距离(m)；$L_{间距}$为相邻两辆小货车的间隔距离(m)。

$T_{EC小货}$可根据一年内小货车的车流总量Q_C(辆/年)，限定车速V_T(km/h)所获得，其计算公式为

$$T_{EC小货}=\frac{L_{小货}+L_{间距}}{1\ 000\times V_T}\times Q_C\times\frac{L_{小货}N_{XXH}}{L_X} \tag{2.69}$$

联立式(2.68)及式(2.69)，便可得出落石击中运动小货车的概率：

$$P_{DC小货}=\frac{Q_C}{365\times 24}\times\frac{L_{小货}+L_{反应}}{1\ 000\times V_T}\times\frac{L_{小货}N_{XXH}}{L_X} \tag{2.70}$$

由此便可得出落石击中下部运动车辆的总概率：

$$P_{DC}=\sum_{i=1}^{8}P_{DCi}=P_{DC小货}+P_{DC中货}+P_{DC大货}+P_{DC大客}+P_{DC中客}+P_{DC小客}+P_{DC拖挂}+P_{DC集装} \tag{2.71}$$

式中：$P_{DC小货}$、$P_{DC中货}$、…、$P_{DC集装}$分别为落石击中区间内运动的小货车、中货车、…、集装箱车的概率；P_{DC}是落石击中下部运动车辆的总概率。

进一步计算出落石击中小货车，并致使人员死亡的数量$P_{DP小货}$为

$$P_{DP小货}=P_{DC小货}C_CC_DN_PP_Q+P_{C小货}C_CC'_DN_PP_L \tag{2.72}$$

由此得出落石击中下部各类型运动车辆而致使司乘人员死亡的总数目P_{DP}(人)为

$$P_{DP}=\sum_{i=1}^{8}P_{DPi}=P_{DP小货}+P_{DP中货}+P_{DP大货}+P_{DP大客}+P_{DP中客}+P_{DP小客}+P_{DP拖挂}+P_{DP集装} \tag{2.73}$$

式中：$P_{DP小货}$、$P_{DP中货}$、…、$P_{DP集装}$分别为落石击中区间内运动小货车、中货车、…、集装箱车致司乘人员死亡的数量(人)。

2.3.3 击中下部运动火车及司乘人员

仅考虑落石击中运动火车的概率。依据式(2.70)的计算结果，得出落石击中运动火车的概率$P_{D火车}$为

$$P_{D火车}=\frac{Q_T}{24}\times\frac{L_{火车}}{1\ 000\times V_T} \tag{2.74}$$

式中：Q_T为下部火车流量(列/天)；$L_{火车}$为运动火车长度(m)。

在落石击中火车后，计算其内部司乘人员的死亡人数$P_{DP火车}$(人)，考虑火车内部人员组成，则有

$$P_{DP火车}=P_{D火车}C_CC_DN_PP_Q+P_{D火车}C_CC'_DN_PP_L \tag{2.75}$$

考虑当落石体积超过一定程度时，落石冲击会将列车打翻致其出轨。当落石直径超过5 m时，判定列车已被冲击出轨，考虑所有车厢全部损毁，车内司乘人员生命损失数量P

(人)为

$$P = N_{总}(1.0 \times C_{D}P_{Q} + 1.0 \times C'_{D}P_{L}) \tag{2.76}$$

2.3.4　击中下部行人

仅考虑落石击中下部运动行人。由于运动行人的数量、分类均具有随机性,根据落石击中火车的概率算法,将一年内落石威胁区域内的行人等效为匀速、等间距运动。行人占据公路长度为 L_{R}(m),运动速度为 V_{R}(km/h),一年内经过落石威胁区域总人流量为 $Q_{人}$(人/年),则落石击中下部行人概率 $P_{D人}$为

$$P_{D人} = \frac{Q_{人}}{365 \times 24} \times \frac{L_{人}}{1\,000 \times V_{R}} \tag{2.77}$$

根据表 2 - 30,落石击中室外人员的致命率均为 1,故落石冲击致使行人死亡的总数量 P_{DPD}(人)为

$$P_{DPD} = P_{D人}Q_{人} \tag{2.78}$$

在统计落石灾害损失时,均需复合考虑车辆损毁、人员死亡以及交通阻塞所造成的经济损失。

2.3.5　击中下部交通设施

落石冲击会对下部桥梁、棚洞、明洞交通设施结构产生影响。如汶川地震中落石击毁彻底关大桥,西汉高速某隧道洞口落石直接击毁桥梁梁板。隧道洞口明洞、棚洞、桥梁结构,其均静止且沿路面线形均布。设桥梁总长度为 L_{BT}(m)(沿垂直于落石运动轨迹方向进行投影),落石威胁区域总长度为 L_{Z}(m),落石击中桥梁工程概率为

$$P_{B} = \frac{\sum L_{BT}}{L_{Z}} \tag{2.79}$$

桥梁初始总价值为 ω_{B}(万元),易损性系数为 V_{B},则其经济损失量 S_{B}为

$$S_{B} = \omega_{B}V_{B} \tag{2.80}$$

同理,落石击中下部的长度为 L_{PT}的接长明洞(m)、长度为 L_{MT}的棚洞结构(m)(均按垂直于落石运动轨迹方向进行投影确定结构物的有效计算长度)的 P_{P}、P_{M}的概率分别为

$$\left.\begin{aligned} P_{P} &= \sum \frac{L_{PT}}{L_{Z}} \\ P_{M} &= \sum \frac{L_{MT}}{L_{Z}} \end{aligned}\right\} \tag{2.81}$$

初始价值分别为 ω_{P}(万元)、ω_{M},易损性系数分别为 V_{P}、V_{M}的下部棚洞、接长明洞结构,受到落石冲击后,损失价值 S_{P}(万元)、S_{M}为

$$\left.\begin{aligned} S_{P} &= \omega_{P}V_{P} \\ S_{M} &= \omega_{M}V_{M} \end{aligned}\right\} \tag{2.82}$$

落石冲击对下部交通设施影响总概率 P_{C}为

$$P_C = P_B + P_P + P_M = \frac{\sum L_{BT}}{L_Z} + \frac{\sum L_{PT}}{L_Z} + \frac{\sum L_{MT}}{L_Z} \tag{2.83}$$

下部交通设施损失总值 S_C 为

$$S_C = S_B + S_P + S_M = \omega_B V_B + \omega_P V_P + \omega_M V_M \tag{2.84}$$

2.3.6 冲击致使下部交通阻塞

多数情况下落石并未直接击中下部人员、车辆，而是停留在公路或铁路轨道上，导致交通受阻，造成经济损失。以道路交通的停运时间来估算损失值，停运时间与落石粒径 D(m)存在直接关系，依据文献[49]归纳出计算公式为

$$T_S(D) = \begin{cases} 60D - 3 & [D \in [0.05, 0.25)] \\ 16D + 8 & [D \in [0.25, 1)] \\ 32D/3 + 40/3 & [D \in [1, 10)] \\ 12D & [D \in [10, 20)] \end{cases} \tag{2.85}$$

若落石冲击导致交通阻塞时间为 $T_s(D)$(h)，道路交通阻塞 1 h 所造成的经济损失值为 V_a(万元/h)，则落石阻塞道路产生的价值损失量 S_Z(万元)为

$$S_Z = T_S(D) V_a \tag{2.86}$$

2.3.7 击中下部建筑物

落石威胁区内建筑物总长度为 L_{CO}(m)(按垂直落石运动轨迹方向的投影长度进行考虑)，落石威胁区总长度为 L_Z(m)，落石击中建筑物概率为

$$P_{CO} = L_{CO}/L_Z \tag{2.87}$$

在落石击中建筑物后会产生损失，假定建筑物初始总价值为 ω_{CO}(万元)，易损性系数为 V_{CO}，则其损失值 S_{CO}(万元)为

$$S_{CO} = \omega_{CO} V_{CO} \tag{2.88}$$

由于落石威胁区内建筑物的长度、价值各不相同，落石击中某一项建筑物又属于随机事件，故需分开计算。假定落石迎面冲击的某一建筑物长度为 $L_{i建}$，则有

$$L_{CO} = \sum L_{i建} \tag{2.89}$$

落石击中 $L_{i建}$ 建筑物概率为

$$P_i = \frac{L_{i建}}{L_{CO}} \frac{L_{CO}}{L_Z} = \frac{L_{i建}}{L_Z} \tag{2.90}$$

若 $L_{i建}$ 建筑物初始总价值为 ω_{COi}(万元)，易损性系数为 V_{COi}，则该项建筑价值损失 S_{COi} 为

$$S_{COi} = \omega_{COi} V_{COi} \frac{L_{i建}}{L_Z} \tag{2.91}$$

落石冲击导致下部建筑物的总体价值损失 S_{CO}(万元)为

$$S_{CO}=\sum_{i=1}^{n}S_{COi}=\sum_{i=1}^{n}\omega_{COi}V_{COi}\frac{L_{i建}}{L_Z}\tag{2.92}$$

建筑物内部通常会陈列各种物品，若落石冲击 $L_{i建}$ 建筑物内第 j 项物品的初始价值为 ω_{Cj}（万元），对应的易损性为 V_{Cj}，则落石击中 $L_{i建}$ 建筑物，并导致该建筑物内物品损失的总价值 S_{Cij} 为

$$S_{Cij}=\sum_{j=1}^{n}\omega_{Cj}V_{Cj}\tag{2.93}$$

落石冲击导致建筑物内部陈列物品损失的总价值 S_C 为

$$S_C=\sum_{i=1}^{n}\frac{L_{i建}}{L_Z}\times\sum_{j=1}^{m}\omega_{Cj}\times V_{Cj}\tag{2.94}$$

落石冲击建筑物后，引发总体损失 S_T（万元）为

$$S_T=S_{CO}+S_C=\sum_{i=1}^{n}\omega_{COi}V_{COi}\frac{L_{i建}}{L_Z}+\sum_{i=1}^{n}\frac{L_{i建}}{L_Z}\times\sum_{j=1}^{m}\omega_{Cj}V_{Cj}\tag{2.95}$$

落石冲击建筑物后，亦会导致建筑物内人员伤亡。若落石最大横截面积为 $S_{石}$（m^2），建筑物正迎落石冲击的面积为 $S_{i建}$（m^2）（经过投影计算）。该建筑物内人员数目为 $N_{i总}$（人），C_{JD} 为落石击中建筑物内人员概率，则落石击中 $L_{i建}$ 建筑物致使人员死亡数量 $P_{i伤害}$（人）为

$$P_{i伤害}=\frac{L_{i建}}{L_Z}\frac{S_{石}}{S_{i建}}N_{i总}C_{JD}\tag{2.96}$$

考虑建筑物内人员工作、上班、上学因素。在一定时间段 T_T（h）内，$L_{i建}$ 建筑物内人员滞留时间为 T_Z（h），则式(2.96)应改写为

$$P_{i伤害}=\frac{L_{i建}}{L_Z}\frac{S_{石}}{S_{i建}}N_{i总}C_{JD}\frac{T_Z}{T_T}\tag{2.97}$$

进一步考虑建筑物内部人员组成比例因素，则有

$$P_{i伤害}=\frac{L_{i建}}{L_Z}\frac{S_{石}}{S_{i建}}N_{i总}C_{JD}\frac{T_Z}{T_T}[P_QC_D+(1-P_Q)C'_D]\tag{2.98}$$

综上所述，由于落石击中下部建筑所导致内部人员死亡的总数量 $P_{伤害}$（人）为

$$P_{伤害}=\sum_{i=1}^{n}P_{i伤害}=\sum_{i=1}^{n}\left\{\frac{L_{i建}}{L_Z}\frac{S_{石}}{S_{i建}}N_{i总}C_{JD}\frac{T_Z}{T_T}[P_QC_D+(1-P_Q)C'_D]\right\}\tag{2.99}$$

2.4　建立 S－N、J－M 事故灾害等级评估体系

经上述研究，可得出各承灾体因落石崩塌冲击，造成人员死亡、经济损失的数值及概率。针对隧道洞口落石崩塌冲击灾害事故，我们可建立人员死亡、经济损失的事故灾害等级评估体系。

关于工程事故灾害等级标准，中国香港、英国、荷兰、丹麦等国家和地区均给出了相应划分等级，如图 2.21 所示。可见，对于工程风险，其可接受起点为 10^{-3}/年、10^{-4}/年、10^{-5}/年。美国、澳大利亚进行工程风险评价时，可容忍风险概率分别为 10^{-2}/年、10^{-3}/年，可接受风险概率值均为 10^{-4}/年。

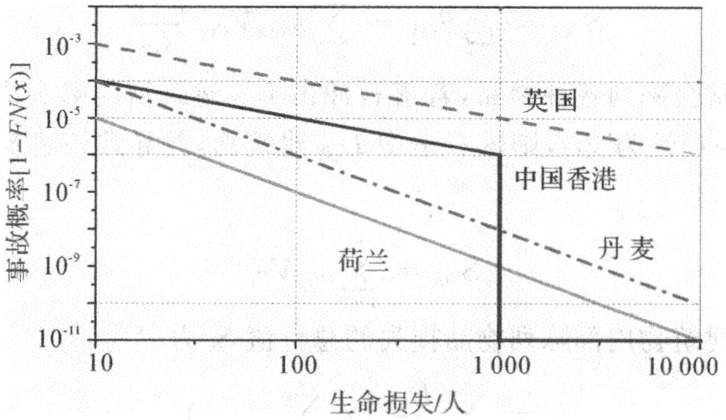

图 2.21 事故概率-生命损失值

基于 ALARP 评判准则，分别对隧道洞口落石崩塌事故的人员生命损失、经济损失概率及总量进行评判。ALARP 原则的核心思想是：对于隧道洞口落石崩塌事故，不可能采用人为手段将其致灾可能性降为 0，故崩塌风险将存在一定范围的可接受区间，称为可容忍区；小于该区域水平判定为可接受，大于该区域水平判定为不可容忍。

为了建立适用于国内的隧道洞口落石事故灾害等级评估体系，进一步收集查阅相关资料，表 2-31 为部分国外机构制定的风险标准表。澳大利亚地质力学学会（Australia Geomechanics Society，AGS）于 2007 年出台了二类重要建筑物的生命可接受风险及可容忍风险值[246]，见表 2-32。

表 2-31 国外机构制定的风险标准表

序号	城市	适应范围	最大可接受风险	序号	城市	适应范围	最大可接受风险
1	荷兰	新建工厂	10^{-6}	5	英国(HSE)	危险品运输	10^{-4}
2	荷兰	现有工厂	10^{-5}	6	中国香港	新建工厂	10^{-6}
3	英国(HSE)	危险性工业	10^{-5}	7	新南威尔士	新建工厂	10^{-5}
4	英国(HSE)	新建核电站	10^{-5}	8	圣巴巴拉	新建工厂	10^{-5}

表 2-32 建筑物及生命风险等级划分(AGS)

项目	可接受风险		可容忍风险	
	经济风险	生命风险	经济风险	生命风险
新建边坡或新开发区	低或很低	10^{-6} · 年$^{-1}$	低或很低	10^{-5} · 年$^{-1}$
现有边坡或现开发区	低或很低	10^{-5} · 年$^{-1}$	低或很低	10^{-4} · 年$^{-1}$

据 2012 年官方统计，在世界范围内每 10 万人的交通死亡率，中国为 15.1 人，美国为 10.9 人，日本为 3.47 人，德国为 5.04 人，澳大利亚为 4.87 人，巴西为 21.7 人，俄罗斯为 19.6 人，印度为 11.86 人，越南为 13.34 人。英国交通事故的死亡风险是 10^{-4}/年，雷击死亡风险是 10^{-7}/年。美国自然灾害的死亡风险为 5×10^{-6}/年，挪威约为 2×10^{-6}/年。

文献[69]建议大中型水坝的容忍区间为[1.0×10^{-3}/年,1.0×10^{-5}/年],小型水坝的容忍区间为[2.5×10^{-3}/年,2.5×10^{-5}/年]。沿海地区溃坝风险概率超过 1.0×10^{-5}/年,且经济损失超过 1 亿元时不可接受。对于沿海地区的经济风险,当发生概率大于 1.0×10^{-3}/年,且经济损失超过 100 万元时为不可接受。

参考国内交通建设的基本国情以及隧道洞口落石崩塌自身的致灾特性,以[10^{-4}/年,10^{-6}/年]作为生命损失的可接受概率区间,经济损失的可接受概率区间为[10^{-3}/年,10^{-5}/年]。建立我国隧道洞口落石灾害的死亡概率-死亡值的"S-N 评估体系",以及经济损失概率-损失值的"J-M 评估体系",如图 2.22 及图 2.23 所示。

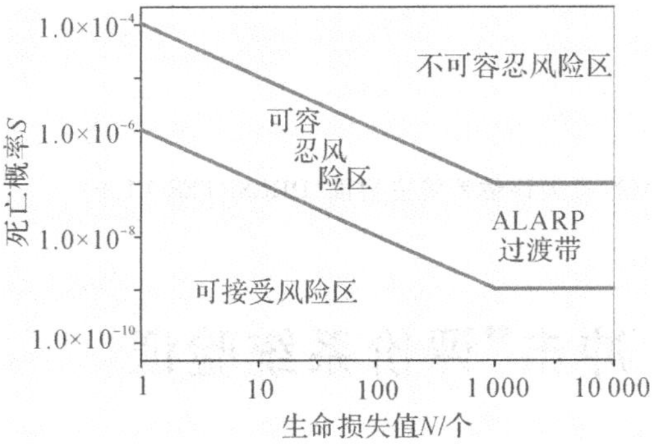

图 2.22　S-N 评估系统

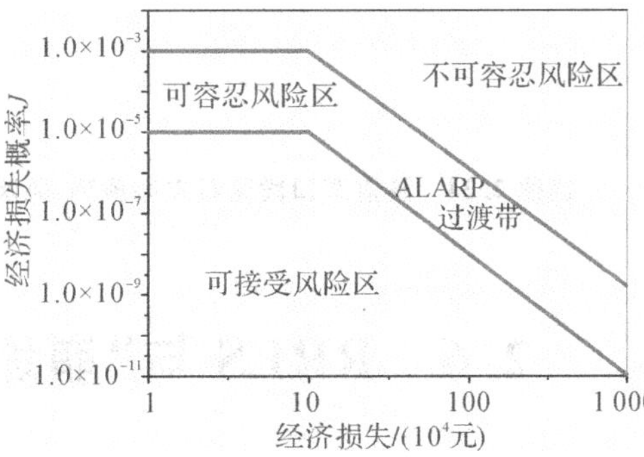

图 2.23　J-M 评估系统

2.5　隧道洞口段落石灾害预测-风险评价-损失评估系统(DRLSRTES V1.0)开发

有了前述各节所建立的隧道洞口危岩落石的灾害预测、风险评价及损失评估体系,为了提高评价效率,笔者采用 VB 语言编写出《隧道洞口段落石灾害预测-风险评价-损失评估系统》(DRLSRTES V1.0),软件主界面如图 2.24 所示。

(a)　　(b)

图 2.24　隧道洞口段落石灾害预测-风险评价-损失评估系统主界面(DRLSRTES V1.0)

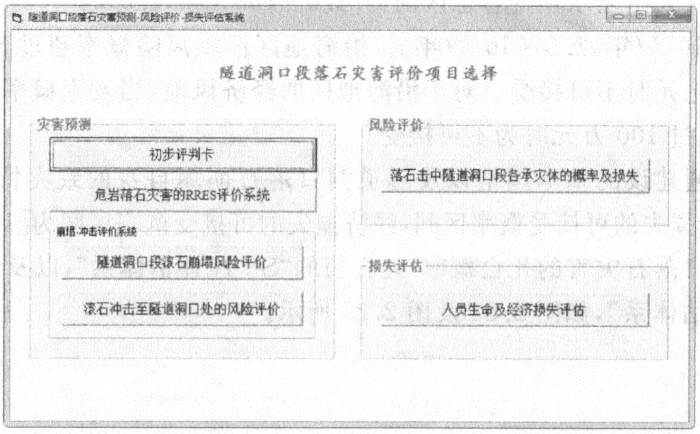

(c)

续图 2.24　隧道洞口段落石灾害预测-风险评价-损失评估系统主界面(DRLSRTES V1.0)

2.6　RRES 与“崩塌-冲击”评价系统验证

为了验证本章所提出的隧道洞口落石灾害判断准则的可靠性，将本书算法与其他学者的研究结果进行对比，结果见表 2－35。

表 2－35　RRES 及“崩塌-冲击”评价系统对比研究

1. 参考文献			文献[224]	文献[53]	文献[70]	文献[20]	文献[69]
2. 地理位置名称			西南地区某隧道洞口段	某隧道洞口段 P_1 岩块	龙宝区莱地沟	万州首立山 AW03 危岩	范家坪隧道出口段
3. 学者评价结果			45.25/0.90（百分制）	48.37/0.90（百分制）	61.79/0.70（百分制）	62.31/0.70（百分制）	44.40/0.90（81 分制）
本书研究结果	初步判定卡		A＋B→A^-	A＋A→A	A＋C→B	B＋B→B	A＋B→A^-
	RRES(81 分制)		38.97/0.90	31.51/0.70	35.38/0.70	23.01/0.50	40.03/0.90
	崩塌-冲击	崩塌	46.39/0.90	53.95/0.90	52.67/0.90	61.82/0.70	49.75/0.90
		冲击	35.05/0.99	32.92/0.99	64.11/0.70	53.33/0.90	33.02/0.99

文献[224]以西南地区某隧道洞口段的危岩落石灾害为依托，评价分值为 45.25，对应的风险等级为Ⅳ级，落石发生概率为 0.90，隧道洞口段危岩处于“危险状态”，需采取措施进行治理。

查阅文献[224]，获取该隧道洞口段的地质概况、地形地貌、水文气象等评价参数。首先，采用本书的初步判定卡得出落石风险等级为 A^-，即落石崩塌情况较严重。其次，采用 RRES 准则计算出该隧道洞口段落石风险评价分值为 38.97，危岩崩塌并影响下部交通的概率为 0.90。最后，采用“崩塌-冲击”评价体系计算后得出：落石崩塌的评价分值为 46.39，崩塌概率为 0.90；已崩塌落石冲击至下部威胁区域的评价分值为 35.05，冲击概率为 0.99。

除此之外，将本书的研究成果与文献[20]、文献[53]、文献[69]及文献[70]中所给出的算例进行对比研究后（见表 2-35），可得出本章算法结果与各文献算法结果相近，本书评价算法的可靠性得到了验证。

2.7　本章小结

本章采用 AHP-FUZZY 模糊评判、概率论、VB 编程等方法，系统地研究了隧道洞口落石风险评价体系、隧道洞口区域各承灾体被落石冲击的概率及损失值，并对人员生命及经济损失等级进行了研究，主要结论如下：

(1)基于落石崩塌的“潜在可能性”及“历史事件”两方面，建立了落石崩塌风险的初步评定卡。考虑结合“地形因子”“地质因子”“气象水文因子”“危石因子”“公路因子”等 5 个方面，建立了适用于国内落石崩塌风险评价的 RRES 评价系统，并给出了各分项的评价计算方法。

(2)构建了隧道洞口落石灾害的“崩塌-冲击”风险评价体系，包括“坡体危岩崩塌风险”“崩塌后冲击至隧道洞口区域的风险”两个方面。给出了各指标项的定量评价算法，避免了专家现场评判的主观性及繁冗性。

(3)分别给出了落石击中下部各种类型的静止车辆、运动车辆的概率；击中下部火车的致灾概率；击中桥梁、棚洞、明洞建筑物的概率；击中下部房屋建筑的概率以及由落石冲击导致交通阻塞所产生的经济损失，并均给出了各自的计算公式。给出了隧道洞口段因落石冲击灾害，导致人员生命损失的“S-N 评估体系”与经济损失的“J-M 评估体系”。

(4)采用 VB 语言编写了《隧道洞口段落石灾害预测-风险评价-损失评估系统》(DRLSRTES V1.0)，并通过与已有文献的研究成果进行对比，验证了本书评价体系的可靠性。

第3章　隧道洞口落石冲击力、侵彻深度的理论及数值模拟研究

3.1　概　　述

落石冲击力是隧道结构上的荷载之一。棚洞等落石防护结构设计的核心是：基于落石冲击棚洞结构上部垫层土体的力学响应机理，准确获得落石最大冲击力及侵彻深度值。但是，落石碰撞过程属于一种瞬态的冲击行为，且在落石冲击过程中涉及到极为复杂的能量转换，采用传统的数学及力学方法求取落石最大冲击力及侵彻深度值显得较为困难[250]。2004版与2018版的《公路隧道设计规范》[21,94]中均提到，“当有落石危害需检算冲击力时，可通过现场调查或有关计算验证”，但在其附录6.4中却都同样提出了“由于落石冲击力的计算，目前研究还不够深入，实测资料也很少……，必要时采用简化计算方法对其进行验证”。2010版的《公路隧道设计细则》[95]中参考《铁路工程设计规范·隧道》[96]给出了一种落石冲击力计算方法，计算的原理主要为动量定理。

关于落石冲击力，国外主要有日本算法[101]、瑞士算法[102]、澳大利亚算法[103]等，国内有关宝树算法[129]、袁进科算法[130]、叶四桥算法[132]等，其基本上均是基于半经验半理论方法所得出的，或是以动量定理为基础进行简易的理论推导，亦或是根据试验或模拟值对已有算法进行修正。

为了获取更为准确的落石最大冲击力及侵彻深度值，本章将从落石冲击棚洞垫层土体的实际力学机理出发，采用传统理论推导方法，尝试从多个角度对落石冲击力及侵彻深度进行研究，并获取相应的算法解，拟将探讨落石在冲击过程中的能量耗散规律，为棚洞等落石防护结构提供较为准确的设计参数。

3.2　基于球形空腔膨胀的理论算法

本节将以球形空腔膨胀模型为基础，采用理论推导计算落石冲击棚洞垫层的冲击力及侵彻深度值。

将落石冲击棚洞结构垫层土体简化为刚性球体法向冲击半无限土体，如图3.1所示。在落石冲击垫层土体后，位于垫层土体A点处的法向应力σ_A，可用位于空腔膨胀球体上相

同位置 A 点处的应力 $\sigma_{rq(A)}$ 来表示。由此可见，落石冲击垫层土体的过程可等效为：始发于球体底部一系列的微元空腔来模拟，各微元空腔半径将从 0 逐步增大至 $r_q(A)$。

空腔膨胀半径 $r_q(A)$ 为

$$r_q(A) = x_A/\sin\alpha \tag{3.1}$$

式中：$r_q(A)$ 为 A 点处的微元空腔半径(m)；x_A 为 A 点处的 x 坐标值(m)；α 为过 A 点的法线与竖直线之间所夹的锐角(°)。

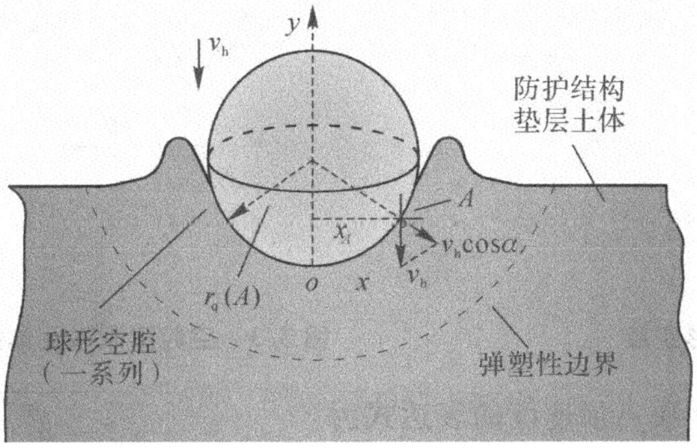

图 3.1　落石侵彻垫层土体计算模型

当落石冲击速度为 v_h(m/s)时，球形空腔的膨胀速度为

$$v_q = \dot{r}_q = v_h\cos\alpha \tag{3.2}$$

式中：v_q 是球形空腔的膨胀速度(m/s)；$\dot{r}_q$ 是球形空腔的膨胀速度(m/s)；v_h 是落石冲击垫层土体的速度(m/s)。

空腔膨胀的加速度为

$$\dot{v}_q = \ddot{r}_q = \dot{v}_h\cos\alpha \tag{3.3}$$

式中：$\dot{v}_q$ 是空腔膨胀的加速度(m/s^2)；$\ddot{r}_q$ 是球形空腔膨胀的加速度(m/s^2)；$\dot{v}_h$ 是落石冲击的加速度(m/s^2)。

3.2.1　微元体受力分析

如图 3.2 所示，建立球形坐标系下的欧拉坐标，并提取微元体进行受力分析，如图 3.3 所示。根据动量定理，其满足下式的关系：

$$\left\{\begin{matrix}(\sigma_r + d\sigma_r)\left[(r+dr)d\theta\right]^2 - \sigma_r\ (rd\theta)^2 - \\ 4\sigma_\theta dr(rd\theta)\sin\dfrac{d\theta}{2}\end{matrix}\right\}dt = -\rho_0 dv\ (rd\theta)^2 dr \tag{3.4}$$

式中：σ_r 是球形空腔微元体的径向应力(Pa)；σ_θ 是球形空腔微元体的环向应力(Pa)；r 是坐标原点到微元体质点的距离(m)；v 是微元体的移动速度(m/s)；θ 是微元体的张角(°)。

微元体质点速度的表达式为

$$v = \frac{\partial s}{\partial t} + v\frac{\partial s}{\partial r} \tag{3.5}$$

式中：s 是空腔微元体质点的位移(m)；t 是微元体质点的移动速度(m/s)。

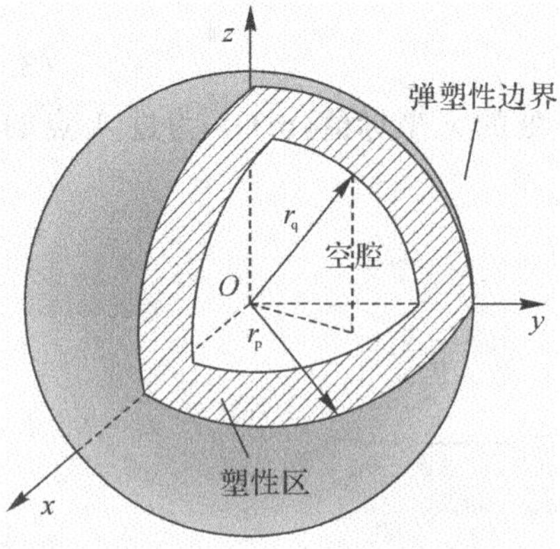

图 3.2 球形空腔

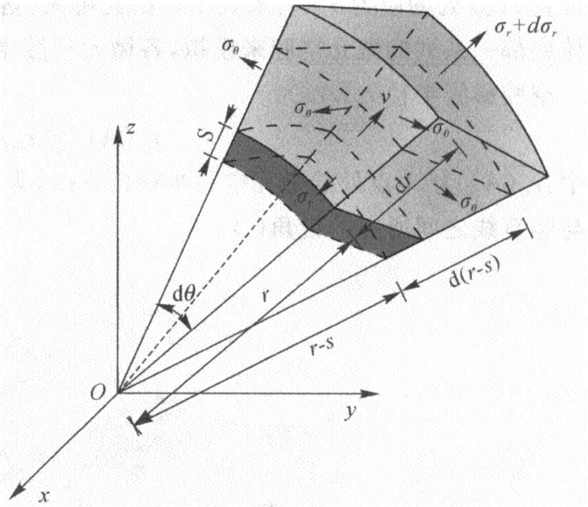

图 3.3 空腔膨胀微元体的受力与位移分析

从而可得出微元体质点加速度的表达式为

$$\frac{\mathrm{d}v}{\mathrm{d}t}=\frac{\partial v}{\partial t}+v\frac{\partial v}{\partial r} \tag{3.6}$$

对于较小的 $\mathrm{d}\theta$,存在关系式为

$$\sin(\mathrm{d}\theta/2)\approx \mathrm{d}\theta/2 \tag{3.7}$$

将式(3.7)代入式(3.4),等式两边同除以 $r^2\mathrm{d}r\mathrm{d}\theta^2$,并省略高次项,则有

$$\frac{\partial\sigma_r}{\partial r}+\frac{2(\sigma_r-\sigma_\theta)}{r}=-\rho_0\left(\frac{\partial v}{\partial t}+v\frac{\partial v}{\partial r}\right) \tag{3.8}$$

基于质量守恒原理,可得

$$(r\mathrm{d}\theta)^2\mathrm{d}r\cdot\rho_0=\rho\left[(r-s)\mathrm{d}\theta\right]^2\mathrm{d}(r-s) \tag{3.9}$$

式中:ρ 为落石冲击后垫层土体的密度($\mathrm{kg/m^3}$)。

对式(3.9)求偏导,可得

$$\frac{1}{3}\frac{\partial}{\partial r}\left[(r-s)^3\right]=\frac{\rho_0}{\rho}r^2 \tag{3.10}$$

对式(3.10)进行积分后,则有

$$(r-s)^3=r^3+f(t)\qquad(r_q\leqslant r) \tag{3.11}$$

考虑到存在边界条件 $r=r_q$, $s=r_q$,可得出微元体的位移为

$$s=r\left[1-\left(1-\frac{r_q^3}{r^3}\right)^{\frac{1}{3}}\right] \tag{3.12}$$

式中:r_q 为球形空腔的半径(m)。

联立式(3.5)及式(3.12),可得出微元体速度表达式为

$$v=\frac{r_q^2}{r^2}\frac{\mathrm{d}r_q}{\mathrm{d}t} \tag{3.13}$$

根据介质连续性假定,式(3.13)的微元空腔膨胀速度同样可用于弹性区及塑性区的介质。

3.2.2　弹性区力学分析

落石冲击垫层土体后，首先会在垫层土体内部形成弹性区，并存在以下关系式：

(1)物理方程为

$$\left.\begin{aligned}\varepsilon_r &= \frac{\sigma_r - 2\upsilon\sigma_\theta}{E}\\ \varepsilon_\theta &= \frac{(1-\upsilon)\sigma_\theta - \upsilon\sigma_r}{E}\end{aligned}\right\} \tag{3.14}$$

(2)几何方程为

$$\left.\begin{aligned}\varepsilon_r &= -\frac{\partial s}{\partial r}\\ \varepsilon_\theta &= -\frac{s}{r}\end{aligned}\right\} \tag{3.15}$$

式中：ε_r是微元空腔的径向应变(m)；ε_θ是微元空腔微元的环向应变(m)；E 为垫层土体的弹性模量(Pa)；υ 为垫层材料的泊松比。

将式(3.12)代入式(3.15)，并用泰勒级数展开，在保证计算结果有效的前提下，将展开式的前两项代入式(3.14)，则有

$$\sigma_r - \sigma_\theta = \frac{E}{(1+\upsilon)}\left(\frac{r_q}{r}\right)^3 \tag{3.16}$$

联立式(3.8)、式(3.13)及式(3.16)，则有

$$\frac{\partial\sigma_r}{\partial r} + \frac{2Er_q^3}{(1+\upsilon)r^4} = -\rho_0\left(\frac{2r_q\dot{r}_q + r_q^2\ddot{r}q}{r^2} - \frac{2r_q^4\dot{r}_q^2}{r^5}\right) \tag{3.17}$$

考虑到存在边界条件 $r\to\infty$，$\sigma_r = 0$，并对式(3.17)进行积分，则有

$$\sigma_r = \frac{2Er_q^2}{3(1+\upsilon)r^3} + \frac{2\rho_0 r_q\dot{r}_q^2 + \rho_0 r_q^2\ddot{r}_q}{r} - \frac{\rho_0\dot{r}_q^2 r_q^4}{2r^4} \tag{3.18}$$

3.2.3　塑性区力学分析

对于理想弹塑性的垫层土体，当其发生剪切破坏时，基于 THORNTON 理论可得

$$\sigma_r - \sigma_\theta = 2\tau_0 \tag{3.19}$$

结合 RICHART 学者所提出的动强度理论，τ_0可用下式进行计算：

$$\tau_0 = K\tau \tag{3.20}$$

式中：τ_0是土体垫层的抗剪强度(Pa)；τ 是土体垫层的不排水抗剪强度(Pa)；K 是土体垫层的抗剪强度系数。

联立式(3.16)、式(3.17)及式(3.19)，可得

$$\frac{\partial\sigma_r}{\partial r} + \frac{4\tau_0}{r} = -\rho_0\left(\frac{2r_q\dot{r}_q + r_q^2\ddot{r}_q}{r^2} - \frac{2r_q^4\dot{r}_q^2}{r^5}\right) \tag{3.21}$$

考虑到存在边界条件 $r = r_q$，$\sigma_r = \sigma_{rq}$，则有

$$\sigma_r = \sigma_{rq} + 4\tau_0 \ln\left(\frac{r_q}{r}\right) - \frac{3\rho_0 \dot{r}_q^2}{2} + \rho_0 r_q \ddot{r}_q - \frac{2\rho_0 r_q \dot{r}_q^2 + \rho_0 r_q^2 \ddot{r}_q}{r} + \frac{\rho_0 r_q^4 \dot{r}_q^2}{2r^4} \tag{3.22}$$

式中：σ_{rq}是微元空腔表面的径向应力(Pa)。

根据土体垫层的弹塑性介质假定，存在边界条件 $r = r_p$，$\sigma - rq = \sigma + rq$。将该边界条件分别代入式(3.18)及式(3.22)，便可得出径向应力 σ_{rq}的表达式为

$$\sigma_{rq} = \frac{2E}{3(1+\upsilon)}\left(\frac{r_q}{r_p}\right)^3 - 4\tau_0 \ln\left(\frac{r_q}{r_p}\right) + \frac{3\rho_0 \dot{r}_q^2}{2} + \rho_0 r_q \ddot{r}_q \tag{3.23}$$

式中：r_p为垫层土体的塑性区半径(m)。

联立式(3.16)及式(3.19)，则有

$$\frac{r_q}{r_p} = \sqrt[3]{\frac{2\tau_0(1+\upsilon)}{E}} \tag{3.24}$$

将式(3.24)代入式(3.23)，可得出

$$\sigma_{rq} = \frac{4\tau_0}{3}\ln\left[\frac{eE}{2\tau_0(1+\upsilon)}\right] + \frac{3\rho_0 v_q^2}{2} + r_q \rho_0 \frac{dv_q}{dt} \tag{3.25}$$

式中：e 是自然常数，e=2.71828…；E 是土体弹性模量。

落石冲击垫层土体的过程，可近似看作始发于落石球体最底部的一系列微元空腔膨胀的过程。由图 3.4 可得，对于经过 G 点的微元空腔，其半径逐步将由 0 增大至 $r_q(G)$，并形成最终空腔 Q_G，同样过程形成微元空腔 Q_N。采用积分算法来研究落石冲击垫层土体的全过程。

由图 3.4 可得，空腔膨胀速度及加速度分别为

$$\left.\begin{aligned} v_q &= \dot{r}_q = v_h \cos\varphi \\ \dot{v}_q &= \ddot{r}_q = \dot{v}_h \cos\varphi \end{aligned}\right\} \tag{3.26}$$

式中：φ 是过空腔表面上的 G 点，且与 x 轴之间所夹的锐角(°)。

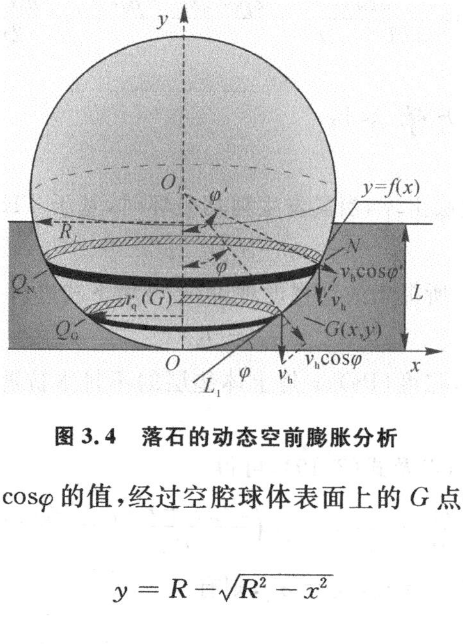

图 3.4　落石的动态空前膨胀分析

依据几何关系来确定 cosφ 的值，经过空腔球体表面上的 G 点作一条切线，可得出如下式的几何关系表达式：

$$y = R - \sqrt{R^2 - x^2} \tag{3.27}$$

式中：x 为微元空腔上 G 点的 x 坐标值(m)；y 是空腔上 G 点的 y 坐标值(m)。

由于 L_1 是过 G 点的切线，则有

$$y'_1 = \tan\varphi \tag{3.28}$$

式中：y'_1 是切线 L_1 的斜率。

根据三角函数关系式，则有

$$\left.\begin{aligned} \sec^2\varphi - 1 &= \tan^2\varphi \\ \sec\varphi &= \arccos\varphi \end{aligned}\right\} \tag{3.29}$$

联立式(3.27)～式(3.29)，可得

$$\cos\varphi = \frac{1}{\sqrt{1+(y'_1)^2}} \tag{3.30}$$

3.2.4　冲击力的理论计算

对式(3.25)进行积分，便可得出落石冲击力 F(N)的计算表达式为

$$F = 2\pi\int_0^{R_1} x\sigma_{rq}\frac{\mathrm{d}x}{\mathrm{d}l}\cdot \mathrm{d}l = 2\pi\int_0^{R_1} x\sigma_{rq}\mathrm{d}x \tag{3.31}$$

式中：R_1 为垫层土体上表面与落石球体相切圆的半径(m)；l 为微元空腔宽度(m)。

R_1 的计算公式为

$$R_1 = \sqrt{R^2-(R-L)^2} = \sqrt{2RL-L^2} \tag{3.32}$$

联立式(3.25)、式(3.26)、式(3.31)及式(3.32)，并考虑 $r_q = R$ 和 $L_{\max} \leqslant R$，落石冲击力 F_1(N)的计算公式为

$$F_1 = \frac{4\pi\tau_0}{3}(2RL-L^2)\ln\left[\frac{eE}{2\tau_0(1+\upsilon)}\right] + \frac{3\pi\rho_0[R^4-(R-L)^4]v_h^2}{4R^2} + \frac{2\pi\rho_0[R^3-(R-L)^3]}{3}\frac{\mathrm{d}v_h}{\mathrm{d}t} \tag{3.33}$$

式中：F_1 为落石冲击力(N)。

落石冲击速度一般介于 4～24 m/s 之间，为了便于计算，省略式(3.25)中的 $\frac{3\rho_0 v_q^2}{2}$ 和 $r_q\rho_0\frac{\mathrm{d}v_q}{\mathrm{d}t}$ 项，式(3.25)可写为

$$\sigma_{rq} = \frac{4\tau_0}{3}\ln\left[\frac{eE}{2\tau_0(1+\upsilon)}\right] \tag{3.34}$$

式(3.33)中落石冲击力算法可简化为

$$F_2 = \pi(2RL-L^2)\frac{4\tau_0}{3}\ln\left[\frac{eE}{2\tau_0(1+\upsilon)}\right] \tag{3.35}$$

式中：F_2 为落石冲击力(N)。

在落石冲击过程中，当 $L_{\max} \geqslant R$ 时，应将式(3.31)及式(3.35)中的 L 换为 R，计算其落石冲击力。

3.2.5　侵彻深度的理论计算

根据牛顿第二定律，落石冲击速度与侵彻深度之间存在关系为

$$\frac{\mathrm{d}v_{\mathrm{h}}}{\mathrm{d}t}=v_{\mathrm{h}}\frac{\mathrm{d}v_{\mathrm{h}}}{\mathrm{d}L} \tag{3.36}$$

在冲击过程中，假定落石冲击速度及加速度并不受落石侵彻深度的影响，且当 $L_{\max}\leqslant R$ 时，式(3.36)两端同乘以落石质量 M(kg)，则有

$$F_2=-Mv_{\mathrm{h}}\frac{\mathrm{d}v_{\mathrm{h}}}{\mathrm{d}L} \tag{3.37}$$

式中：$L_{\max}$为落石最大侵彻深度(m)。

联立式(3.35)与式(3.37)，则有

$$\frac{4\pi\tau_0}{3}(2RL-L^2)\ln\left[\frac{\mathrm{e}E}{2\tau_0(1+\upsilon)}\right]=-Mv_{\mathrm{h}}\frac{\mathrm{d}v_{\mathrm{h}}}{\mathrm{d}L} \tag{3.38}$$

将初始条件 $v_{\mathrm{h}}=v_0$，$L=0$ 代入式(3.38)，则有

$$\frac{4\pi\tau_0}{3M}\left(RL^2-\frac{L^3}{3}\right)\ln\frac{\mathrm{e}E}{2\tau_0(1+\upsilon)}=\frac{v_0^2-v_{\mathrm{h}}^2}{2} \tag{3.39}$$

式中：v_0为落石冲击垫层土体时的初始速度(m/s)；L 为冲击过程中某一时刻的侵彻深度(m)。

结合式(3.39)便可得出，落石体速度为 v_{h}时所对应的侵彻深度。当 $v_{\mathrm{h}}=0$ 时，便可得出 $L_{\max}$：

$$\frac{4\pi\tau_0}{3M}\left(RL_{\max}^2-\frac{L_{\max}^3}{3}\right)\ln\frac{\mathrm{e}E}{2\tau_0(1+\upsilon)}=\frac{v_0^2}{2} \tag{3.40}$$

如果计算结果满足 $L_{\max}\geqslant R$，将用 R 代替式(3.38)中的 L 即可。

如果计及落石冲击速度及加速度的影响，且当 $L_{\max}\leqslant R$ 时，则有

$$F_1=-Mv_{\mathrm{h}}\frac{\mathrm{d}v_{\mathrm{h}}}{\mathrm{d}L} \tag{3.41}$$

将式(3.33)代入式(3.41)，则有

$$\frac{\mathrm{d}v_{\mathrm{h}}}{\mathrm{d}L}=-\frac{\dfrac{4\tau_0}{3}\ln\dfrac{\mathrm{e}E}{\tau_0(1+\upsilon)}(2\pi RL-\pi L^2)+\dfrac{3\pi\rho_0[R^4-(R-L)^4]}{4R^2}v_{\mathrm{h}}^2}{\left\{M-\dfrac{2\pi\rho_0}{3}[R^3-(R-L)^3]\right\}v_{\mathrm{h}}} \tag{3.42}$$

则有

$$F=\frac{M\left\{\dfrac{4\tau_0}{3}\ln\dfrac{\mathrm{e}E}{2\tau_0(1+\upsilon)}(2\pi RL-\pi L^2)+\dfrac{3\pi\rho_0[R^4-(R-L)^4]}{4R^2}v_{\mathrm{h}}^2\right\}}{\left\{M-\dfrac{2\pi\rho_0}{3}[R^3-(R-L)^3]\right\}} \tag{3.43}$$

由式(3.39)可计算出(L、v_{h})的一一对应值，将其逐次代入式(3.43)中，计算对应的落石冲击力，以此获得落石最大冲击力值。

3.3 基于能量守恒的理论算法

本节将基于能量守恒原理，采用理论推导算法，获得落石冲击力及侵彻深度的计算表达式，得出落石冲击过程中的能量耗散规律。另外，亦可与其他算法结果进行对比验证。

在落石冲击棚洞垫层土体时，可近似将其看作刚性球体法向冲击半无限土体的过程。根据能量守恒原理，落石冲击过程中存在 5 种能量：

(1)碰撞前所携带的初始动能；

(2)落石冲击后，垫层土体内部所产生的塑性变形能；

(3)落石球体表面与垫层土体之间的摩擦内能；

(4)由于落石侵彻垫层而产生的重力势能；

(5)棚洞顶板结构的弯曲变形能。

3.3.1　柱形空腔表面应力计算

落石冲击垫层土体后，取半径为 r_q^* (m)的柱形空腔断面进行研究，图 3.5 给出了塑性区及弹性区的划分。取图 3.6 所示的微元体进行研究，微元体的位移值均以向外为正，微元体径向、环向应力分别为 σ_r^* 和 σ_θ^* (Pa)，应变分别 ε_r^* 和 ε_θ^* (m)，均以受压为正，微元体的张角为 $d\theta^*$ (°)。

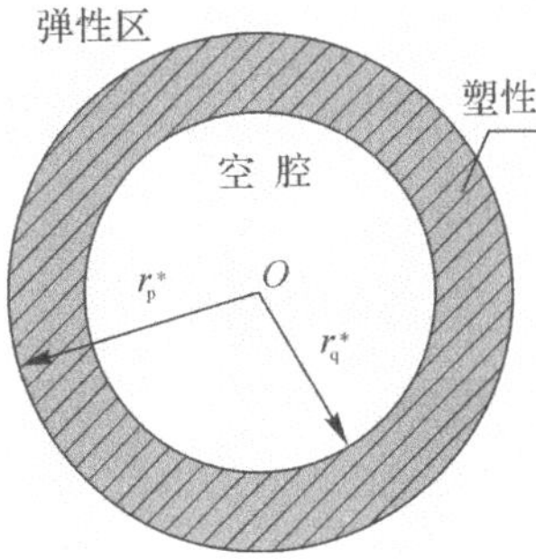

图 3.5　柱形空腔

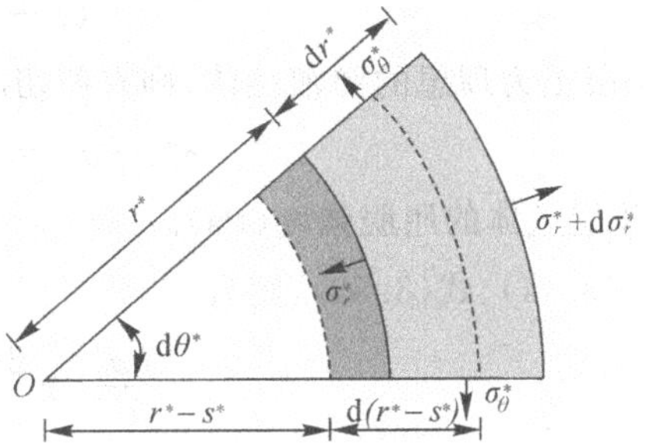

图 3.6　柱形空腔微元体的受力及位移分析

可得平衡方程式为

$$\frac{\partial \sigma_r^*}{\partial r^*}+\frac{(\sigma_r^*-\sigma_\theta^*)}{r^*}=0 \tag{3.44}$$

在弹性区中，存在的几何关系为

$$\left.\begin{aligned}\varepsilon_r^* &=-\frac{\partial s^*}{\partial r^*}\\ \varepsilon_\theta^* &=-\frac{s^*}{r^*}\end{aligned}\right\} \tag{3.45}$$

式中：r^* 是微元体质点至坐标原点的距离(m)；s^* 为微元体的位移(m)。

对于弹性区介质，参考胡克定律与《岩土介质小孔扩张理论》[251]可得弹性关系式为

$$\sigma_r^*-\sigma_\theta^*=E(\varepsilon_r^*-\varepsilon_\theta^*)/(1+\upsilon) \tag{3.46}$$

根据质量守恒定律，则有

$$\frac{1}{2}\frac{\partial}{\partial r^*}[(r^*-s^*)^2]=\frac{\rho_0^*}{\rho^*}r^* \tag{3.47}$$

式中：ρ_0^*、ρ^*为微元体变形前、后的介质密度（kg/m^3）。

考虑到仅弹性区介质可被压缩，则有

$$\frac{\partial}{\partial r^*}[(r^* - s^*)^2] = 2r^* \tag{3.48}$$

存在边界条件 $r^* = r_q^*$，$s^* = r_q^*$，对式(3.48)进行积分，得出微元体位移表达式为

$$s^* = r^*\left\{1 - \left[1 - \frac{(r_q^*)^2}{(r^*)^2}\right]^{\frac{1}{2}}\right\} \tag{3.49}$$

联立式(3.45)、式(3.49)，考虑到垫层土体塑性区半径要远小于弹性区半径，则有

$$\varepsilon_r^* - \varepsilon_\theta^* = \left(\frac{r_q^*}{r^*}\right)^2\left[1 - \left(\frac{r_q^*}{r^*}\right)^2\right]^{-\frac{1}{2}} \approx \left(\frac{r_q^*}{r^*}\right)^2 \tag{3.50}$$

联立式(3.46)、式(3.50)，则有

$$\sigma_r^* - \sigma_\theta^* = \frac{E}{(1+\upsilon)}\left(\frac{r_q^*}{r^*}\right)^2 \tag{3.51}$$

联立式(3.44)、式(3.51)，考虑存在边界条件 $r^* \to \infty$，$\sigma_r^* = 0$，则有

$$\sigma_r^* = \frac{E}{(1+\upsilon)}\left(\frac{r_q^*}{r^*}\right)^2 \tag{3.52}$$

假定垫层土为理想的弹塑性体，则有剪切破坏准则：

$$\sigma_r^* - \sigma_\theta^* = 2\tau_0 = \sigma_y \tag{3.53}$$

式中：σ_y为垫层土体的屈服强度(Pa)。

联立式(3.44)、式(3.53)，则有

$$\frac{\partial \sigma_r^*}{\partial r^*} + \frac{2\tau_0}{r^*} = 0 \tag{3.54}$$

考虑存在边界条件 $r^* = r_q^*$，$\sigma_r^* = \sigma_{rq}^*$，则有

$$\sigma_r^* = \sigma_{rq}^* + 2\tau_0 \ln\frac{r_q^*}{r^*} \tag{3.55}$$

式中：σ_{rq}^*是柱形空腔表面的径向应力(Pa)。

考虑边界条件 $r^* = r_p^*$，$\sigma_{rq}^{*-} = \sigma_r^{*+}$，并依据垫层土体的连续性介质假定，结合式(3.53)的破坏准则，可得出柱形空腔表面应力的表达式为

$$\sigma_{rq}^* = \tau_0 \ln\frac{eE}{2\tau_0(1+\upsilon)} \tag{3.56}$$

3.3.2 落石冲击过程中能量耗散规律

1. 塑性成坑的能量耗散

落石冲击成坑所造成的能量耗散，等于柱形空腔上各微元体表面应力所做功之和（见图3.7），即

$$W_e = \int_0^{r_{qf}^*} 2\pi r_q^* \sigma_{rq}^* \mathrm{d}r_q^* = \pi\sigma_{rq}^*(r_{qf}^*)^2 \tag{3.57}$$

式中：dr_q^* 是土体薄层与落石球体之间的相对位移。

由图 3.7 可得几何关系：

$$\left.\begin{aligned} r_{qf}^* &= x^* \\ y^* &= R-\sqrt{R^2-(x^*)^2} \end{aligned}\right\} \tag{3.58}$$

式中：x^* 是落石球体表面 G^* 点处的 x 坐标值；y^* 是 G^* 点处的 y 坐标值。

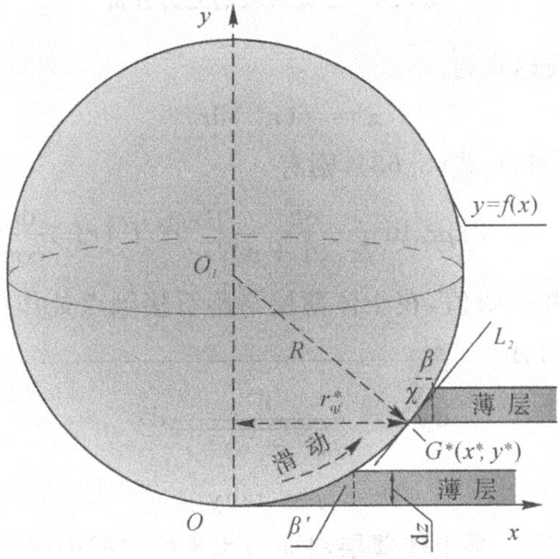

图 3.7　土体薄层的相对位移示意图

联立式(3.57)、式(3.58)，可得

$$W_e = \pi\tau_0[2Ry^* - (y^*)^2]\ln\frac{eE}{2\tau_0(1+\upsilon)} \tag{3.59}$$

塑性成坑所造成的总能量耗散 W_{te}(J)为

$$W_{te} = \int_0^{L_{max}^*} W_e dz = \int_0^{L_{max}^*} \pi\tau_0[2Ry^* - (y^*)^2]\ln\frac{eE}{2\tau_0(1+\upsilon)} dy^* \tag{3.60}$$

式中：W_e是土体垫层薄层的塑性成坑能量耗散(J)；L_{max}^*由能量守恒算法所形得出的总体落石侵彻深度(m)。

2. 摩擦内能耗散

采用条分法计算落石冲击垫层土体时的摩擦内能。在图 3.7、图 3.8 中，落石与土体薄层之间的摩擦力 F_f(N)为

$$F_f = \frac{2\pi r_q^* \mu\sigma_{rq}^*}{\cos\beta} \tag{3.61}$$

式中：μ 为土石摩擦因数；β 为土体薄层斜面与竖直线之间的夹角(°)。

结合图 3.7，若土体薄层与落石侧壁之间相对水平位移为 r_{qf}^*，则 F_f所做的功 W_{hf}(J)为

$$W_{hf} = 2\pi\mu\int_0^{r_{qf}^*} r_q^* \sigma_{rq}^* \frac{dz}{\cos^2\beta} \tag{3.62}$$

式中：dz 是土体垫层的厚度(m)。

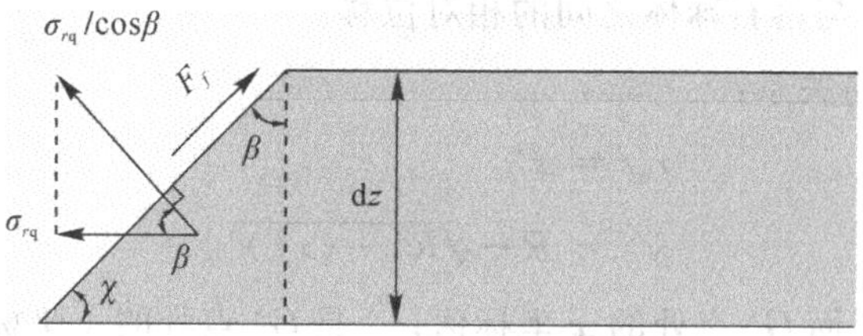

图 3.8　土体薄层的应力分析

落石轮廓线的数学表达式为

$$z = f(r_q^*)\mathrm{d}r_q^* \tag{3.63}$$

联立式(3.56)、式(3.62)、式(3.63)，则有

$$W_{hf} = 2\pi\mu\sigma_0 \ln \frac{eE}{2\tau_0(1+\upsilon)}\int_0^{r_{qf}^*} r_q^* f'(r_q^*)\frac{\mathrm{d}r_q^*}{\cos^2\beta} \tag{3.64}$$

为了确定图 3.8 中的 $\cos\beta$ 值，在土体薄层与落石接触点处作一条切线，切线 L_2 与水平坐标轴之间的夹角为 β，则有

$$\mathrm{d}y^* = \frac{x^*}{\sqrt{R^2-(x^*)^2}}\mathrm{d}x^* \tag{3.65}$$

$$y'_2 = \tan\chi \tag{3.66}$$

式中：y'_2 是切线 L_2 的斜率；χ 是土体薄层斜面与水平线之间的夹角(°)。

根据三角函数关系式有

$$\left.\begin{aligned}\sec^2\chi - 1 = \tan^2\chi \\ \sec\chi = \arccos\chi\end{aligned}\right\} \tag{3.67}$$

联立式(3.66)、式(3.67)，则有

$$\cos\chi = \frac{1}{\sqrt{1+(y'_2)^2}} \tag{3.68}$$

联立式(3.65)、式(3.66)，可得

$$y'_2 = \frac{\mathrm{d}y^*}{\mathrm{d}x^*} = \frac{x^*}{\sqrt{R^2-(x^*)^2}} \tag{3.69}$$

联立式(3.68)、式(3.69)，则有

$$\sin^2\chi = (x^*)^2/R^2 \tag{3.70}$$

根据图 3.8，可得

$$\chi + \beta = \frac{\pi}{2} \tag{3.71}$$

联立式(3.70)、式(3.71)，则有

$$\cos^2\beta = (x^*)^2/R^2 \tag{3.72}$$

联立式(3.64)、式(3.69)、式(3.72)，可得

$$W_{hf} = 2\pi R^2\mu\sigma_0\left[\arcsin\frac{\sqrt{2Ry^*-(y^*)^2}}{R}\right]\ln\frac{eE}{2\tau_0(1+\upsilon)} \tag{3.73}$$

当落石达到最大侵彻深度 L_{max}^* 时，摩擦内能总耗散量 W_{th}(J)的计算式为

$$W_{th}=\int_0^{L_{max}^*}W_{hf}\mathrm{d}y^*=$$

$$2\pi R^2\mu\tau_0\ln\frac{eE}{2\tau_0(1+\upsilon)}\int_0^{L_{max}^*}\left[\arcsin\frac{\sqrt{2Ry^*-(y^*)^2}}{R}\right]\mathrm{d}y^* \tag{3.74}$$

3. 棚洞顶板变形能量耗散

在落石冲击作用下，棚洞顶板将会产生轻微的弯曲变形，产生能量耗散。棚洞结构顶板受到大小为 P_f(N)的冲击力时，顶板挠度 δ_f(m)为

$$\delta_f=\frac{P_f(l^*)^3}{48E_1I} \tag{3.75}$$

式中：E_1 是棚洞顶板的弹性模量(Pa)；I 为顶板的转动惯量(kg · m)；l^* 为顶板跨度(m)。

基于结构力学公式及式(3.75)，可得出顶板结构的变形能 W_f(J)为

$$W_f=\frac{P_f^2(l^*)^3}{96E_1I} \tag{3.76}$$

W_f 还可进一步推导为

$$W_f=\frac{\pi^2\sigma_y^2\left[2RL_{max}-(L_{max}^*)^2\right]^2(l^*)^3}{96E_1I} \tag{3.77}$$

3.3.3 侵彻深度的理论计算

落石所携带的初始动能为 $Mv_0^2/2$，塑性变形能 W_{te} 可由式(3.60)进行计算，摩擦内能 W_{th} 可通过式(3.74)计算，棚洞顶板弯曲变形能可由式(3.77)获得。在冲击过程中，落石重力做功为 MgL_{max}^*。根据能量守恒原理，则有

$$\frac{Mv_0^2}{2}=W_{te}+W_{th}+W_f-MgL_{max}^* \tag{3.78}$$

L_{max}^* 为式(3.78)中唯一的未知参数，由此便可求解(3.78)方程。根据落石侵彻深度值 L_{max}^* 求取落石冲击力 F。

3.3.4 落石冲击力的理论计算

落石冲击垫层土体时，依据功能原理存在

$$F_a^*L_{max}^*=\frac{Mv_0^2}{2}+MgL_{max}^* \tag{3.79}$$

式中：F_a^* 为落石平均冲击力值(N)。

3.4 基于正弦积分的理论算法

文献[131]指出“关宝树算法所得出的落石冲击时间与实际值较为接近”，文献[112][115][116]均已证明落石冲击力呈现脉冲式的变化规律。在笔者已发表的文献[117][252]

中也证明了该结论。落石冲击力将由 0 逐步上升至 F_{max}，进而再减小至 0，冲击力曲线的变化形式与 1/2 正弦曲线较为接近。

本节将引入 1/2 正弦变化模型对关宝树算法进行修正，以期得出更为准确的落石冲击力值。

3.4.1 冲击力的理论计算

据文献[129]可得落石冲击力平均值 F_a(N)：

$$F_a = \frac{100M\sqrt{2gH}}{0.097Mg + 2.21h + \frac{0.045}{H} + 1.2} \tag{3.80}$$

式中：H 为落石下落高度(m)；h 为垫层土体厚度(m)。

结合图 3.9，并根据在落石冲击过程中，平均冲击力所产生的冲量与实际冲击力的冲量大小相等，则有

$$I_T = F_a \cdot 2t_0 = \int_0^{2t_0} F(t)\mathrm{d}t \tag{3.81}$$

式中：I_T为落石总冲量(N·s)；t_0为落石冲击时间(s)；$F(t)$为实际冲击力(N)。

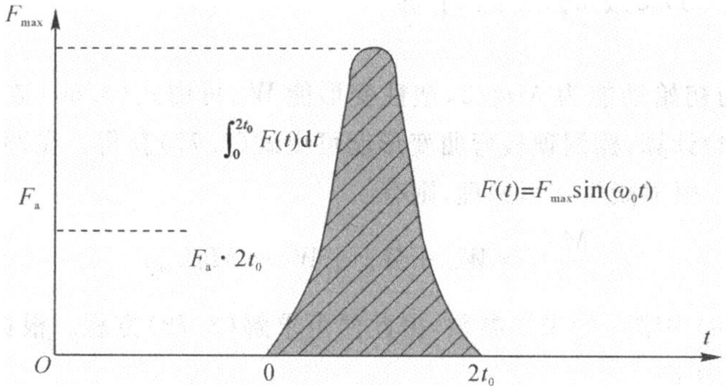

图 3.9 落石冲击力的变化曲线

$F(t)$为落石冲击过程中的实际冲击力，其变化规律近似满足 1/2 正弦曲线形式，则有

$$F(t) = F_{max}\sin(\omega_0 t) \tag{3.82}$$

式中：ω_0为角速度(rad/s)；t 为冲击时间(s)；F_{max}为落石最大冲击力(N)。

在正弦曲线关系中有

$$\left.\begin{aligned} \omega_0 &= \frac{2\pi}{T} \\ T &= 4t_0 \end{aligned}\right\} \tag{3.83}$$

式中：T 为正弦曲线的振荡周期(s)。

联立式(3.81)～(3.83)，则有

$$F_a \times 2t_0 = \int_0^{2t_0} F_{max}\sin(\omega_0 t)\mathrm{d}t = \int_0^{2t_0} F_{max}\sin\frac{\pi t}{2t_0}\mathrm{d}t \tag{3.84}$$

由式(3.84)可得出，落石冲击过程中平均冲击力与最大冲击力之间的关系为

$$F_a = \frac{\int_0^{2t_0} F_{max} \sin \frac{\pi t}{2t_0} dt}{2t_0} \tag{3.85}$$

对式(3.85)进行积分，得出落石最大冲击力为

$$F_{max} = \frac{50\pi M\sqrt{2gH}}{0.097Mg + 2.21h + \frac{0.045}{H} + 1.2} \tag{3.86}$$

考虑落石冲击回弹效应。给定落石冲击初始速度为 $v_{初}$(m/s)，回弹速度为 $v_{弹}$(m/s)，则落石恢复系数 κ 为

$$\kappa = v_{弹} / v_{初} \tag{3.87}$$

恢复系数 κ 的取值按照表 3－1 进行选取[12]。

表 3－1　冲击恢复系数取值表

序号	坡面特征	切向恢复系数	法向恢复系数
1	光滑硬岩面、混凝土表面	0.85～0.98	0.25～0.75
2	软岩面、强风化硬岩面	0.75～0.95	0.15～0.37
3	块石堆积坡面	0.75～0.95	0.15～0.37
4	碎石堆积、硬土坡面、灌木植被	0.30～0.95	0.12～0.33
5	密实碎石堆积、砂土坡面、杂草	0.65～0.95	0.12～0.32
6	松散软土坡面，植被以灌木为主	0.30～0.80	0.10～0.25
7	软土坡面、无植被或少量杂草	0.50～0.80	0.10～0.30

结合冲量定理，得出修正后的落石冲击力 $F_{修}$ 为

$$F_{修} t = Mv_{初} - (-Mv_{弹}) \tag{3.88}$$

联立式(3.87)、式(3.88)，可得

$$F_{修} t = (1+\kappa)Mv_{初} = (1+\kappa)F_{max}t \tag{3.89}$$

得出经回弹修正后的落石冲击力的计算式为

$$F_{修} = (1+\kappa)F_{max} \tag{3.90}$$

联立式(3.86)、式(3.90)，得出基于正弦积分算法下，落石最大冲击力的计算公式(见文献[252])为

$$F_{max} = \frac{50\pi M(1+\kappa)\sqrt{2gH}}{0.097Mg + 2.21h + \frac{0.045}{H} + 1.2} \tag{3.91}$$

3.4.2　侵彻深度的理论计算

落石冲击垫层土体的侵彻深度值，在计算落石对棚洞结构的损伤研究中极为重要。

假定落石在冲击过程中的动态速度为 $v(t)$(m/s),与之对应的冲击力为 $F(t)$(N),根据牛顿第二定律有

$$\frac{\mathrm{d}v(t)}{\mathrm{d}t}=\frac{F(t)}{M} \tag{3.92}$$

联立式(3.82)、式(3.92),则有

$$\frac{\mathrm{d}v(t)}{\mathrm{d}t}=\frac{F(t)}{M}=\frac{F_{\max}}{M}\sin\frac{\pi t}{2t_0} \tag{3.93}$$

对式(3.93)进行积分,可得

$$v(t)=\int\frac{\mathrm{d}v(t)}{\mathrm{d}t}\mathrm{d}t=\frac{F_{\max}}{M}\int\sin\frac{\pi t}{2t_0}\mathrm{d}t \tag{3.94}$$

对式(3.94)进行不定积分,则有

$$v(t)=C-\frac{2F_{\max}t_0}{\pi M}\cos\frac{\pi t}{2t_0} \tag{3.95}$$

式中:C 为积分常数。

考虑存在边界条件 $t=2t_0$,$v=0$,对式(3.95)进行计算后,则有

$$v(t)=\frac{2F_{\max}t_0}{\pi M}\left(\cos\frac{\pi t}{2t_0}+1\right) \tag{3.96}$$

对动态速度变量积分,可得出侵彻深度 L(m)的表达式为

$$L=\int_0^{2t_0}v(t)\mathrm{d}t=\int_0^{2t_0}\frac{2F_{\max}t_0}{\pi M}\left(\cos\frac{\pi t}{2t_0}+1\right)\mathrm{d}t \tag{3.97}$$

对式(3.97)进行积分,可得

$$L=\frac{2F_{\max}t_0}{\pi M}\int_0^{2t_0}\left(\cos\frac{\pi t}{2t_0}+1\right)\mathrm{d}t=\frac{4F_{\max}t_0^2}{\pi M} \tag{3.98}$$

联立式(3.91)、式(3.98),则有

$$L=\frac{(1+\kappa)}{200}\sqrt{2gH_{\mathrm{e}}}\left(0.097Q+2.21h+\frac{0.045}{H_{\mathrm{e}}}+1.2\right) \tag{3.99}$$

可以看出,在能量守恒算法中,所得出的冲击力亦为平均冲击值,故

$$F_{\max}^*=\frac{\pi F_{\mathrm{a}}^*}{2} \tag{3.100}$$

则有

$$F_{\max}^*=\frac{\pi}{2L_{\max}^*}\left(\frac{Mv_0^2}{2}+MgL_{\max}^*\right) \tag{3.101}$$

并可得出冲击时间表达式:

$$t_{\mathrm{w}}=\frac{2Mv_0}{F_{\mathrm{a}}^*} \tag{3.102}$$

3.5 基于 LS-DYNA 的落石冲击力模拟研究

前已述及,关宝树算法、隧道手册算法所得结果均为落石平均冲击力值,在冲击力峰值

与平均值之间必然存在放大系数。

本节拟将采用 LS - DYNA 软件进行落石冲击试验，将冲击力峰值与关宝树教授算法结果进行比较后获得对应的放大系数，给出落石冲击力的 LS - DYNA 修正算法。

3.5.1　LS - DYNA 简介

LS - DYNA 是世界著名的有限元分析程序，亦是公认的显式积分计算程序鼻祖。其以拉格朗日算法为主，兼有 ALE 和 EULER 算法，以显式求解为主，兼有隐式求解功能；以结构分析为主，兼有热分析、流体-结构耦合功能，以非线性动力分析为主，兼有静力分析的功能，以有限元算法为主，兼有 SPH、EFG、控制体积等算法，并有 40 种接触类型及 16 种单元类型。LS - DYNA 在工程界得到了广泛应用，其与实验结果的无数次对比证实了其仿真计算的可靠性与准确性。

3.5.2　本构模型选取

在采用 LS - DYNA 进行数值计算时，各组成结构计算模型的选取将直接影响到最终计算结果的准确性。在数值模拟过程中所有材料单元均为 SOLID164。落石按照刚性体 RIGID(材料库中 020 号)计算模型进行选取，垫层材料采用 DRUCKER - PRAGER(D - P)材料模型(材料库中 193 号)。D - P 模型采用广义的 VON MISES 准则，有

$$F = \sqrt{J_2} - \alpha I_1 - k = 0 \tag{3.103}$$

广义的 VON MISES 屈服准则在主应力空间中为圆锥面，在 π 平面内为一圆形，如图 3.10 所示。

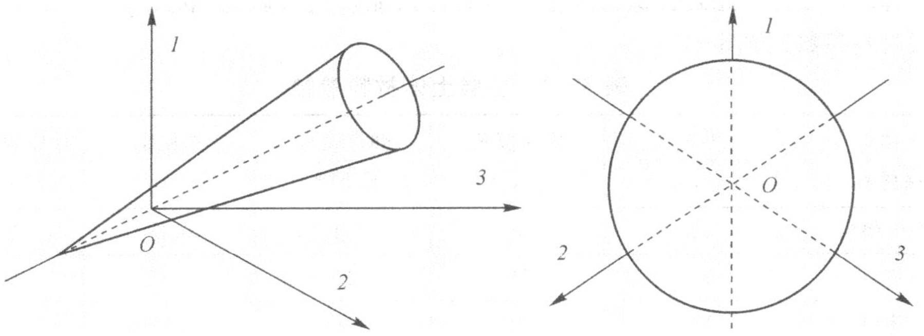

图 3.10　广义 VON MISES 屈服面

当垫层土体材料处于弹性阶段时($F<0$)，或卸载时($F=0, \delta F<0$)，其应力应变关系为

$$\delta\varepsilon_{ij} = \frac{\delta I_1}{9K}\delta_{ij} + \frac{\delta S_{ij}}{2G} \tag{3.104}$$

或

$$\delta\sigma_{ij} = K\delta\varepsilon_{kk}\sigma_{ij} + 2G\delta e_{ij} \tag{3.105}$$

当 $F=0$，且加载时($\delta F=0$)，应力应变关系为

$$\delta\varepsilon_{ij}=\frac{\delta I_1}{9K}\delta_{ij}+\frac{\delta S_{ij}}{2G}+\mathrm{d}\lambda\left[-\alpha\sigma_{ij}+\frac{S_{ij}}{2\sqrt{J_2}}\right] \tag{3.106}$$

或

$$\delta\sigma_{ij}=K\delta\varepsilon_{kk}\sigma_{ij}+2G\delta e_{ij}-\mathrm{d}\lambda\left[-3K\alpha\delta_{ij}+\frac{GS_{ij}}{\sqrt{J_2}}\right] \tag{3.107}$$

式中：

$$\mathrm{d}\lambda=\frac{-3K\alpha\delta\varepsilon_{kk}+\dfrac{GS_{mn}\delta e_{mn}}{\sqrt{J_2}}}{9K\alpha^2+G} \tag{3.108}$$

在 D－P 模型中，参数 α 和参数 K 可用黏聚力 c 和内摩擦角 φ 来表示为

$$\alpha=\frac{\sin\varphi}{\sqrt{3(3+\sin^2\varphi)}} \tag{3.109}$$

$$K=\frac{\sqrt{3}c\cos\varphi}{\sqrt{3+\sin^2\varphi}} \tag{3.110}$$

塑性体积应变为

$$\delta\varepsilon_{kk}^{P}=-3\alpha\left[\frac{-3K\alpha\delta\varepsilon_{kk}+\dfrac{GS_{mn}\delta e_{mn}}{\sqrt{J_2}}}{9K\alpha^2+G}\right] \tag{3.111}$$

土体初始屈服速度较小，黏聚力对计算结果存在影响较大，内摩擦角影响相对较小。

3.5.3 垫层土体的力学响应机理

笔者已发表文献[117][252]中采用 LS－DYNA 软件对大型落石冲击能量进行了模拟研究，计算结果较好。此处尝试选取小型落石冲击能量进行研究，取典型计算工况进行呈现，垫层材料参数见表 3－2。

表 3－2 垫层土体材料参数

土体垫层材料	重度 γ / $\mathrm{kN\cdot m^{-3}}$	内摩擦角 φ/(°)	弹性模量 E/MPa	泊松比 μ	屈服强度 Y/kPa
1. 碎石土垫层	20.6	38	31	0.13	246
2. 砂土垫层	16.7	29	17	0.19	142
3. 黏土垫层	13.4	21	9	0.23	97

垫层土体计算尺寸为 30 cm(长)×30 cm(宽)×6 cm(高)，中心 15 cm(长)×15 cm(宽)处区域进行网格加密，落石下落高度为 1.5 m，质量为 4.13 kg，冲击速度为 5.42 m/s，垫层土体与落石球体之间设置为“面面接触”，垫层土体底面各节点设置 3 个方向全约束，落石冲击时间定为 0.01 s，取 200 个计算步，建立图 3.11(a)的 LS－DYNA 计算模型。

图 3.11(见彩图 3.11)为 LS－DYNA 计算模型及 0.004 s、0.007 s、0.01 s 时的计算结

果。可见，在冲击至 0.004 s 时，垫层土体中心接触区域会产生圆形应力分布，此后垫层内部应力会逐步上升、扩散、振荡、衰减。

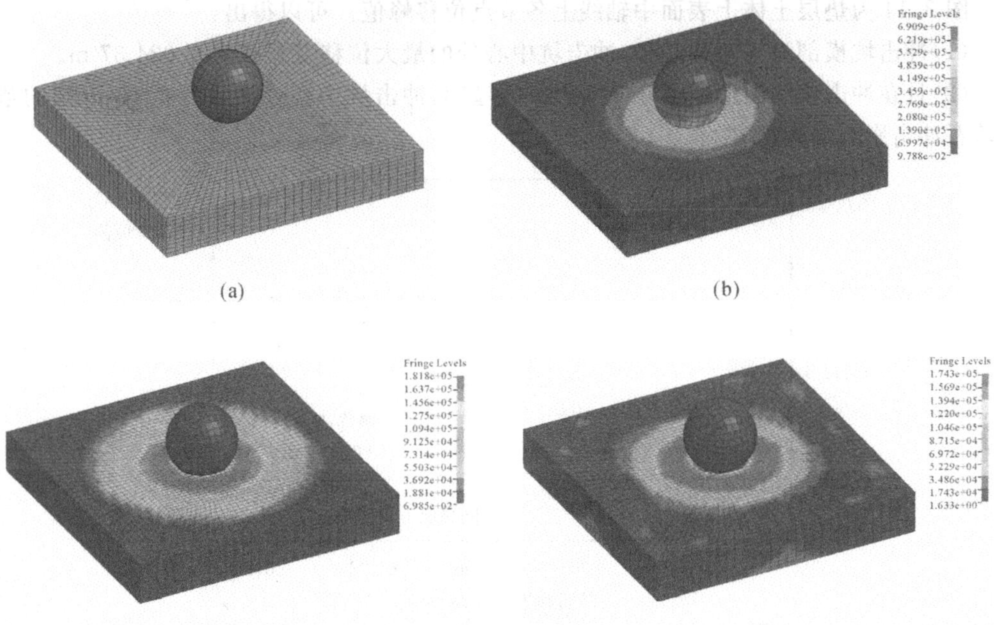

图 3.11　数值计算模型及结果

(a)计算模型；(b)0.004 s；(c)0.007 s；(d)0.01 s

图 3.12(见彩图 3.12)为落石冲击力变化曲线。可见，冲击力曲线呈现出脉冲式变化规律。当冲击至 0.001 s 时，冲击力将达到峰值水平，并以振荡形式衰减。

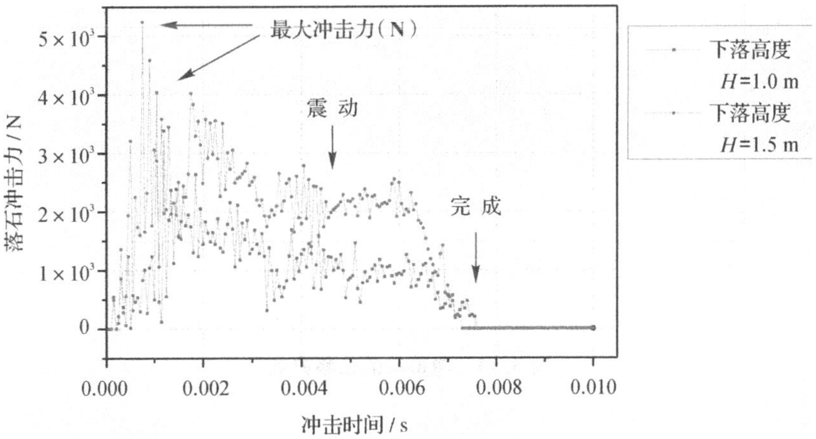

图 3.12　“冲击力-冲击时间”关系

图 3.13 为垫层正中节点的位移变化曲线。可以得出：

(1)在起始冲击阶段，侵彻深度呈现抛物线增加趋势，在约 0.004 5 s 时达到峰值位移 0.025 96 m。

(2)在 0.004 5～0.006 5 s 时由于垫层土体具备弹塑性特征，中心节点产生 0.001 59 m 回弹，回弹率为 6.12%，最终冲击坑深为 0.024 37 m。

图 3.14 为垫层土体上表面中轴线上各节点位移峰值。可以得出：

(1)冲击坑横剖面呈对称趋势，冲击坑中心处的最大位移变形量为 0.024 37 m。

(2)且在冲击坑周围形成了 0.005 6 m 的隆起，冲击坑中心处半径为 0.05 m 圆的范围受落石冲击影响最为明显。

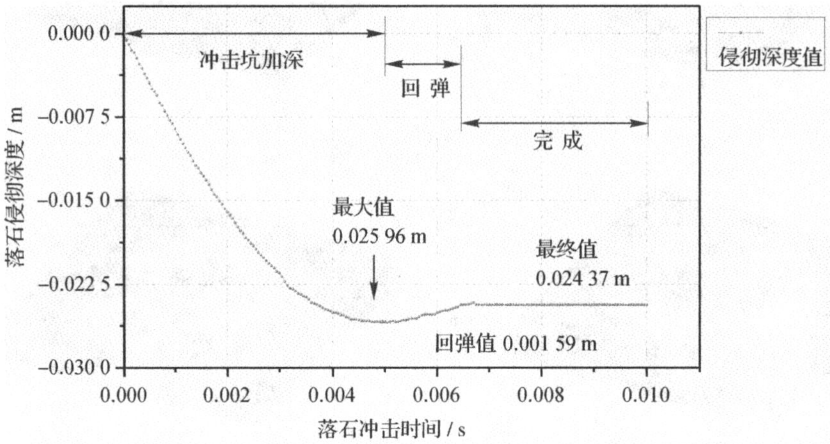

图 3.13 侵彻深度的变化曲线

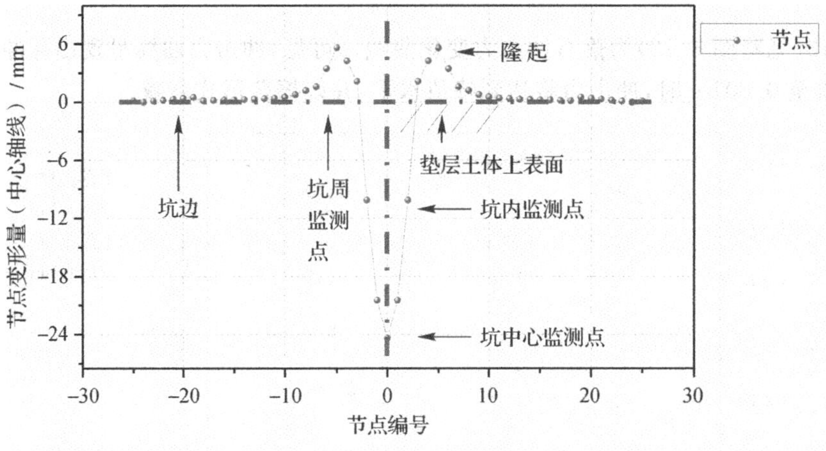

图 3.14 冲击坑的位移曲线

3.5.4 LS-DYNA 模拟结果验证

采用理论算法验证 LS-DYNA 数值模拟结果。落石质量取为 2.12 kg、4.13 kg 及 7.14 kg，下落高度取为 0.25 m、0.5 m、0.75 m、1.00 m、1.25 m、1.50 m、1.75 m、2.00 m，

垫层土体材料分别取为碎石土、砂土及黏土，垫层厚度均为 4 cm。得出图 3.15、图 3.16 的统计结果。可以得出：

(1)LS－DYNA 数值模拟结果与日本、瑞士算法结果吻合性较好。当冲击力较大时，数值模拟结果略高于日本与瑞士算法。

(2)文献[131]指出，日本、瑞士算法比国内算法结果明显偏大，但多数落石灾害及试验结果均表明，落石冲击力实际值要比日本、瑞士算法略有偏高。

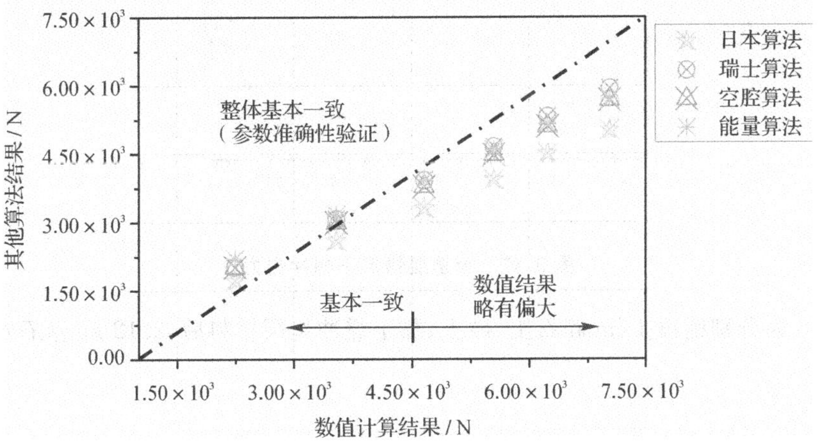

图 3.15　数值计算结果对比验证（碎石土垫层）

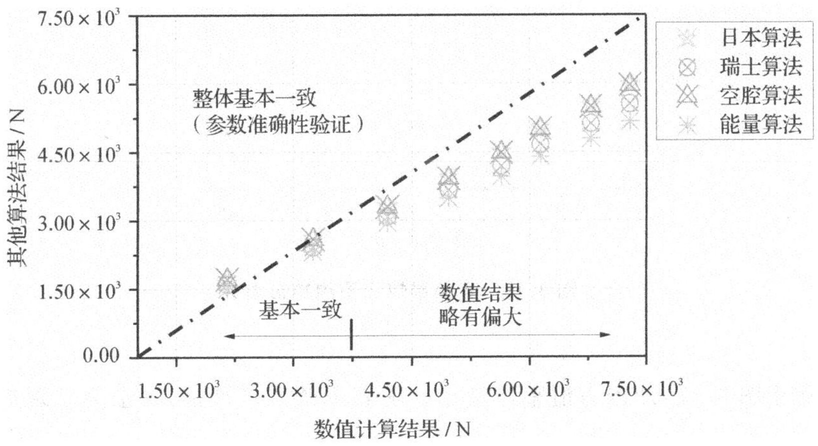

图 3.16　数值模拟计算结果对比(砂土垫层)

3.5.5　落石最大冲击力的数值模拟

1. 垫层土体对冲击力的缓冲效应

对无缓冲垫层下，落石最大冲击力进行模拟计算，结果如图 3.17 所示，可见：

(1)下落高度由 0.25 m 增加至 2.00 m 时，对于 7.14 kg 的落石球体，最大冲击力由

20 kN 增加至 60 kN；落石球体为 4.13 kg 时，冲击力为 15～40 kN；落石球体为 2.12 kg 时，冲击力为 8～25 kN。

(2)若棚洞顶板上部不添加缓冲垫层，落石最大冲击力值非常大，结构将不堪一击。

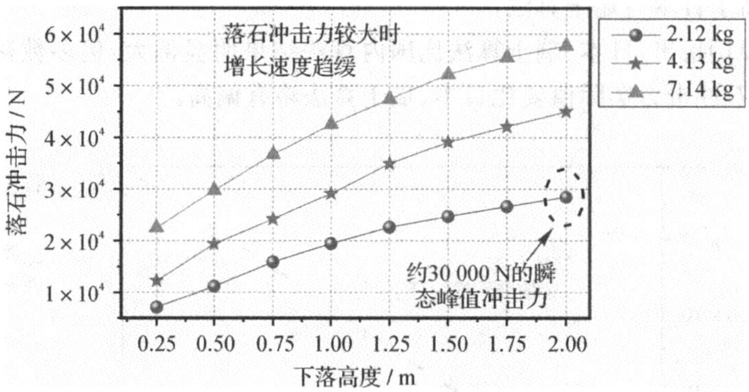

图 3.17 无垫层情况下的冲击力

图 3.18 为分别铺设 4 cm 碎石土、砂土、黏土缓冲垫层材料后，2.12 kg 落石冲击力的计算结果。

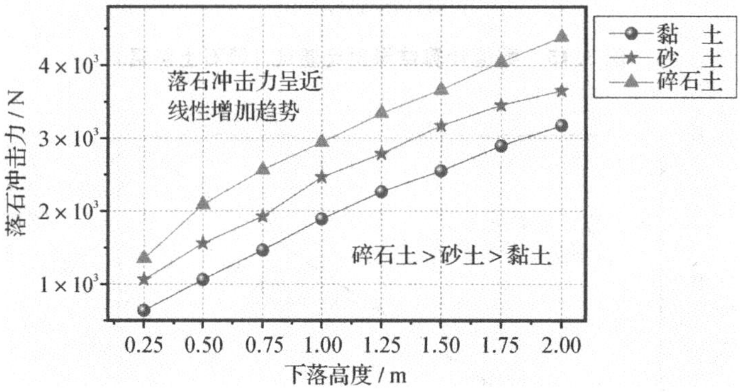

图 3.18 有垫层情况下的冲击力

可见：

(1)相比于图 3.17，冲击力值整体较小。随着下落高度增加，冲击力呈现近线性增加趋势。

(2)当下落高度为 2 m 时，在黏土缓冲垫层，最大冲击力为无垫层的 7.9%，为砂土垫层的 8.5%，为碎石土垫层时的为 9.8%，垫层土体对冲击力缓冲效果较好。

(3)对于落石冲击力的缓冲效果，黏土垫层＞砂土垫层＞碎石土垫层。

2. 落石质量对冲击力的影响

图 3.19 为在碎石土垫层情况时，不同落石质量与下落高度情况下，落石最大冲击力计算结果，图 3.20、图 3.21 分别为砂土、黏土垫层计算工况，垫层厚度均为 6 cm。可以得出：

(1)落石冲击力较小时，冲击力呈现近线性增加趋势。在冲击力增加至一定水平后，冲击力曲线呈现抛物线增长。

(2)当落石质量、下落高度均一定时，碎石土垫层的冲击力计算值最大，砂土垫层次之，黏土垫层最小。

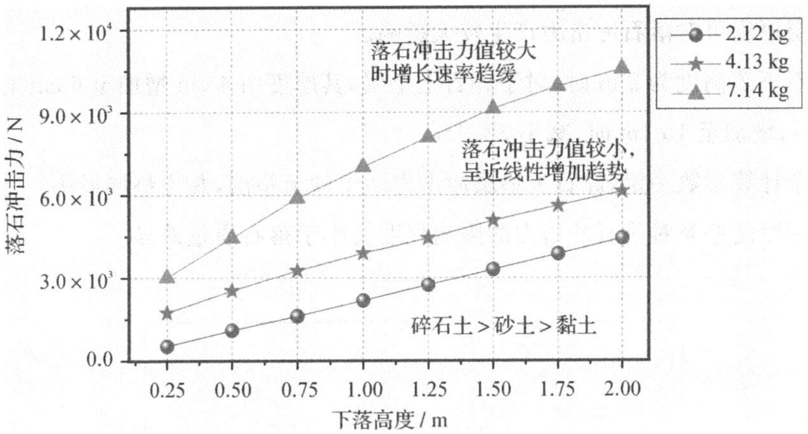

图 3.19　落石质量对冲击力的影响(碎石土垫层)

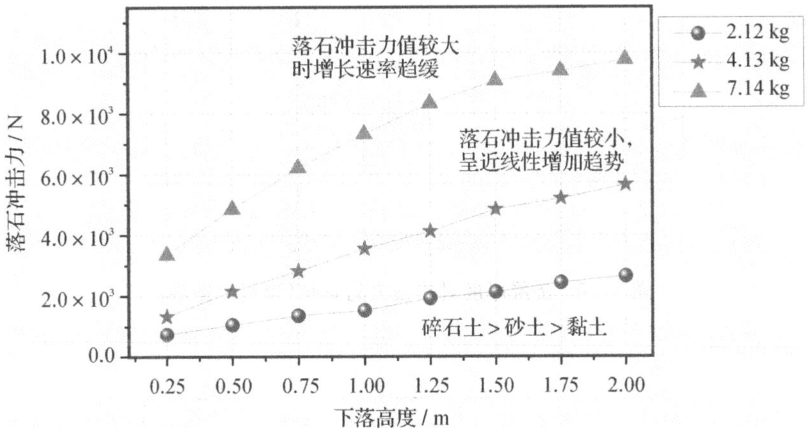

图 3.20　落石质量对冲击力的影响((砂土垫层)

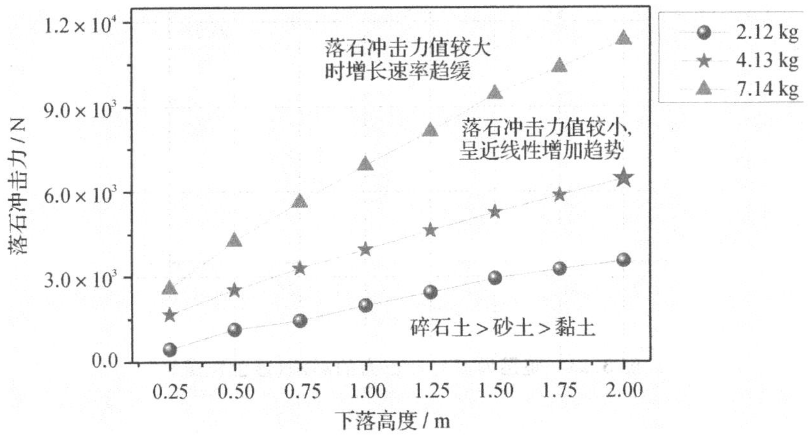

图 3.21　落石质量对冲击力的影响(黏土垫层)

3. 垫层厚度对冲击力的影响

图 3.22～图 3.24 分别为在碎石土、砂土、黏土垫层时，不同垫层厚度与下落高度情况下落石冲击力计算结果，落石重量均为 4.13 kg。可见：

(1)垫层厚度可对落石冲击力产生较大影响。

(2)落石下落高度为 2 m 时，对于碎石土垫层，其厚度由 4 cm 增加至 6 cm 时，冲击力将减小 23.1%；增加至 10 cm 时，减小 38.2%。

(3)其余计算参数一定，碎石土垫层冲击力高于砂土垫层，黏土垫层最小。

(4)垫层厚度差异对落石冲击力的影响程度要小于落石质量差异。

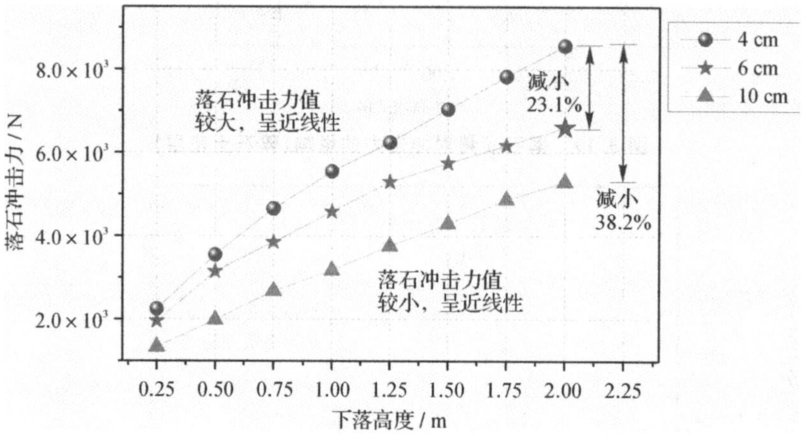

图 3.22　垫层厚度对冲击力的影响(碎石土垫层)

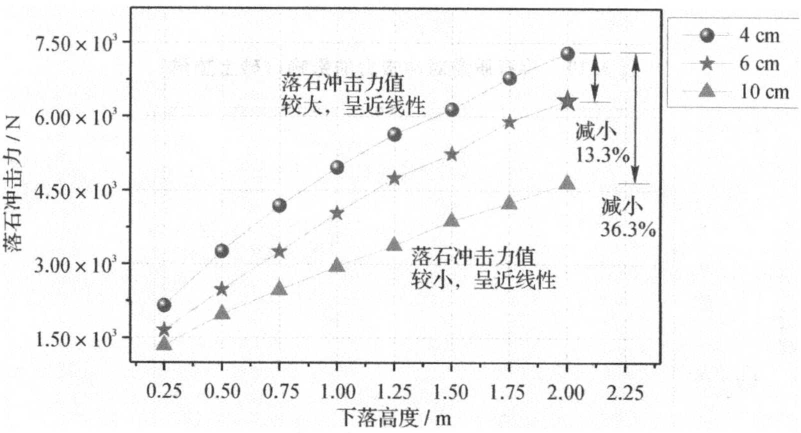

图 3.23　垫层厚度对冲击力的影响(砂土垫层)

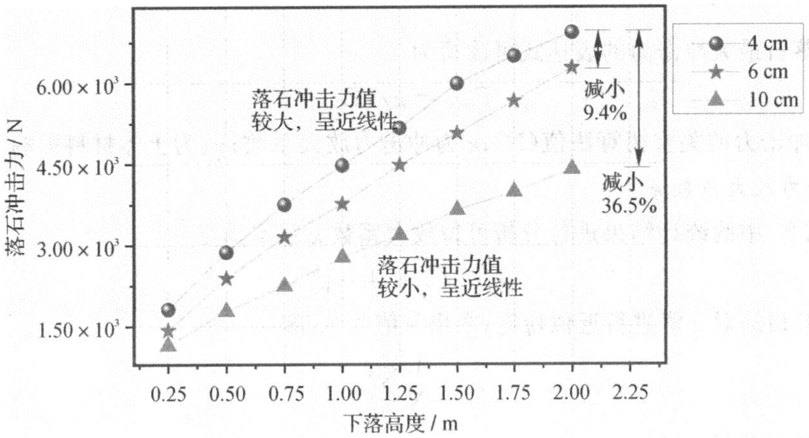

图 3.24　垫层厚度对冲击力的影响(黏土垫层)

3.5.6　冲击力的 LS-DYNA 修正算法

文献[117][131][252]指出，关宝树教授给出的冲击时间算法较为准确，但冲击力却为平均值。为了寻求更为准确的落石最大冲击力算式，将 3.7.6 节所得的 120 组落石最大冲击力值与关宝树算法结果进行对比，得出放大系数 κ 值，图 3.25 为落石冲击速度(v)-冲击力放大系数(κ)统计结果散点图。

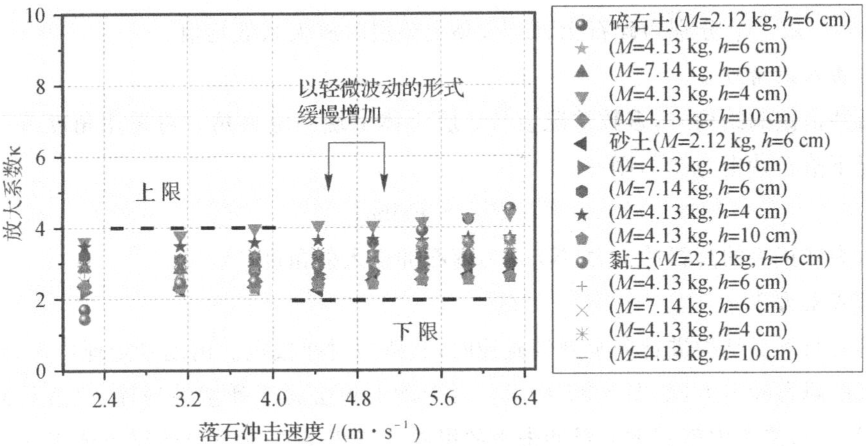

图 3.25　“冲击速度-冲击力放大系数”关系

由图 3.25 可见：

(1)同一垫层土体材料下，随着冲击速度的增大，放大系数 κ 以轻微波动的形式缓慢增加，散点值基本分布于 2.0～4.0 区间范围内。

(2)对于同一冲击速度，碎石土垫层的放大系数要高于砂土垫层，黏土垫层最小。

(3)笔者已发表文献[252]中，以隧道手册算法为基础，放大系数与冲击速度呈现对数关系。

这样,落石最大冲击力的表达式可改写为

$$F_{max} = \kappa\chi_A F_G \tag{3.112}$$

式中:F_G为冲击力的关宝树算法值(N);κ 为冲击力放大系数;χ_A为土体材料影响系数。

1. 冲击力放大系数 κ

对图 3.25 中的统计结果进行分析可得放大系数 κ 基本满足

$$\kappa \in [2.0,4.0] \tag{3.113}$$

按式(3.112)对 κ 值进行近似待定,求出 κ 值为 2.989。

$$\kappa = \frac{1}{N}\sum_{i=1}^{N}\kappa_i \tag{3.114}$$

式中:N 为数据总量。

2. 垫层材料差异系数 χ

据图 3.25,碎石土垫层时 κ 的极大值、极小值及平均值依次为(4.53,1.71,3.20),砂土垫层时为(3.71,2.19,2.86),黏土垫层时为(3.63,1.44,2.91),考虑到 κ 值受垫层材料差异影响,其与砂土垫层的计算均值相对较为接近,垫层材料差异系数 χ 的计算公式为

$$\left.\begin{aligned}\chi_G &\approx \frac{\overline{\kappa_G}}{\overline{\kappa_s}}\\ \chi_C &\approx \frac{\overline{\kappa_C}}{\overline{\kappa_s}}\end{aligned}\right\} \tag{3.115}$$

式中:χ_G 为碎石土垫层差异系数,考虑到极值影响,χ_G 宜取 1.07;χ_C 为黏土垫层差异系数,宜取 0.97;$\overline{\kappa_G}$ 、$\overline{\kappa_s}$ 、$\overline{\kappa_C}$ 分别为碎石土、砂土、黏土垫层时放大系数均值。

3. 冲击入射角度 α

落石冲击棚洞结构时,多数情况会与垫层土体呈现一定夹角。可采用角度分解法计算斜碰情况下落石冲击力[130],则有

$$F_{O1} = F\sin\alpha \tag{3.116}$$

式中:F_{O1}为修正后的落石冲击力(N);α 为落石冲击入射角度(°)。

4. 落石重力 Mg

若落石与下部结构进行完全弹性碰撞时,其碰撞时间极短。由动量定理可知,碰撞时会产生极大的瞬态冲击力,如图 3.17 所示。对于砂土垫层属于弹塑性碰撞,故落石冲击力未必远大于重力,需考虑落石重力对冲击力的影响。考虑落石重力与垫层土体表面之间夹角 θ(°)的影响,则有修正公式为

$$F_{O2} = F + Mg\sin\theta \tag{3.117}$$

式中:F_{O2}为修正后的冲击力(N)。

5. 冲击恢复系数 δ

垫层土体材料具备弹塑性特征,落石冲击后往往产生一定回弹,回弹强度与垫层材料力学参数存在直接关系,则有

$$F_{O3}=(1+\delta)F \tag{3.118}$$

式中：F_{O3}为修正后的冲击力(N)；δ为落石冲击恢复系数，按表 3-1 选取。

结合文献[129]，联立式(3.112)～式(3.118)，可得落石最大冲击力的最终算式为

$$F_{max}=\frac{298.9\chi_A M(\sin\alpha)(1+\kappa)\sqrt{2gH}}{0.097Mg+2.21h+\dfrac{0.045}{H}+1.2}+Mg\sin\theta \tag{3.119}$$

式(3.119)即为基于数值模拟研究得出的落石最大冲击力表达式，以下称为 LS-DYNA 修正算法。

分别将碎石土、砂土、黏土垫层情况下的 120 组数值模拟结果与 LS-DYNA 修正算法结果进行对比，如图 3.26 所示。可见 LS-DYNA 修正算法结果与数值模拟结果吻合性较好，验证了式(3.119)的准确性。

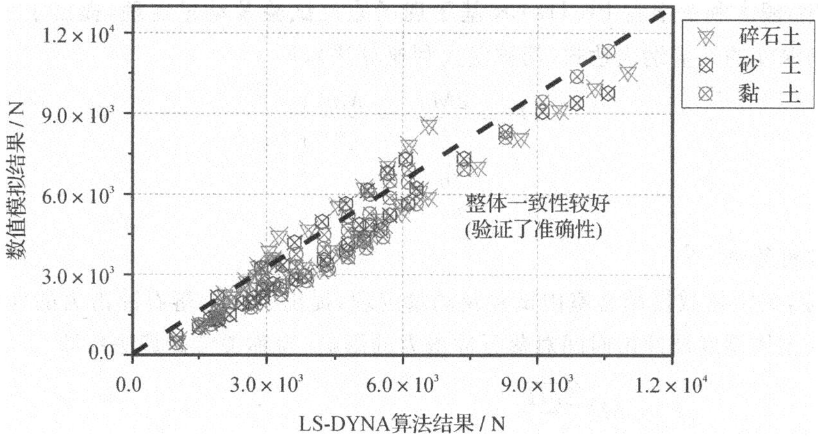

图 3.26　"LS-DYNA 修正算法-数值模拟结果"关系

3.6　算例验证

3.6.1　经典算法

1. HERTZ 算法

文献[117]基于 HERTZ 弹性碰撞理论，给出了落石冲击力及最大变形量表达式为

$$\left.\begin{aligned}F&=\frac{32\sqrt{3}}{27}E\sqrt{R}\left(\frac{45\sqrt{3}Mv_0^2}{128R^{1/2}E}\right)^{3/5}\\L&=\left(\frac{45\sqrt{3}Mv_0^2}{128R^{1/2}E}\right)^{2/5}\end{aligned}\right\} \tag{3.120}$$

2. 瑞士算法[102]

在 1996 年，瑞士学者 LABIOUSE 基于 HERTZ 弹性理论及试验方法，提出了一种落石冲击力的半理论半经验算法(简称瑞士算法)，即

$$F = 1.765 M_E^{2/5} R_1^{1/5} \ (QH)^{3/5} \tag{3.121}$$

式中：M_E为垫层土体的弹性模量(Pa)；Q 为落石重量(N)。

3. 日本算法[101]

日本道路公团采用模型试验方法，给出了一种落石冲击力的半经验半理论算法(简称日本算法)，即

$$F = 2.108 \ (Mg)^{2/3} \lambda^{2/5} H^{3/5} \tag{3.122}$$

式中：g 为重力加速度($9.8\text{m}^2/\text{s}$)；λ 为拉梅常数，通常情况下取 1 000 000 N/m^2。

4. 澳大利亚算法[103]

2005 年，澳大利亚学者 PICHLER 基于现场原位试验及动量定理，提出了一种落石冲击力及侵彻深度的无量纲表达式(简称澳大利亚算法)，即

$$\left.\begin{aligned} F &= \frac{2Mv_0}{t_w} = \frac{Mv_0^2}{h} \\ t_w &= \frac{2h}{v_0} \end{aligned}\right\} \tag{3.123}$$

5. 关宝树算法[129]

1996 年，关宝树教授结合室内试验及动量定理，提出了一种落石冲击力的计算公式，其考虑了垫层土体厚度及冲击时间对落石冲击力的影响(简称关宝树算法)，即

$$\left.\begin{aligned} F &= M\frac{\sqrt{2gH}}{t_w} \\ t_w &= \frac{1}{100}\left(0.097Mg + 2.21h + \frac{0.045}{H} + 1.2\right) \\ L &= \eta\sqrt{\frac{QH}{10}} \end{aligned}\right\} \tag{3.124}$$

6. 公路路基算法[253]

《公路路基设计规范》(JTJ 013－1995)中基于功能原理，提出了一种落石冲击力及侵彻深度的计算表达式(简称路基算法)，即

$$\left.\begin{aligned} F &= 2\gamma L\left[2\tan^4(45° + \varphi/2) - 1\right]\psi \\ L &= v_0\sqrt{\frac{Q}{2g\gamma\psi}}\sqrt{\frac{1}{2\tan^4(45° + \varphi/2) - 1}} \end{aligned}\right\} \tag{3.125}$$

式中：γ 为垫层材料的重度(N/m^3)；φ 为垫层材料的内摩擦角(°)；ψ 为落石块的等效截面积(m^2)。

7. 公路隧道设计细则算法[95]

《公路隧道设计细则》(JTG/TD 70－2010)中基于动量定理，给出了一种落石冲击力的计算公式(以下简称为隧道设计细则算法)，即

$$\left.\begin{aligned} F &= \frac{Qv_0}{gt_w} \\ t_w &= \frac{2h}{c} \\ c &= \sqrt{\frac{1-\nu}{(1+\nu)(1-2\nu)}\cdot\frac{E}{\rho_0}} \end{aligned}\right\} \tag{3.126}$$

式中：ρ_0为垫层土体密度（kg/m^3）；c为垫层土体的压缩波波速（m/s）；ν为垫层材料泊松比。

3.6.2 冲击力对比验证

至此，本章给出了4种隧道洞口落石冲击力计算方法，分别为空腔膨胀算法、能量守恒算法、正弦积分算法、LS-DYNA修正算法。考虑将HERTZ算法、日本算法、瑞士算法、澳大利亚算法、关宝树算法、隧道手册算法、公路路基算法，联合共计11种算法进行对比验证。

鉴于笔者所发表文献[117][252]中已采用了大型落石冲击能量，对上述11种算法进行了对比研究。此处尝试以小型落石冲击能量进行分析。计算工况描述：落石质量为4.13 kg，垫层土体厚度定为4 cm，落石下落高度取为0.25 m、0.5 m、0.75 m、1.0 m、1.25 m、1.5 m、1.75 m、2.0 m。垫层土体材料分别取为碎石土、砂土及黏土垫层，计算参数按表3-2选取，落石与棚洞顶板计算参数见表3-3，土石摩擦系数取为0.4。

表3-3 落石及棚洞结构顶板的计算参数

落石				棚洞结构顶板			
重度 kN·m^{-3}	弹性模量 MPa	半径 m	下落高度 m	弹性模量 MPa	泊松比	转动惯量 m^4	跨度 m
25	28	0.5	20	28.5	0.19	0.057	10

不同计算工况下，落石冲击力计算结果如图3.27～图3.29所示，经分析可得：

(1)空腔膨胀算法、能量守恒算法、正弦积分算法、LS-DYNA修正算法结果与日本算法、瑞士算法结果规律一致，验证了其可靠性。

(2)HERTZ算法无疑是偏大的，这是由于HERTZ算法是基于完全弹性理论所得出。

(3)澳大利亚算法得出最大冲击力为平均冲击力2倍，该算法结果仍然偏小。

(4)关宝树教授算法结果与日本算法、瑞士算法、空腔算法等结果规律保持一致。但该算法结果存在大幅偏小趋势。

(5)隧道手册算法中冲击时间是由2倍垫层土体厚度除以压缩波速所得。本计算工况下，该算法所得最大冲击力值明显偏大。

(6)公路路基算法结果均存在偏小趋势。该算法是基于落石冲击过程中功能原理所得出的，并未充分考虑冲击过程中的摩擦内能及其他有关变量的影响。

经上述对比研究，空腔膨胀算法及LS-DYNA修正算法结果的准确性较好。因此，在后续章节中，研究落石对棚洞结构的冲切破坏时均以空腔膨胀算法为准。

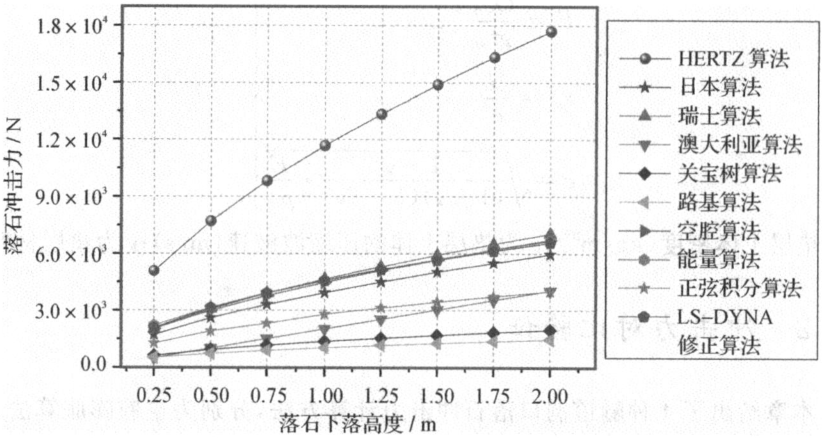

图 3.27　落石冲击力的对比(碎石土垫层)

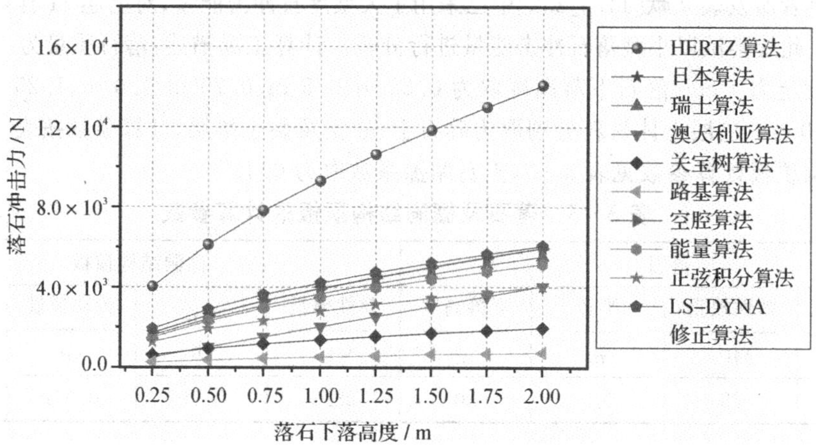

图 3.28　落石冲击力的对比(砂土垫层)

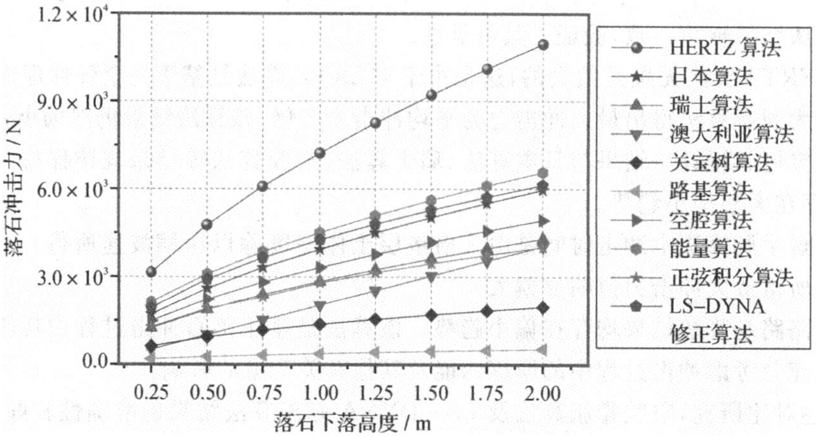

图 3.29　落石冲击力的对比(黏土垫层)

3.6.3　侵彻深度对比验证

侵彻深度值会直接影响落石冲击力在棚洞顶板上部的扩散范围，从而影响顶板冲击应力计算结果。依托 3.6.2 节计算工况，参考表 3－2 及表 3－3 中计算参数，对空腔膨胀算法、能量守恒算法、正弦积分算法、HERTZ 算法、关宝树算法、隧道手册算法、路基算法下落石侵彻深度值进行对比，并与数值模拟结果对比。

图 3.30～图 3.32 为在不同垫层材料及下落高度情况下，落石侵彻深度的 8 种算法结果。可以得出：

（1）空腔膨胀、能量守恒、正弦积分、关宝树算法及数值模拟结果吻合性较好。各曲线呈现近似抛物线增加趋势。当冲击能量逐步增大时，侵彻深度值将趋于平缓。

（2）HERTZ 算法结果明显偏小，由于其是基于完全弹性理论所得出。

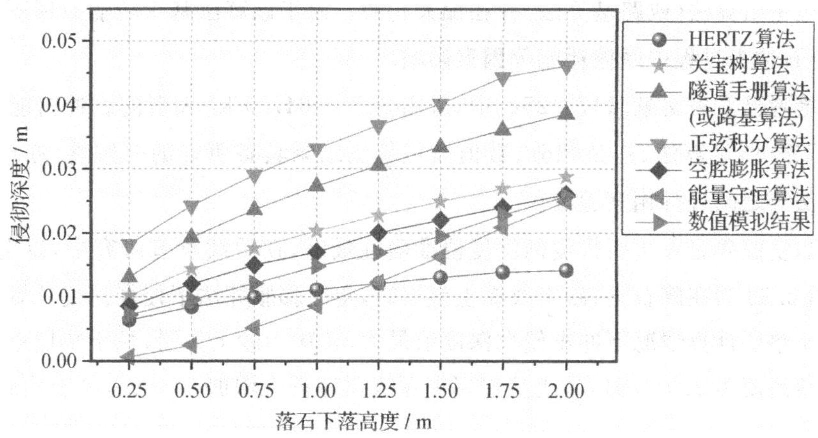

图 3.30　落石侵彻深度的计算结果（碎石土垫层）

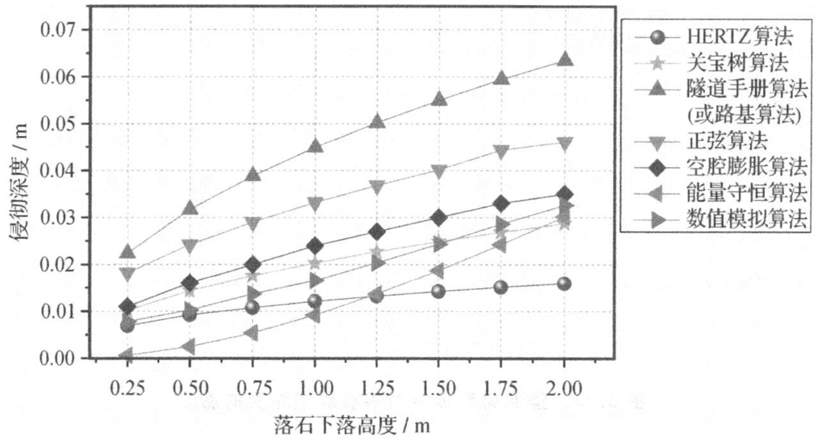

图 3.31　落石侵彻深度的计算结果（砂土垫层）

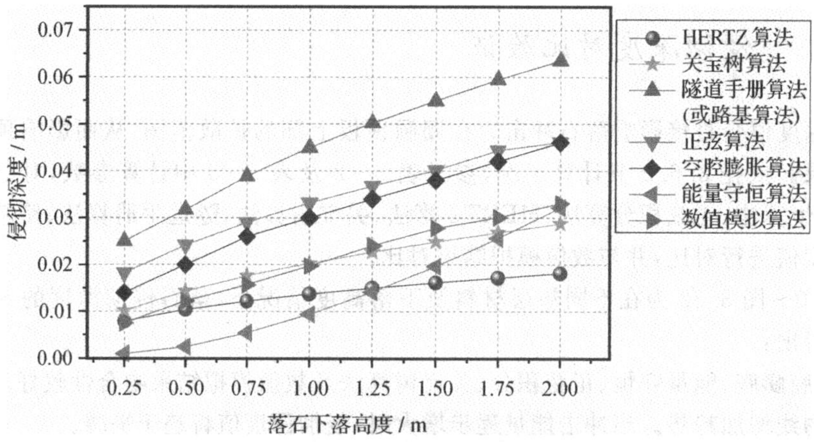

图 3.32　落石侵彻深度的计算结果(黏土垫层)

(3)隧道手册算法(或路基算法)存在偏大趋势。由于该算法基于功能原理所得出,并未充分考虑落石冲击过程中摩擦耗能等因素影响。

(4)在笔者已发表文献[117][252]中,采用 38.7～347.9 kJ 大型落石冲击能量计算时,空腔膨胀算法、能量算法、正弦积分、数值模拟算法结果具备更好的一致性,亦可与日本算法、瑞士算法等之间进行相互验证。

经对比,空腔膨胀算法所得侵彻深度值准确性最好,在后续章节研究中,以空腔膨胀算法为准。图 3.33 为在碎石土、砂土及黏土垫层时,空腔膨胀算法下侵彻深度计算值,可见:

(1)黏土垫层计算情况下冲击侵彻深度值最大,其次为砂土垫层,黏土垫层最小。

(2)下落高度为 2.0 m 时,砂土垫层侵彻深度比碎石土增加 34.6%,黏土比碎石土增加 76.9%。

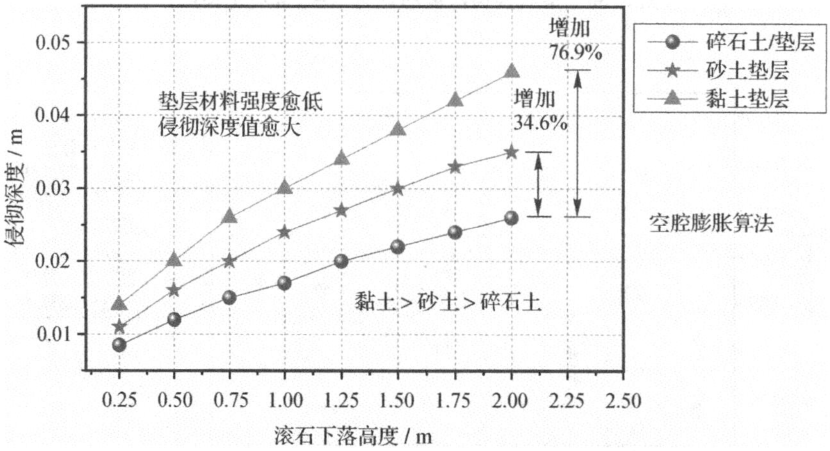

图 3.33　垫层材料差异对落石侵彻深度的影响

3.6.4 接触半径对比验证

进一步研究落石接触半径的变化规律。在冲击下部垫层土体后，落石与垫层土体之间会形成球冠接触面，将此球冠接触面积等效为平面圆面积，该平面圆半径即为落石冲击的接触半径，计算结果如图 3.34～图 3.36 所示，可见：

(1)落石冲击接触半径曲线呈现出近抛物线增加趋势，当冲击速度达到一定水平时，接触半径曲线将趋于缓和。

(2)当冲击工况一致时，接触半径计算结果满足黏土垫层＞砂土垫层＞碎石土垫层，曲线变化趋势与侵彻深度变化规律基本一致。

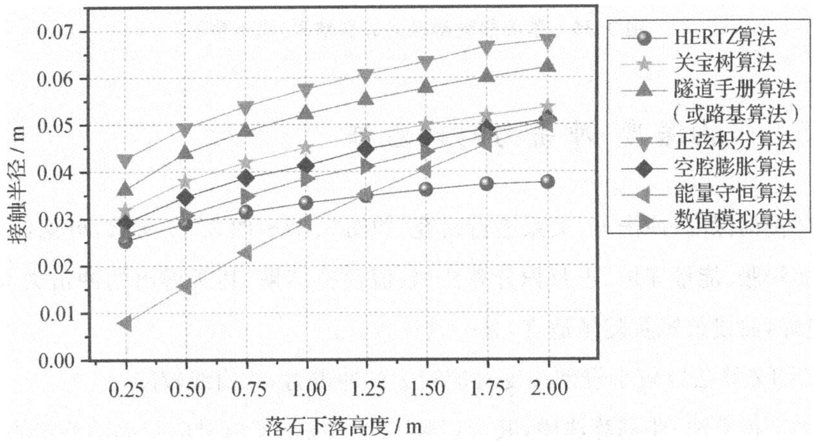

图 3.34　落石接触半径的计算结果(碎石土垫层)

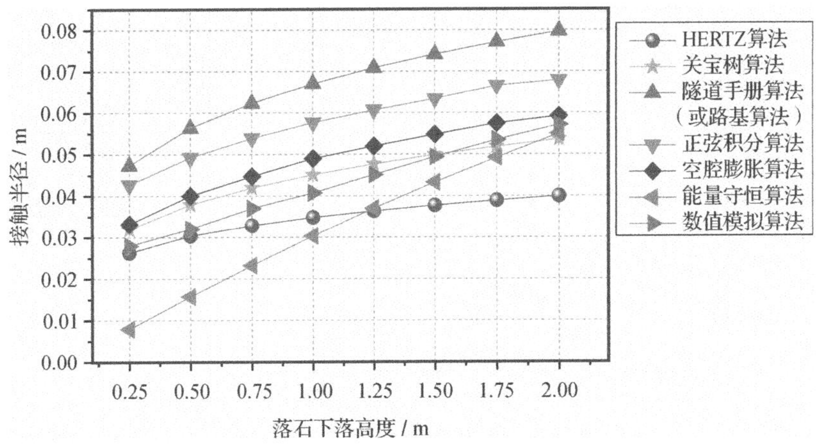

图 3.35　落石接触半径的计算结果(砂土垫层)

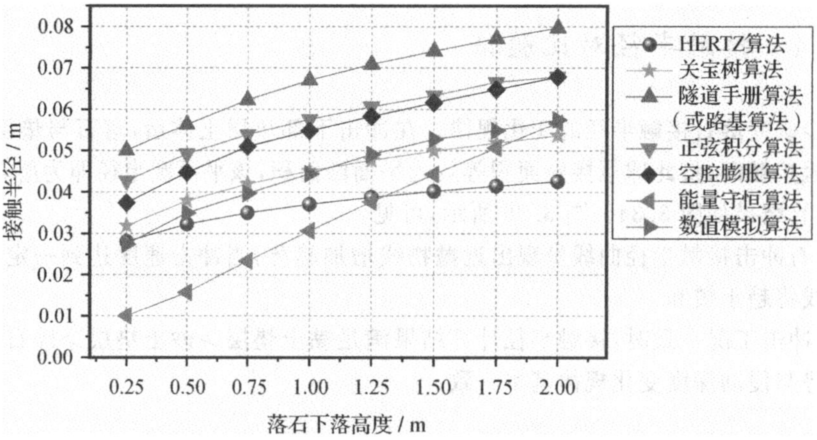

图 3.36　落石接触半径的计算结果(黏土垫层)

3.6.5　侵彻深度-冲击力对比验证

对构建“侵彻深度-冲击力”关系进行研究，如图 3.37～图 3.39 所示，可见：

(1)空腔膨胀、能量守恒、正弦积分算法、数值模拟结果，其所得出的冲击力与侵彻深度对应关系较好，曲线长短及陡倾适宜，且一致性较好。

(2)HERTZ 算法以较小侵彻深度对应较大的冲击力，故曲线较陡。

(3)在关宝树算法、路基算法中，其会以较大的侵彻深度值对应较小的冲击力，曲线较为平缓。

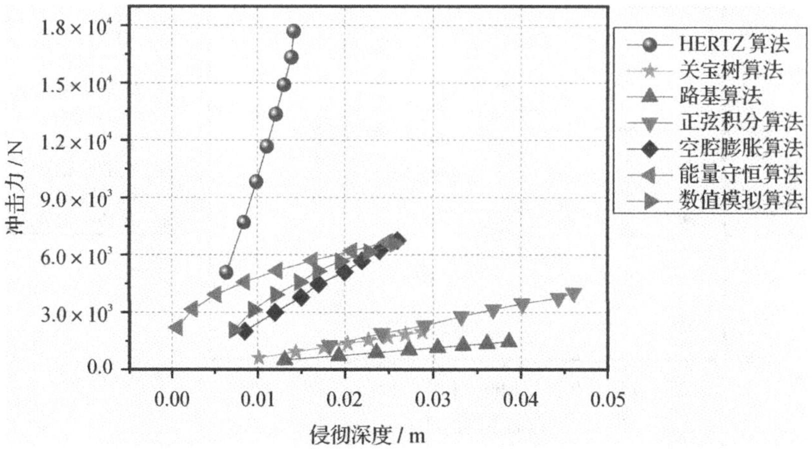

图 3.37　落石“侵彻深度-冲击力”关系曲线(碎石土垫层)

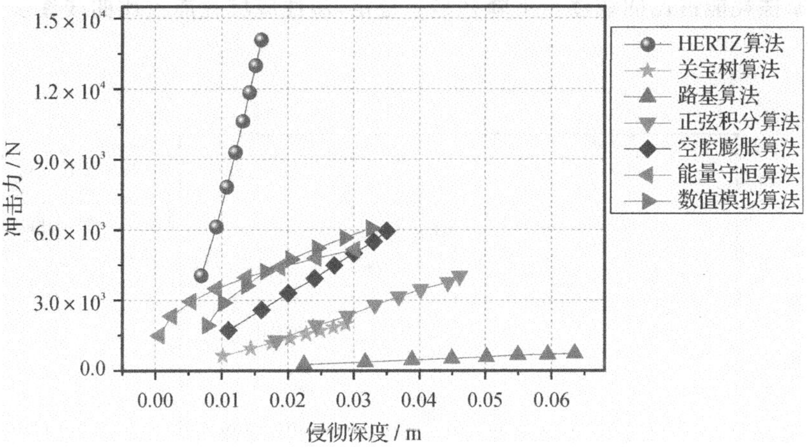

图 3.38　落石"侵彻深度-冲击力"关系曲线(砂土垫层)

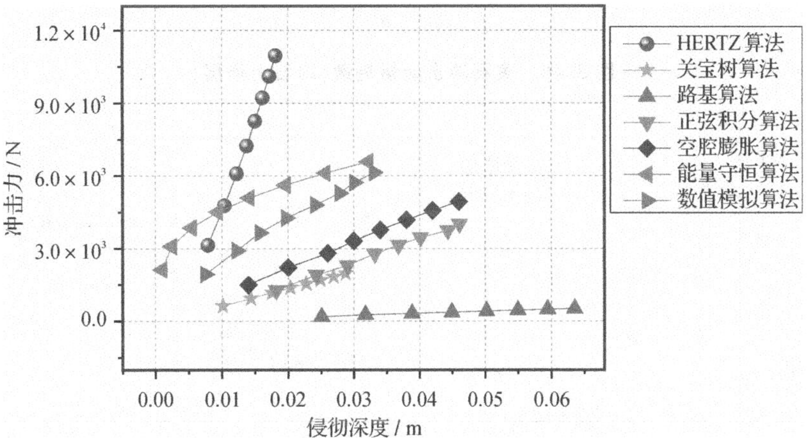

图 3.39　落石"侵彻深度-冲击力"关系曲线(黏土垫层)

3.6.6　能量耗散分析

在 3.3 节中，采用能量守恒算法研究落石冲击力时，已分别获得了塑性成坑能耗、摩擦能耗与棚洞顶板能耗的算式，此处对算例中能量耗散值进行计算。

图 3.40 为在碎石土垫层下，三种能量耗散曲线，图 3.41 为三种能量耗散占比。可以得出：

(1)在各冲击能量下，摩擦、塑性成坑能耗均较大，且以近线性增加的趋势快速增长。

(2)摩擦能耗值及增长速度均明显高于塑性成坑能耗。顶板耗能曲线增速较缓，且能耗值较小，基本可以忽略。

(3)当冲击能量较小时，两者的摩擦耗能比例、塑性成坑耗能比例较为接近。随着冲击速度增大，摩擦耗能占比曲线逐步下降并趋于稳定，塑性成坑耗能占比曲线逐步上升并趋于稳定。

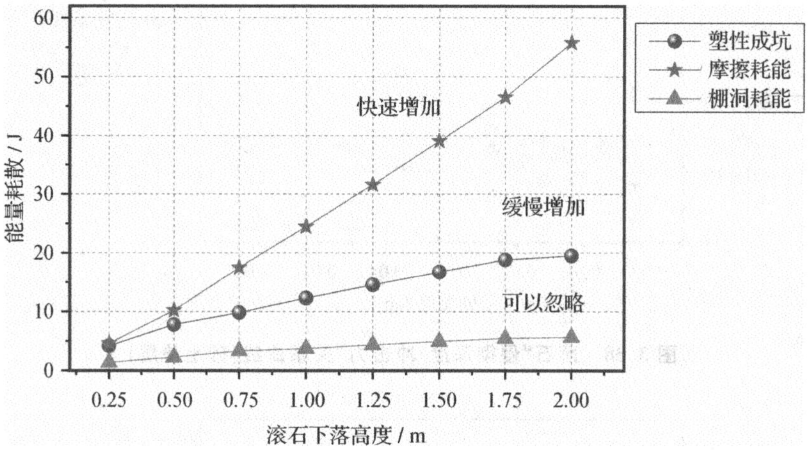

图 3.40　落石冲击能量耗散(碎石土垫层)

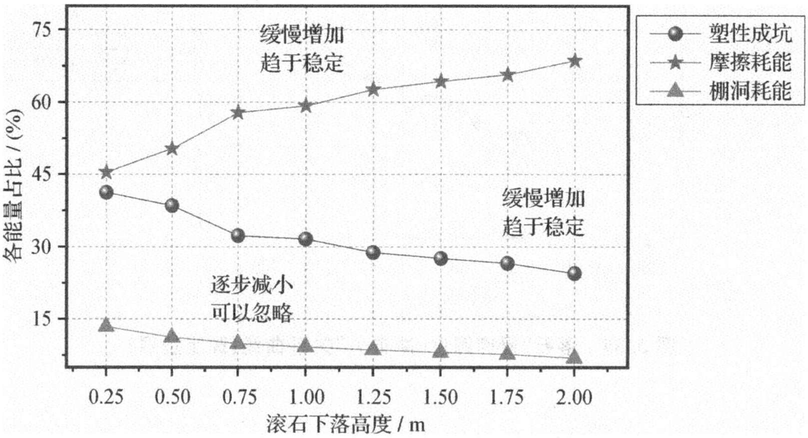

图 3.41　落石冲击能量分配比例(碎石土垫层)

图 3.42、图 3.43 为在砂土垫层下，三者的能量耗散值及能量耗散占比的变化曲线，可见：

(1)在砂土垫层计算工况下，摩擦耗能值的增长速度明显加快，塑性成坑耗能值的增长速度略有放缓，顶板弹性变形耗能可忽略。

(2)摩擦能耗初始占比有所增大，塑性成坑能耗占比适度偏小。

图 3.44、图 3.45 为在黏土垫层下，三者的能量耗散值及能量耗散占比的变化曲线，可见：在黏土垫层计算情况下，摩擦耗能总值及占比将更加突出。由于黏土垫层更易被“劈裂”，土体“刹车”作用明显。与此同时，塑性成坑耗能占比将会减小。

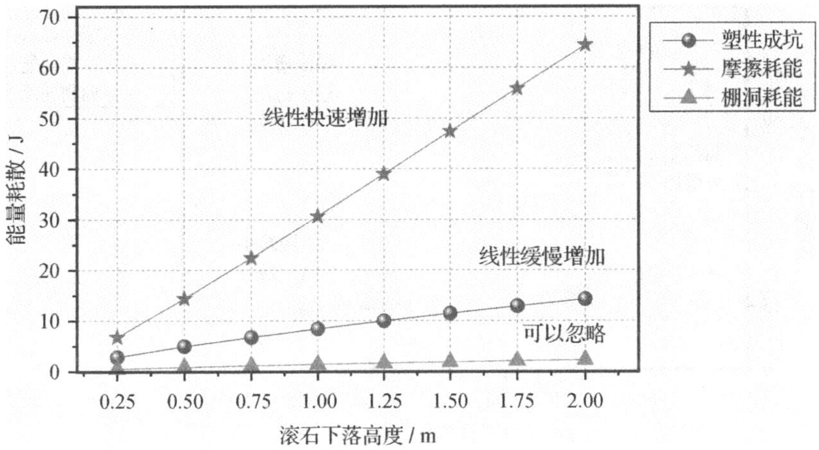

图 3.42　落石冲击能量耗散(砂土垫层)

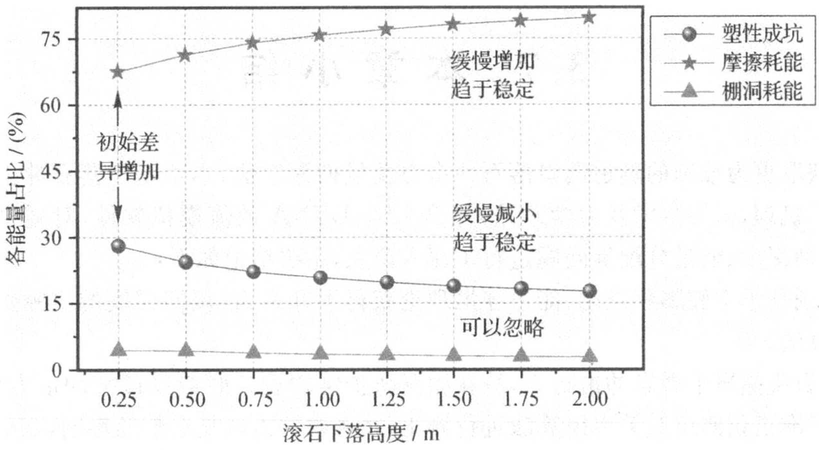

图 3.43　落石冲击能量分配比例(砂土垫层)

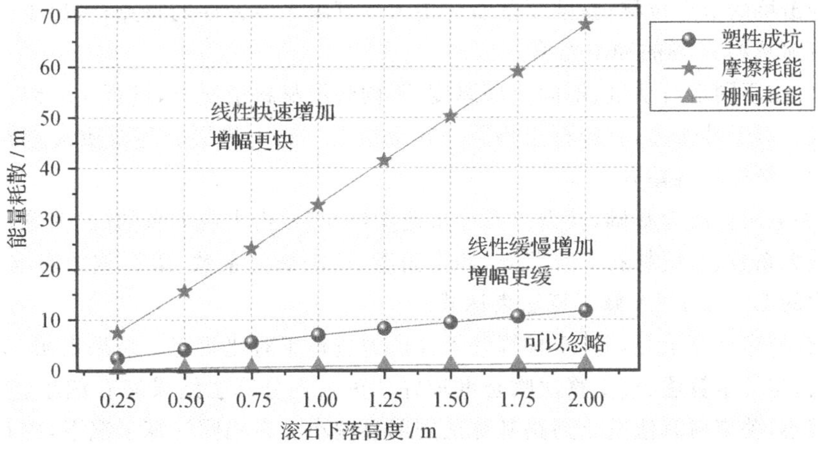

图 3.44　落石冲击能量耗散(黏土垫层)

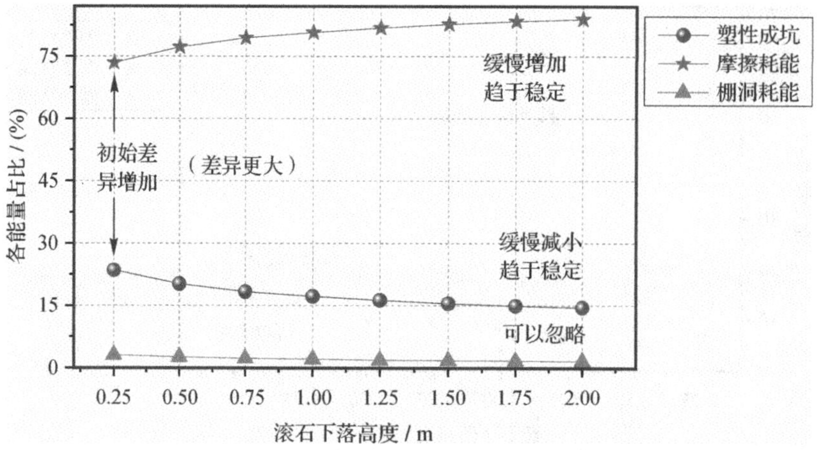

图 3.45　落石冲击能量分配比例(黏土垫层)

3.7　本章小结

为了获取更为准确的隧道洞口落石冲击力及侵彻深度值，本章基于落石冲击棚洞垫层土体的力学机理，采用数学及力学理论，结合 LS－DYNA 数值模拟软件，对隧道洞口落石冲击力、侵彻深度、能量分配等问题进行了深入研究，主要结论如下：

(1)分别基于空腔膨胀理论、能量守恒理论获得了冲击力、侵彻深度的空腔膨胀算法与能量守恒算法。

(2)落石碰撞属于瞬态冲击行为，故在棚洞防护结构设计时应以最大冲击力作为标准。采用 1/2 标准正弦曲线对关宝树算法进行修正，并考虑冲击恢复系数的影响，获得最大冲击力的正弦积分算法。基于牛顿定理推导出了侵彻深度的表达式。

(3)依托 LS－DYNA 数值模拟软件，研究了冲击力、侵彻深度随冲击时间的变化规律，并给出了冲击坑的节点位移；验证了落石冲击力具有瞬态脉冲性的特点；得出了垫层土体的设置可直接缩减约 90%的冲击力值。

(4)考虑在不同落石质量、不同垫层厚度、不同垫层材料情况下，进行 120 组落石冲击数值模拟实验。对于冲击力，有碎石土垫层＞砂土垫层＞黏土垫层。落石质量差异对冲击力的影响要大于垫层材料差异。

(5)以关宝树算法为基础，获得落石冲击速度(v)与冲击力放大系数(κ)关系。最终在考虑冲击力放大系数、垫层材料参数差异、冲击角度、冲击恢复系数、落石重力影响的基础上，得出冲击力的 LS－DYNA 修正算法表达式。

(6)结合特定计算工况，对 11 种算法下冲击力进行了对比研究。结果表明，本书所提出的 4 种算法，与日本算法、瑞士算法吻合度较好。正弦积分算法结果略有偏小，澳大利亚算法亦有所偏小，关宝树算法及公路路基算法则明显偏小。在相同计算工况下，碎石土垫层＞砂土垫层＞黏土垫层。

(7)通过对各算法的侵彻深度进行对比研究可得:空腔膨胀算法、能量守恒算法、正弦积分算法、LS－DYNA数值模拟结果一致性较好,HERTZ算法结果明显偏小,路基算法结果偏大。垫层材料对计算结果的影响呈现出碎石土垫层＜砂土垫层＜黏土垫层。

(8)落石冲击棚洞垫层土体后,接触半径曲线的变化规律与侵彻深度值的变化规律基本一致。在“冲击力-侵彻深度”曲线中,正弦积分、空腔膨胀、能量守恒算法曲线长度、位置均适中。

(9)分析三种垫层材料下,塑性成坑能耗、摩擦耗能及棚洞顶板的变性能耗情况,其中摩擦耗能总值及占比最为突出,顶板弹性变形能基本可忽略。三种能量分配的差异程度满足黏土垫层＞砂土垫层＞碎石土垫层。

第4章 落石冲击下棚洞防护结构的力学特性研究

4.1 概　　述

研究隧道洞口落石冲击力、侵彻深度及落石冲击过程中能量转换问题的目的，是揭示在落石冲击垫层土体后，棚洞结构的力学响应规律，为棚洞防护结构设计提供理论计算依据。

本章将在前述第3章已获得的冲击力及侵彻深度算法的基础上，采用理论方法研究落石冲击力、侵彻深度、垫层材料厚度及内摩擦角、棚洞顶板结构尺寸及强度，以及配筋直径、配筋层数、配筋间距等因素，对棚洞结构抗冲切效果的影响。

本章基于LS－DYNA数值模拟方法，分析在落石法向冲击作用下，棚洞结构的冲切破坏特性及各个分部结构的力学特性。研究在不同冲击速度、入射角度、冲击位置、冲击时间情况下，棚洞顶板、立柱结构的力学响应特性，并与理论算法结果进行对比验证。

4.2 隧道洞口落石灾害的棚洞防护措施论证

隧道洞口落石灾害的防护措施分为主动防护与被动防护两种。主动防护措施主要包括清除危岩体、危岩锚固、嵌补、坡面喷砼、设置主动防护网等。被动防护措施主要有设置被动防护网、拦石槽、棚洞防护结构等。隧道洞口落石灾害多发生于陡峻的洞口边仰坡处，主动防护措施一般较难实施，采用被动防护的效果相对较好。为了清楚了解落石灾害主、被动防护形式的特点，基于防护形式、设置难易、建造技术等8方面因素对二者结构进行对比，见表4－1。

表4－1　隧道洞口落石灾害的主、被动防护措施对比

对比分析	主动防护	被动防护
1. 主要形式	清除危岩，设置主动防护网等	设置棚洞、被动防护网等
2. 设置难易	多位于峭壁及高大边坡处，不易安设	只需进行道路清理即可构造
3. 建造技术	采用传统技术施作	采用传统技术施作
4. 工程总量	道路危害上方整体清理，工程量较大	构造钢混结构，工程量较小
5. 工期	施作困难，工期较长	施作较易，工期较短

续表

对比分析	主动防护	被动防护
6. 安全性	多于大倾角坡体处施作，较危险	在道路处进行施作，较安全
7. 设置费用	进行较简易的清理，费用一般	钢混结构，费用较高
8. 防护效果	无法全部治理，存在隐患	全面防护区间道路的安全

对于隧道洞口段、地质构造复杂段、高大边坡地段、震后地质灾害多发地段等地，一般的防护结构往往达不到较好的防护效果。但棚洞结构作为一种隧道构筑物，是一种非常行之有效的防边坡落石及其他自然灾害的构筑物，同时其具有边坡开挖工程量少、可抵御规模性的落石灾害、公路占地面积小、保护周边生态环境、无须通风照明、后期运营管理工作及耗费少、一次施工可起到长久保护效果等优点。棚洞结构在山区公路建设中极具推广应用价值。

棚洞结构形式主要分为 5 种："拱柱式""板柱式""拱墙式""板墙式"以及"拱形式"。限于篇幅，本章着重以拱柱式棚洞结构为主进行研究，其余种类棚洞遵循类似的研究思路，此处不再赘述。

4.3　棚洞防护结构抗落石冲切性能理论分析

4.3.1　顶板冲切破坏的四个阶段

落石冲击棚洞结构后将经历：落石首先接触并冲击棚洞结构顶板上部缓冲垫层土体，直至垫层土体达到最大侵彻深度值；垫层对落石冲击能量进行耗散并将剩余能量传递至棚洞顶板混凝土；当冲击能量积聚至一定程度时即形成贯穿块体；贯穿块体在冲击能量带动下继续向棚洞内部运动，板内配筋对其产生阻滞作用，如图 4.1 所示。

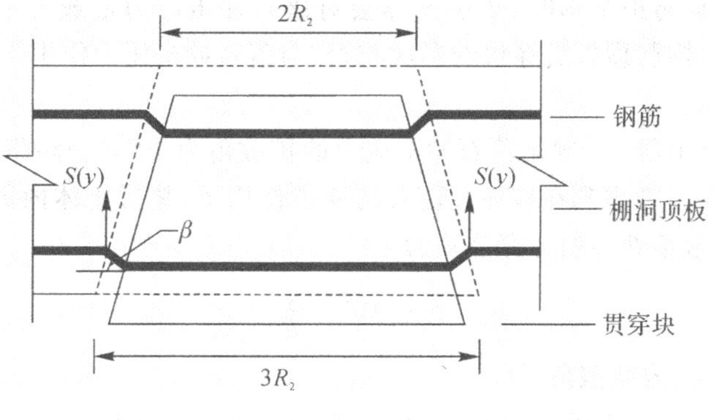

图 4.1　落石冲击破坏棚洞顶板的示意图

基于上述分析，可将落石冲切破坏棚洞结构顶板分为 4 个阶段：

(1)落石冲击缓冲垫层土体阶段。在隧道洞口危岩自坡体上方产生崩塌后，其经过翻转、跳跃、滚动等冲击形式后冲击至棚洞垫层土体。落石与垫层土体产生接触、碰撞，形成塑性冲击坑。

(2)整体工作阶段。在落石冲击棚洞结构的开始阶段，落石冲击应力尚未达到混凝土结构形成贯穿块的临界条件，顶板结构正常受力。

(3)板内配筋服役阶段。落石冲击强度已达到混凝土的极限抗拉强度，棚洞顶板形成贯穿块体，板内配筋开始服役。

(4)板内配筋失效。板内配筋受到落石进一步冲击作用后，钢筋进入塑性大变形阶段并被拉断，落石冲击至棚洞结构内部。

4.3.2 顶板极限抗冲切承载力

棚洞结构在整体服役阶段，落石冲击力由棚洞顶板混凝土进行抵抗。文献[254]基于能量原理提出了一种混凝土抗冲切破坏准则的计算公式为

$$F_u = 0.69\left(dH_S + \sqrt{3}H_S^2\right)f_c' \tag{4.1}$$

式中：F_u为棚洞顶板抗冲切承载力(N)；d 为落石冲击力与棚洞顶板接触直径(m)；f_c' 为混凝土材料轴心抗拉强度(Pa)；H_S为顶板的厚度(m)。

此处：

$$d = 2R_2 = 2\left(\sqrt{2RL - L^2} + h\tan\theta\right) \tag{4.2}$$

联立式(4.1)及式(4.2)便可得出棚洞结构顶板抗冲切强度为

$$F_u = 0.69\left[2\left(\sqrt{2RL - L^2} + h\tan\theta\right)H_S + \sqrt{3}H_S^2\right]f_c' \tag{4.3}$$

通过上述分析可见，棚洞顶板抗冲切承载力与顶板厚度、垫层厚度 h(m)、混凝土抗压强度及冲击荷载的扩散面积有关。

4.3.3 最大冲击应力的理论算法

落石在冲击棚洞防护结构时，垫层土体会对落石冲击应力形成分散效果，如图 4.2 所示。已有研究表明，棚洞顶板贯穿块的形成与否，与落石冲击压力作用于棚洞顶板上部应力面积存在很大关系。

《公路隧道设计手册》[97]规定落石冲击应力的扩散角为 40°，《公路路基设计规范》[253]中则假定扩散角为 35°。考虑到在破坏性落石的冲击作用下，垫层土体内部将发生被动破坏，垫层土体最外层扩散角 θ(°)的计算公式为

$$\theta = 45° - \frac{\varphi}{2} \tag{4.4}$$

式中：φ 为垫层土体的内摩擦角(°)。

则可得出在落石冲击作用下，棚洞顶板上部压力 p(Pa)的计算公式为

$$p = \frac{F_K}{S_{扩}} = \frac{F_K}{\pi\left(R_2 + h\tan\theta\right)^2} \tag{4.5}$$

式中：F_K为由第 3 章空腔膨胀算法所得出的落石冲击力值(N)；$S_{扩}$ 为冲击应力扩散面积

(m^2);R_2 为顶板上部应力扩散半径(m)。

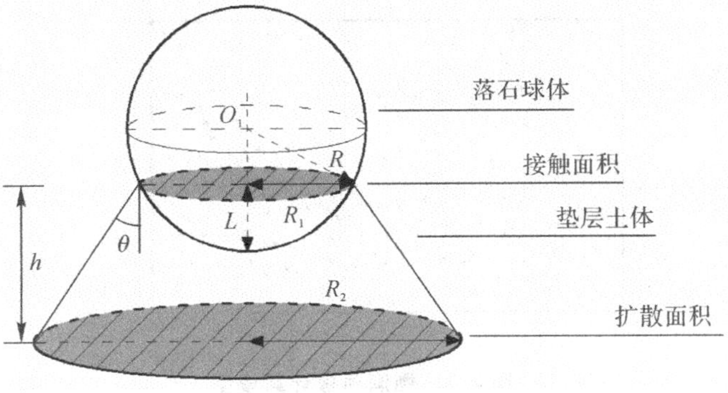

图 4.2　棚洞顶板上的冲击压力分布

如图 4.2 所示,落石在冲击垫层土体后,半径为 R_1 的接触面积(m^2),经由垫层土体扩散后形成了半径为 R_2 的应力作用区域。落石半径 R(m)与垫层上表面受力影响区域半径 R_1(m)之间的关系为

$$R_1 = \sqrt{R^2 - (R-L)^2} = \sqrt{2RL - L^2} \tag{4.6}$$

式中:L 为第 3 章空腔膨胀算法所得出的最大侵彻深度(m)。

R_1 与棚洞上部应力分布范围直径 R_2(m)之间的关系为

$$R_2 = R_1 + h\tan\theta \tag{4.7}$$

联立式(4.6)、式(4.7),则可得

$$R_2 = \sqrt{2RL - L^2} + h\tan\theta \tag{4.8}$$

联立式(4.6)、式(4.8),便可求出落石对棚洞顶板的冲击应力为

$$p = \frac{F_K}{\pi\left(\sqrt{2RL - L^2} + 2h\tan\theta\right)^2} \tag{4.9}$$

根据式(4.9)便可计算棚洞顶板的抗冲切特性。不难看出,式(4.9)所得出的冲击应力为应力扩散区内的平均冲击应力,而非最大冲击应力,故需对其进行修正。

一般地,棚洞顶板的厚度较大,故可基于弗拉索夫理论分析棚洞顶板最大冲击应力,设棚洞顶板长度为 $2A$(m),宽度为 $2B$(m),如图 4.3 所示。板厚为 H_b(m),挠度为 f(m),顶板材料泊松比为 υ,顶板混凝土材料密度为 ρ(kg/m^3),剪切变形模量为 G(Pa),抗拉强度为 σ_t(Pa)。由于顶板面积远大于落石截面积,可忽略落石对板边影响,则有弯曲平衡方程:

$$\left.\begin{aligned}\frac{2D}{5}\left[(1-\upsilon)\nabla^2\omega_x + (1+\upsilon)\frac{\partial W}{\partial x} + \frac{1}{2}\frac{\partial}{\partial x}(\nabla^2 f)\right] + \frac{2}{3}GH_b\left[\frac{\partial f}{\partial x} - \omega_x\right] = 0\\ \frac{2D}{5}\left[(1-\upsilon)\nabla^2\omega_y + (1+\upsilon)\frac{\partial W}{\partial y} + \frac{1}{2}\frac{\partial}{\partial y}(\nabla^2 f)\right] + \frac{2}{3}GH_b\left[\frac{\partial f}{\partial y} - \omega_y\right] = 0\end{aligned}\right\} \tag{4.10}$$

式中:ω_x 为 x=const 截面的转角(rad);ω_y 为 y=const 截面的转角(rad);且有

$$\left.\begin{aligned}&\frac{2}{3}GH_b[\nabla^2\omega - \varphi] + q(x,y) = 0\\ &W = \frac{\partial\omega_x}{\partial x} + \frac{\partial\omega_y}{\partial y}\end{aligned}\right\} \tag{4.11}$$

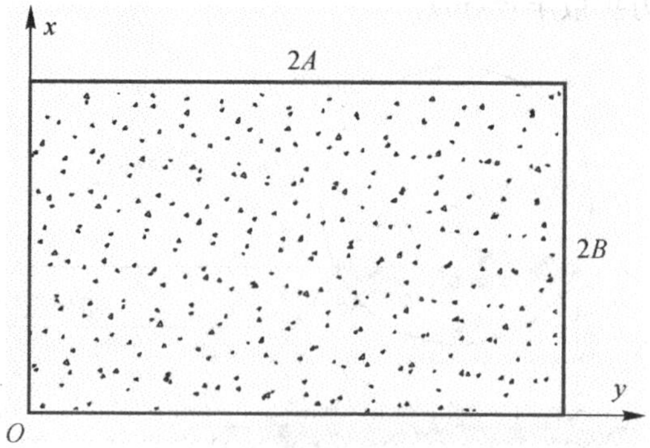

图 4.3　棚洞顶板计算模型

式(4.10)中 D 可表示为

$$D=\frac{EH_b^{\ 3}}{12\left(1-\upsilon\right)^2} \tag{4.12}$$

此时顶板内部的弯矩计算表达式为

$$\left.\begin{aligned}M_x&=-\frac{D}{5}\left[4\left(\frac{\partial\omega_x}{\partial x}+\upsilon\frac{\partial\omega_y}{\partial y}\right)+\left(\frac{\partial^2 f}{\partial x^2}+\upsilon\frac{\partial^2 f}{\partial y^2}\right)\right]\\M_y&=-\frac{D}{5}\left[4\left(\frac{\partial\omega_y}{\partial y}+\upsilon\frac{\partial\omega_x}{\partial x}\right)+\left(\frac{\partial^2 f}{\partial y^2}+\upsilon\frac{\partial^2 f}{\partial x^2}\right)\right]\end{aligned}\right\} \tag{4.13}$$

根据上述假设,则存在如下边界条件:

$$\left.\begin{aligned}f\big|_{x=0,x=A}=0,\omega_y\big|_{x=0,x=A}=0,M_x\big|_{x=0,x=A}=0\\f\big|_{x=0,x=B}=0,\omega_x\big|_{x=0,x=B}=0,M_y\big|_{x=0,x=B}=0\end{aligned}\right\} \tag{4.14}$$

采用三角级数表示挠度 f、转角 ω_x、ω_y 及荷载 $q(\mathrm{N})$,则有

$$\left.\begin{aligned}f&=\sum_{m=1}^{\infty}\sum_{n=1}^{\infty}X_{mn}\sin\frac{m\pi x}{A}\sin\frac{n\pi y}{B}\\\omega_x&=\sum_{m=1}^{\infty}\sum_{n=1}^{\infty}Y_{mn}\cos\frac{m\pi x}{A}\sin\frac{n\pi y}{B}\\\omega_y&=\sum_{m=1}^{\infty}\sum_{n=1}^{\infty}Z_{mn}\sin\frac{m\pi x}{A}\cos\frac{n\pi y}{B}\\q(x,y)&=\sum_{m=1}^{\infty}\sum_{n=1}^{\infty}q_{mn}\sin\frac{m\pi x}{A}\sin\frac{n\pi y}{B}\end{aligned}\right\} \tag{4.15}$$

联立式(4.10)、式(4.15),可得

$$\left.\begin{aligned}X_{ij}&=\frac{q_{ij}}{D\pi^3}\cdot\frac{1}{\left[\left(\frac{i}{A}\right)^2+\left(\frac{j}{B}\right)^2\right]^2}\cdot\left\{1+\frac{6D\pi^2}{5}\left[\left(\frac{i}{A}\right)^2+\left(\frac{j}{B}\right)^2\right]\right\}\\Y_{ij}&=\frac{iq_{ij}}{AD\pi^3}\cdot\frac{1}{\left[\left(\frac{i}{A}\right)^2+\left(\frac{j}{B}\right)^2\right]^2}\cdot\left\{1-\frac{3D\pi^2}{10GH_b}\left[\left(\frac{i}{A}\right)^2+\left(\frac{j}{B}\right)^2\right]\right\}\\Z_{ij}&=\frac{jq_{ij}}{AD\pi^3}\cdot\frac{1}{\left[\left(\frac{i}{A}\right)^2+\left(\frac{j}{B}\right)^2\right]^2}\cdot\left\{1-\frac{3D\pi^2}{10GH_b}\left[\left(\frac{i}{A}\right)^2+\left(\frac{j}{B}\right)^2\right]\right\}\end{aligned}\right\} \tag{4.16}$$

令式(4.16)中 $i=j=1$，并将其代入弯矩表达式(4.13)，则有

$$\left.\begin{aligned} M_x &= \frac{q_{11}}{5} D\sin\frac{\pi x}{A}\sin\frac{\pi x}{A}\left[\frac{\dfrac{5}{A^2}+\dfrac{4\upsilon}{AB}+\dfrac{\upsilon}{B^2}}{D\pi^2\left(\dfrac{1}{A^2}+\dfrac{1}{B^2}\right)^2}+\frac{6\upsilon\left(\dfrac{1}{B^2}-\dfrac{1}{AB}\right)}{5GH_{\mathrm{b}}\left(\dfrac{1}{A^2}+\dfrac{1}{B^2}\right)}\right] \\ M_y &= \frac{q_{11}}{5} D\sin\frac{\pi x}{A}\sin\frac{\pi x}{A}\left[\frac{\dfrac{5}{A^2}+\dfrac{4\upsilon}{AB}+\dfrac{\upsilon}{B^2}}{D\pi^2\left(\dfrac{1}{A^2}+\dfrac{1}{B^2}\right)^2}+\frac{6\upsilon\left(\dfrac{1}{A^2}-\dfrac{1}{AB}\right)}{5GH_{\mathrm{b}}\left(\dfrac{1}{A^2}+\dfrac{1}{B^2}\right)}\right] \end{aligned}\right\} \tag{4.17}$$

考虑到 $x=\dfrac{A}{2}$或 $y=\dfrac{B}{2}$处存在最大弯矩 $M_{\max}$(N·m)，则得顶板下部最大应力 $\sigma_{\max}$(Pa)计算式为

$$\sigma_{\max}=\frac{12M_{\max}}{H_{\mathrm{b}}^3}\cdot\frac{H_{\mathrm{b}}}{2}=6\,\frac{M_{\max}}{H_{\mathrm{b}}^2}=\frac{6q_{11}}{5\pi^2 H_{\mathrm{b}}^2}\left[\frac{\dfrac{5}{A^2}+\dfrac{4\upsilon}{AB}+\dfrac{\upsilon}{B^2}}{\left(\dfrac{1}{A^2}+\dfrac{1}{B^2}\right)^2}\right]+\frac{6\upsilon q_{11}\left(\dfrac{1}{B^2}-\dfrac{1}{AB}\right)}{25(1-\upsilon)} \tag{4.18}$$

联立式(4.9)、式(4.18)，便可求得落石对棚洞顶板的最大冲击应力值，判断顶板是否被冲切破坏。

4.3.4　配筋阻滞作用的理论算法

落石冲击会导致棚洞顶板上部产生贯穿块体，板内配筋是防落石冲击的最后屏障，避免落石冲入棚洞内部，如图 4.1 所示。

为便于计算，将棚洞顶板内部配筋按等效体积法折合为薄钢板进行计算。由于顶板内部配筋为纵横向交错布置，故对于单层配筋，纵、横向钢筋总量分别为

$$\left.\begin{aligned} V_{\mathrm{FH}} &= N_{\mathrm{H}}A_{\mathrm{H}}L_{\mathrm{H}} \\ V_{\mathrm{FZ}} &= N_{\mathrm{Z}}A_{\mathrm{Z}}L_{\mathrm{Z}} \end{aligned}\right\} \tag{4.19}$$

式中：V_{FH}为顶板内单层横向配筋的体积总量(m^3)；V_{FZ}为单层纵向配筋的体积总量(m^3)；N_{H}为单层横向配筋的总数量(根)；A_{H}为横向配筋的截面积(m^2)；L_{H}为横向配筋的长度(m)；N_{Z}为单层纵向配筋的总数量(根)；A_{Z}为纵向配筋的截面积(m^2)；L_{Z}为纵向配筋的长度(m)。

棚洞顶板单层配筋总体积量 V_{F}(m^3)为

$$V_{\mathrm{F}} = V_{\mathrm{FH}} + V_{\mathrm{FZ}} \tag{4.20}$$

单层配筋的总面积 S_{d}(m^2)为

$$S_{\mathrm{d}} = L_{\mathrm{H}}L_{\mathrm{Z}} \tag{4.21}$$

联立式(4.19)～式(4.21)，便可得出单层配筋的等效厚度 h_{g}(m)：

$$h_{\mathrm{g}} = \frac{N_{\mathrm{H}}A_{\mathrm{H}}L_{\mathrm{H}} + N_{\mathrm{Z}}A_{\mathrm{Z}}L_{\mathrm{Z}}}{L_{\mathrm{H}}L_{\mathrm{Z}}} \tag{4.22}$$

在顶板配筋弯曲的初期，钢筋将会产生“销钉作用”，由于落石冲击过程是瞬时完成的，

故板内配筋会在较短时间内即进入塑性大变形阶段，此处忽略配筋的“销钉作用”。在将板内配筋转化为等效薄钢板进行考虑时，由于等效钢板的厚度较薄，故主要考虑其所提供的钢膜力。

钢薄膜在竖直方向上受力计算公式[255]为

$$S(y)=2\pi h_g R_3 \sin\beta f_{s,d} \tag{4.23}$$

式中：$S(y)$为棚洞顶板内部钢薄膜的竖向分力(N)；$f_{s,d}$钢筋抗拉强度(Pa)；β为板内配筋弯折段与水平方向夹角(°)；h_g为钢膜厚度(m)。

结合图4.1的几何关系，β可表示为

$$\beta=\arctan\left(\frac{y}{h_g}\right) \tag{4.24}$$

式中：y为棚洞顶板贯穿块的竖直向位移(m)。

联立式(4.22)～式(4.24)，便可得出单层配筋受力大小为

$$S_{(y)}=\frac{2\pi R_3 f_{s,d}(N_H A_H L_H+N_Z A_Z L_Z)}{L_H L_Z}\sin\left(\arctan\frac{y}{h_g}\right) \tag{4.25}$$

棚洞顶板贯穿块体的上下部面积近似一致，R_3为下部面积半径(m)，则有

$$R_2\approx R_3 \tag{4.26}$$

若顶板内部存在χ层配筋时，板内配筋的总阻力会随钢筋总数增加而上升，由于在顶板内各层配筋具有相同配筋形式，则可得出χ层顶板配筋总阻力为

$$S_{(y)}=\frac{2\pi\chi R_3 f_{s,d}(N_H A_H L_H+N_Z A_Z L_Z)}{L_H L_Z}\sin\left(\arctan\frac{y}{h_g}\right) \tag{4.27}$$

式中：χ为顶板内部配筋层数，$\chi=1,2,3,\cdots$。

若棚洞顶板内部横向配筋直径为D_H(m)，纵向钢筋直径为D_Z(m)，则有

$$\left.\begin{aligned}A_H&=\frac{\pi D_H^2}{4}\\A_Z&=\frac{\pi D_Z^2}{4}\end{aligned}\right\} \tag{4.28}$$

联立式(4.27)、式(4.28)，便可得出χ层钢筋膜力的合力，假设棚洞顶板内部纵横向配筋间距一致，即满足

$$N_H=N_Z \tag{4.29}$$

联立式(4.27)～式(4.29)，则有

$$S_{(y)}=\frac{\pi^2 n N_H R_2 f_{s,d}(D_H^2+D_Z^2)}{2L_H L_Z}\sin\left(\arctan\frac{y}{h_g}\right) \tag{4.30}$$

对式(4.30)进行简化，取单位面积顶板进行研究，得出对应钢膜抵抗阻力，即选择

$$L_H=L_Z=1 \tag{4.31}$$

通过钢筋网的间距数来换算纵、横向钢筋数目，则有

$$N_H=\frac{L_H L_Z}{K}=\frac{1}{K} \tag{4.32}$$

式中：K为棚洞顶板配筋间距(m)。

联立式(4.30)～式(4.32)，即可得出钢筋膜力表达式为

$$S(y)=\frac{\pi^2 nR_2 f_{s,d}(D_H^2+D_Z^2)}{2K}\sin\left(\arctan\frac{y}{h_g}\right) \tag{4.33}$$

顶板内部配筋所等效的薄钢板，认为其是理想弹塑性材料，故钢板应变 ε_s(m)与贯穿块位移 y(m)相关，其关系式为

$$\varepsilon_s=\frac{0.5(\sqrt{(y^2+h^2)}-h)}{R_3} \tag{4.34}$$

对式(4.34)进行整理，即可得出钢板极限位移 y_u(m)与极限拉应变 ε_s(m)之间的关系式为

$$y_u=\sqrt{(2\varepsilon_s R_3+h)^2-h^2} \tag{4.35}$$

联立式(4.33)、式(4.35)，即可得出板内配筋对贯穿块的阻力计算表达式为

$$S(y)=\frac{\pi^2 \chi R_2 f_{s,d}(D_H^2+D_Z^2)}{2K}\sin\left(\arctan\frac{\sqrt{(2\varepsilon s R_3+h)^2-h^2}}{h_g}\right) \tag{4.36}$$

据式(4.36)可知，通过增加棚洞顶板内部配筋层数 χ、减小配筋间距 K、加大纵横向配筋直径 D_H、D_Z以及增加顶板内部配筋强度 $f_{s,d}$等方式，均可提高配筋对贯穿块体的阻滞作用。

4.4　落石冲击棚洞结构的 LS－DYNA 数值模拟分析

4.4.1　建立棚洞结构计算模型

1. 几何尺寸及材料属性

棚洞结构按拱柱式进行设计，棚洞最大净宽设计为 10.7 m，净高设计为 8.5 m，棚洞顶板厚度取为 0.8 m，立柱、系梁横截面尺寸设计为 1.2 m×1.0 m。分别设置侧墙基础与立柱基础，且二者之间采用横系梁进行连接，棚洞结构采用 C30 混凝土进行浇筑。在立柱基础下端设置 3.0 m×1.5 m 的条形扩大基础，采用 C20 混凝土进行浇筑。在侧墙基础正下方 5.0 m×1.5 m 范围内，采用锚杆进行基底注浆加固。棚洞顶板侧墙位置与坡脚之间 3.0 m高的倒梯形区域采用 C15 片石混凝土进行砌筑，其上部采用垫层土体进行回填。模型计算过程中共涉及 12 种分部结构，结构材料属性按表 4－2 进行设置。

表 4－2　落石冲击棚洞结构的 LS－DYNA 计算模型参数

LS－DYNA 计算模型结构名称	材料名称	密度 / kg·m^{-3}	弹性模量 / GPa	泊松比	黏聚力 / kPa	内摩擦角 / (°)
1. 棚洞顶板	C30	2 450	31	0.2	3 180	54.9
2. 立柱结构	C30	2 450	31	0.2	3 180	54.9
3. 立柱基础	C30	2 450	31	0.2	3 180	54.9
4. 结构配筋	HRB335	7 850	200	0.2		

续表

LS－DYNA 计算模型结构名称	材料名称	密度 kg·m⁻³	弹性模量 GPa	泊松比	黏聚力 kPa	内摩擦角 (°)
5.条形扩大基础	C20	2 400	25.5	0.2	1 870	45
6.横向系梁	C30	2 450	31	0.2	3 180	54.9
7.侧墙基础	C30	2 450	31	0.2	3 180	54.9
8.侧墙桩基础	C20	2 400	25.5	0.2	1 870	45
9.下部基岩		1 900	3.5	0.3	450	35
10.片石回填	C15 砼	2 360	22	0.25	1 450	40
11.垫层土体		1 800	0.038	0.35	32	30
12.坡面落石		2 500	25	0.2		

2.本构模型的选取

在 LS－DYNA 计算模型中，所有材料均采用 SOLID164 实体单元模型。落石选用 RIDIG(020 号材料)刚体材料模型，回填土选用 DRUCKER－PRAGER 材料模型(193 号材料)，混凝土材料采用 MAT_ HOLMQUIST_JOHNSON_CONCRETE 材料模型(111 号材料 HJC 模型)。棚洞结构配筋按等效换算刚度进行考虑[256]，配筋率取为 3.8%[257]。

3.边界条件及计算时间步长

计算模型建立完成后，采用 MAPPED 及 SIZE 控制命令对各结构分别进行网格划分，网格划分时有针对性的对棚洞结构部分进行加密。基岩底部各节点进行 U_X、U_Y、U_Z 三个方向全约束。落石球体(PART15)与回填土体(PART8)之间按 ESTS 命令下的“SURFACE_TO_SURFACE”进行设置。落石冲击时间 TERMINATE TIME 设置为 0.06 s，FREQUENCE STEPS 设置为 50 个计算荷载步。落石球体半径设定为 0.6 m，落石初始法向冲击速度 INITIAL VELOCITY 依次为 8 m/s、12 m/s、16 m/s、20 m/s、24 m/s，计算模型如图 4.4 所示。

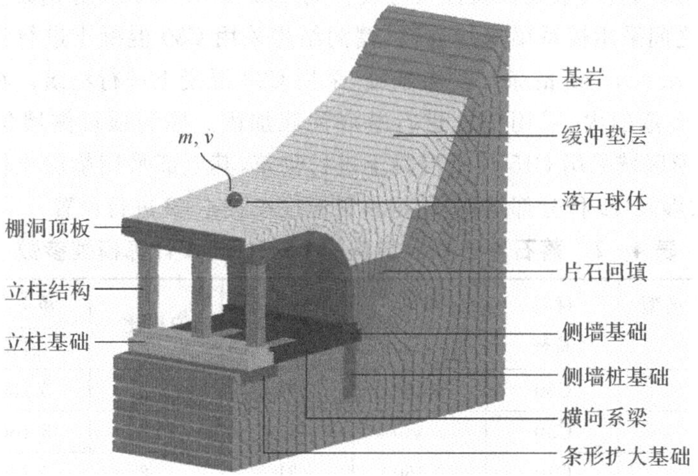

图 4.4　落石冲击棚洞结构的力学计算模型

4.4.2　棚洞结构力学响应分析

1. 棚洞整体结构力学响应

图 4.5(见彩图 4.5)为在落石冲击作用下，棚洞整体结构的力学响应情况，可见：

(1)在冲击最开始的 0.01 s 内，即会在落石冲击正下方位置处形成应力集中区域，以此为中心向外进行扩散辐射。

(2)当落石冲击至 0.02 s 时，落石冲击应力已逐步扩散至中间立柱上端，如图 4.5(b)所示，并在立柱上端内侧形成应力集中区。

(3)考察图 4.5(c)～(f)，在 0.02～0.03 s 期间，棚洞结构峰值应力将逐步振荡、衰减。在扩散过程中，各分部结构会对冲击能量进行吸收，直至冲击过程结束。

(4)侧墙基础、横向系梁结构应力较小。这是由于侧墙基础左侧与横系梁连接，下部为 5.0 m×1.5 m 的锚杆注浆加固区，右侧墙背为 C15 片石混凝土回填。

可见，在落石冲击棚洞结构后，落石冲击位置正下方区域顶板以及立柱上端内侧，2 处将是棚洞结构的应力集中区，应采取措施予以处治。

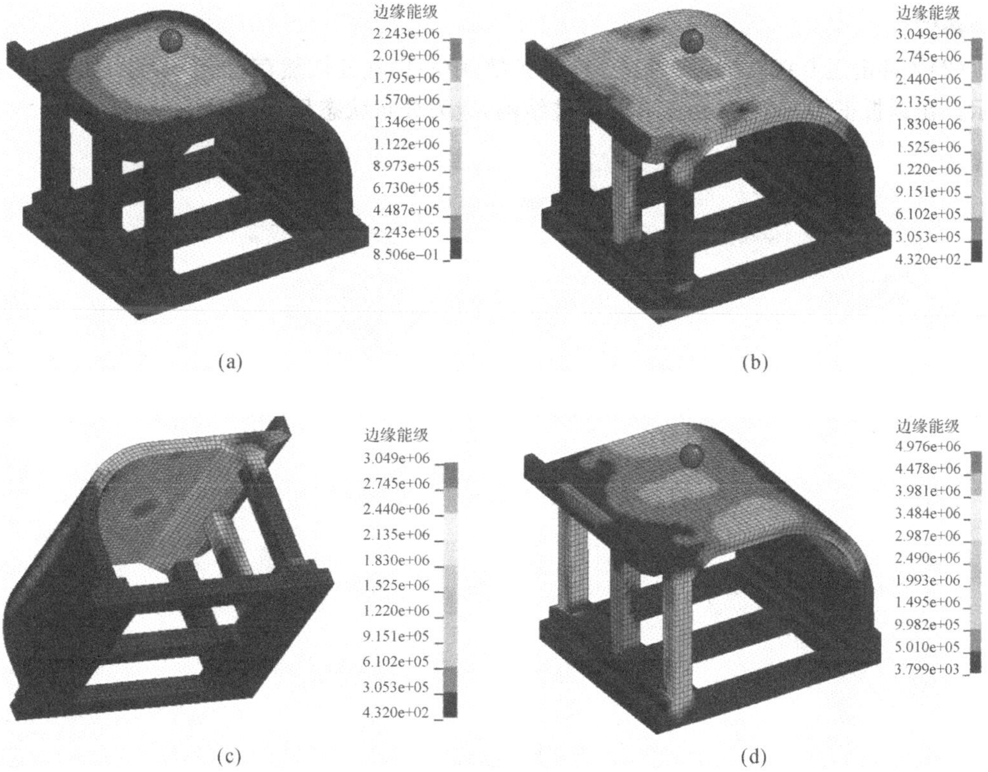

图 4.5　落石 24 m/s 冲击速度下棚洞结构的力学响应

(a) 0.01 s;(b) 0.02 s;(c) 0.02 s;(d) 0.03 s

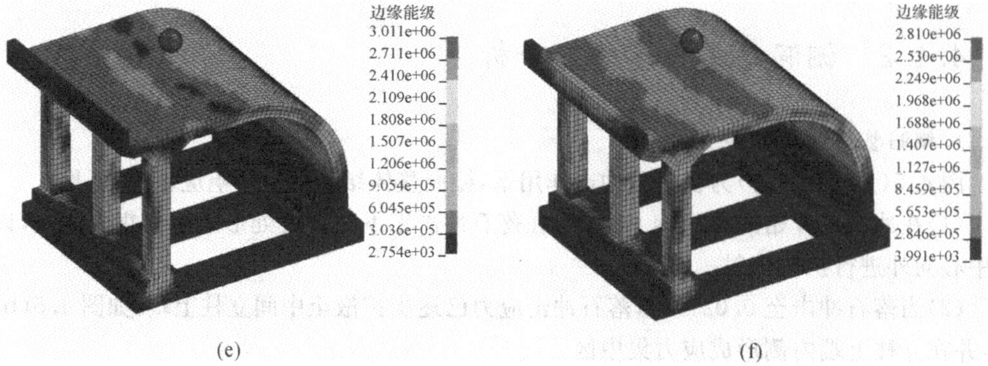

续图 4.5 落石 24 m/s 冲击速度下棚洞结构的力学响应

(e) 0.04 s;(f) 0.06 s

2. 顶板结构力学响应

采用 LS-PREPOST 后处理软件单独分析棚洞顶板的力学响应,如图 4.6 所示(见彩图 4.6),可见:

(1)当落石冲击时间达到 0.01 s 时,棚洞顶板内部会形成应力集中,且中心位置处应力水平最大,如图 4.6(a)所示。落石冲击具有“瞬态脉冲性”,冲击应力尚来不及扩散至顶板其余部位。

(2)当冲击至 0.02 s 时,应力逐步向外扩散,中心位置处依然存在应力集中,如图 4.6(b)所示。在顶板正前方位置,由于存在立柱结构,应力分布状态呈 V 字形。

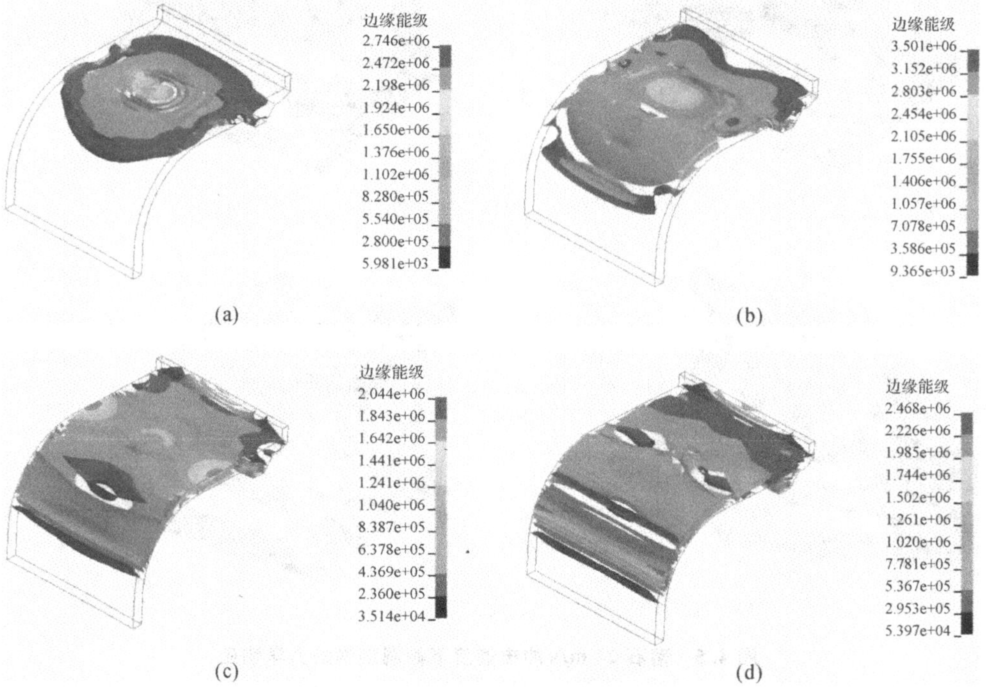

图 4.6 落石冲击作用下棚洞结构顶板的应力变化趋势

(a) 0.01 s;(b) 0.02 s;(c) 0.04 s;(d) 0.06 s

(3)当落石冲击至 0.04 s 时,如图 4.6(c)所示。顶板内部应力逐步向边缘区域扩散,在顶板两侧、下端应力水平较大,此时顶板整体应力水平已有所衰减。

(4)由图 4.6(d)可见,落石冲击应力此时已弥漫至整个顶板,中心位置处已无应力集中,结构边缘区域存在较小的残余应力。

综上所述,落石冲击棚洞结构属于一种"瞬态脉冲行为",冲击应力传播具备一定的"滞后性",且满足"就近伤害"原则。混凝土顶板对冲击应力具有较好的吸收、传递与耗散作用。

3. 立柱结构力学响应

单独以棚洞立柱结构为对象进行研究,不同冲击时刻下立柱结构的力学响应情况如图 4.7 所示(见彩图 4.7),可以得出:

(1)当落石冲击至 0.01 s 时,如图 4.7(a)所示,中心立柱结构最先受力,其上端内侧与顶板连接处存在应力集中现象。

(2)在冲击至 0.02 s 时,冲击应力已均匀分布于中心立柱结构内部,如图 4.7(b)所示,由于顶板冲击应力的扩散,两端立柱结构的上、下两端亦开始逐渐受力。在此期间,立柱结构将会达到其峰值应力。

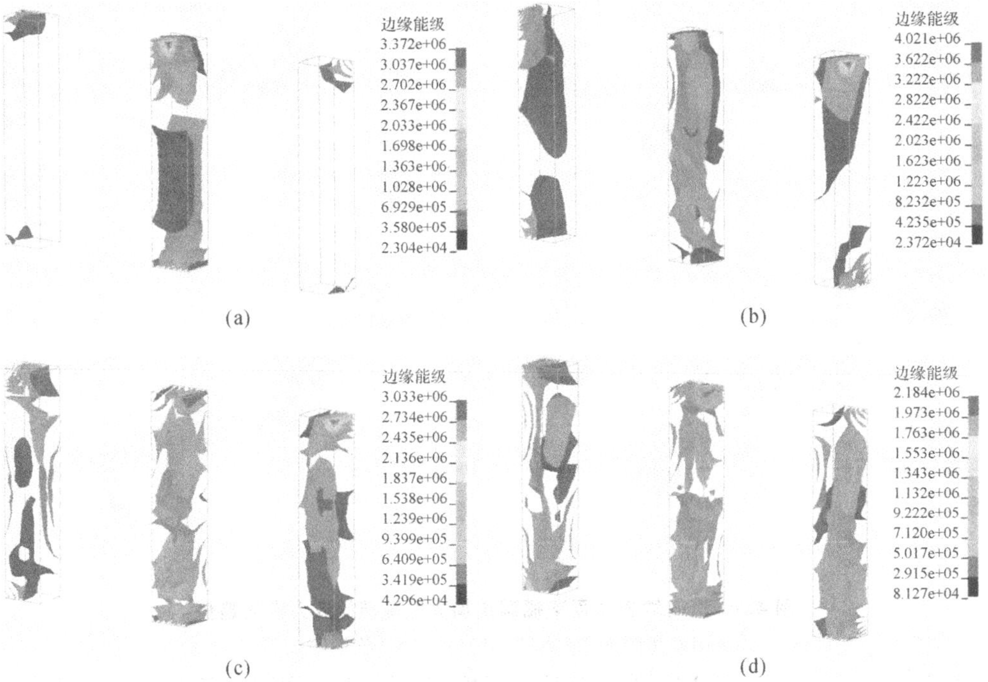

图 4.7　落石冲击作用下棚洞结构立柱的应力变化趋势

(a) 0.01 s;(b) 0.02 s;(c) 0.04 s;(d) 0.06 s

(3)在落石冲击至 0.04 s 左右时,如图 4.7(c)所示。各立柱都呈现出均匀受力现象,且立柱结构两端容易形成应力集中。

(4)由图 4.7(d)可见,由于棚洞振荡变形使得两侧立柱结构内部应力再次减小,中心立柱应力较大。立柱结构应力水平此时已逐步衰减。

综上所述,棚洞结构内部的应力水平呈现出自上而下的"逐级衰减"与"滞后"现象。落石冲击作用满足“靠近伤害”原则，即距离冲击应力触发体的距离越近，受力越大，达到峰值应力的时间越短。

4. 立柱基础结构力学响应

提取立柱基础结构进行研究，图 4.8(见彩图 4.8)为在不同落石冲击时间下，立柱基础结构内部的力学响应情况。可以得出：

(1)当冲击至 0.01 s 时，如图 4.8(a)所示，在中心立柱正下端基础内部会形成不规则的“碗状”应力分布，中心处应力最大。在落石瞬态冲击作用下，中心立柱最先受力。

(2)随着落石冲击时间推移，如图 4.8(b)所示，基础中心位置处的应力值及应力范围均在不断增大，基础两端位置处亦开始形成应力分布。

(3)在图 4.8(c)中，基础中心与两端位置处的应力分布呈现出“此消彼长”现象，这是由棚洞结构振荡变形所导致。

(4)据图 4.8(d)可见，基础内部此时出现了通向受力现象，各立柱正下端位置仍易于形成应力集中。

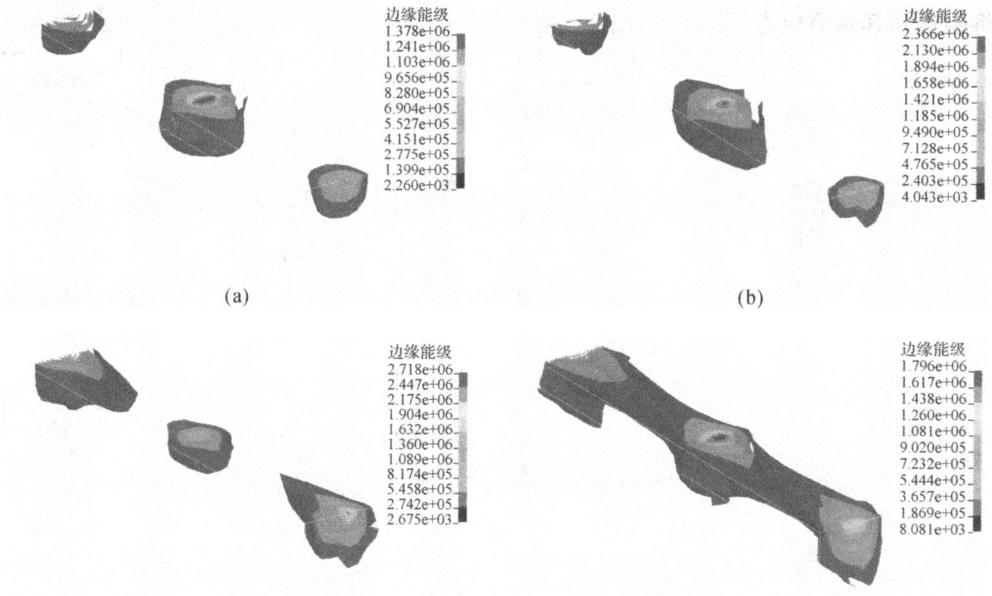

图 4.8 落石冲击作用下棚洞结构立柱基础的应力变化趋势

(a) 0.01 s;(b) 0.02 s;(c) 0.04 s;(d) 0.06 s

自上而下进行排序，立柱基础当属“第三层次”的受力结构体系。在外部落石冲击作用下，基础中心位置将首先形成最大应力，基础两侧继而产生应力分布，最终形成通向受力状态。再次证实，落石对棚洞结构的冲击满足“瞬态脉冲性”“滞后性”“就近伤害”“逐级衰减”的原则。

5. 侧墙基础结构力学响应

侧墙基础是棚洞的组成部分之一。图 4.9(见彩图 4.9)给出了侧墙基础在 0.01 s、0.02 s、0.04 s 及 0.06 s 时的应力分布云图。

(1)在落石冲击 0.01 s 后，如图 4.9(a)所示，侧墙基础内部将呈现出较规整的层状应力分布形式，侧墙基础与横系梁连接部位应力水平较大。

(2)当冲击至 0.02 s 时，如图 4.9(b)所示，侧墙基础与横系梁连接位置处应力水平较大，侧墙基础内部应力水平相对较小。

(3)由图 4.9(c)～(d)可见，由于棚洞结构振荡变形，侧墙基础内部再次形成层状应力分布，基础内部应力水平此时已逐步衰减。

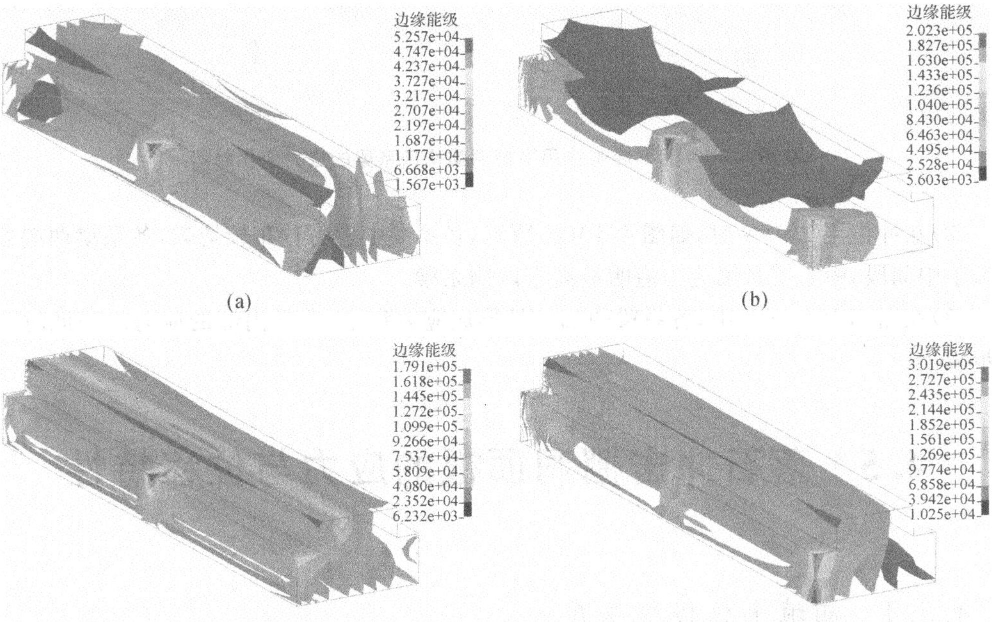

(a)　(b)　(c)　(d)

图 4.9　落石冲击作用下棚洞结构侧墙基础的应力变化趋势

(a) 0.01 s；(b) 0.02 s；(c) 0.04 s；(d) 0.06 s

6. 横系梁结构力学响应

设置横系梁结构可使整个棚洞封闭成环，有利于结构受力。图 4.10(见彩图 4.10)给出了不同冲击时刻下横系梁结构的力学响应情况。

(1)在落石冲击棚洞结构 0.01 s 后，如图 4.10(a)所示，各系梁结构内将产生一定应力水平，两端处应力较大。

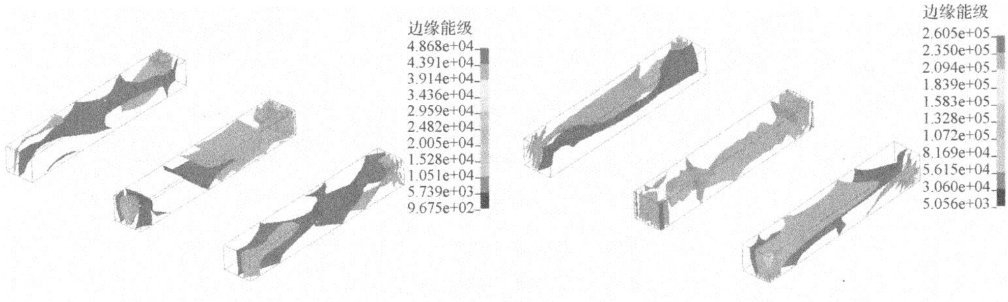

(a)　(b)

图 4.10　落石冲击作用下棚洞结构横系梁的应力变化趋势

(a) 0.01 s；(b) 0.02 s

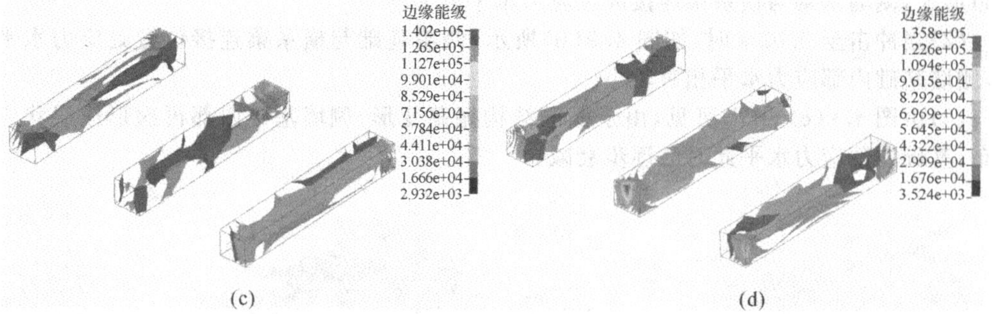

续图 4.10　落石冲击作用下棚洞结构横系梁的应力变化趋势

(c) 0.04 s;(d) 0.06 s

(2)在冲击至 0.02 s 时,如图 4.10(b)所示,各系梁中应力分布较均匀,各系梁两端处应力高于中间段,中心横系梁应力值明显高于两侧系梁。

(3)在图 4.10(c)(d)中,各系梁两端处易形成应力集中,系梁内部的应力水平此时开始逐步减小。

4.5　落石冲击棚洞顶板的应力与位移特性

4.5.1　回填土体侵彻深度

当落石冲击棚洞结构时,由于垫层土体具备弹塑性变形特征,其往往会形成一定的侵彻深度,该值是表征落石冲击能量大小与垫层防护特性的重要物理量。图 4.11 为在不同落石冲击速度下,侵彻深度随冲击时间的变化规律,可以得出:

(1)落石以 8～24 m/s 速度进行冲击时,垫层土体最大(最终)侵彻深度分别为:0.476 m (0.447 m)、0.395 m(0.361 m)、0.316 m(0.282 m)、0.238 m(0.023 m)、0.152 m(0.124 m)。

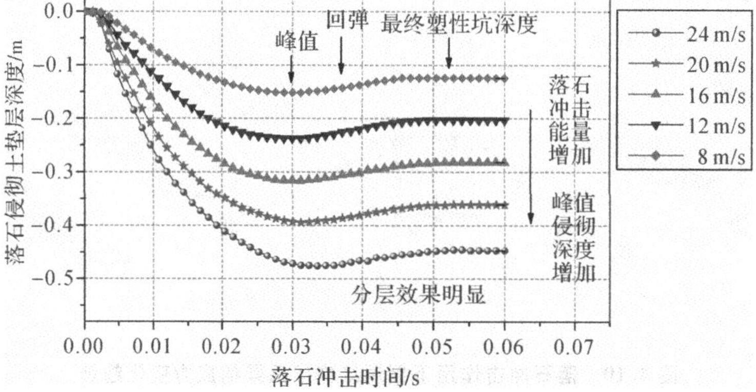

图 4.11　落石侵彻土垫层深度

(2)随着冲击速度增加,侵彻深度曲线逐步向下移动,分层现象明显。

(3)由于垫层土体具备弹塑性特征,落石球体达到峰值侵彻深度后会产生较小回弹,形成最终的冲击坑。

(4)侵彻深度峰值、峰值位移时间均满足规律:24 m/s>20 m/s>16 m/s>12 m/s>8 m/s。

4.5.2　落石冲击加速度

冲击加速度是表征落石冲击力的重要物理量。由于落石冲击垫层土体持续时间极短,故落石冲击加速度峰值往往较大。图 4.12 即在不同落石冲击速度下,落石冲击加速度随时间变化曲线,可以得出:

(1)在落石冲击至 0.008 s 时,5 种计算工况均达到其相应峰值加速度,峰值加速度从大至小依次为:1 370.6 m/s^2、1 193.4 m/s^2、862.6 m/s^2、508.9 m/s^2、357.2 m/s^2。

(2)在 0.004～0.008 s 期间,加速度曲线呈现振荡趋势。在 0.008～0.015 s 期间,冲击加速度迅速降了 65%左右。在 0.15～0.45 s 期间,冲击加速度逐步减小至 0。

(3)经对比分析可见,落石冲击峰值加速度与加速度持续时间均满足规律:24 m/s>20 m/s>16 m/s>12 m/s>8 m/s,即冲击速度越大,冲击加速度越大且持续时间越长。

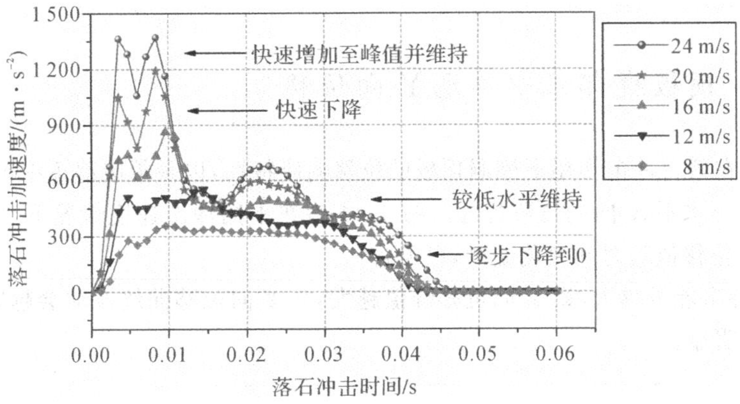

图 4.12　落石冲击加速度

4.5.3　顶板腹部正中单元应力

据上述研究得出,在落石冲击棚洞结构后,冲击正下方位置顶板腹部正中单元将会最快达到峰值应力,该处单元是整个棚洞顶板最薄弱单元,亦是控制性单元。图 4.13 为在不同冲击速度下,顶板腹部正中单元应力随时间变化曲线,可见:

(1)在不同落石冲击速度下,控制单元应力曲线变化趋势类似,分层现象明显。

(2)在各计算工况下,控制性单元应力约在 0.015 s 达到峰值,在 0.015～0.20 s 期间快速下降,在 0.02～0.06 s 内以振荡形式衰减至 0。

(3)控制性单元的峰值应力、对应时间分别为:(2.984 MPa、0.013 2 s),(2.211 MPa、

0.015 6 s),(1.675 MPa、0.016 8 s),(1.252 MPa、0.019 2 s)及(0.779 MPa、0.020 4 s)。

(4)以混凝土抗拉强度极值为评判标准,当冲击速度大于 20 m/s 时,棚洞顶板将产生抗拉破坏。

(5)落石冲击能量越大,顶板腹部正中单元的峰值应力亦越大,其达到峰值应力的时间会适当提前,且其应力持续时间越长。

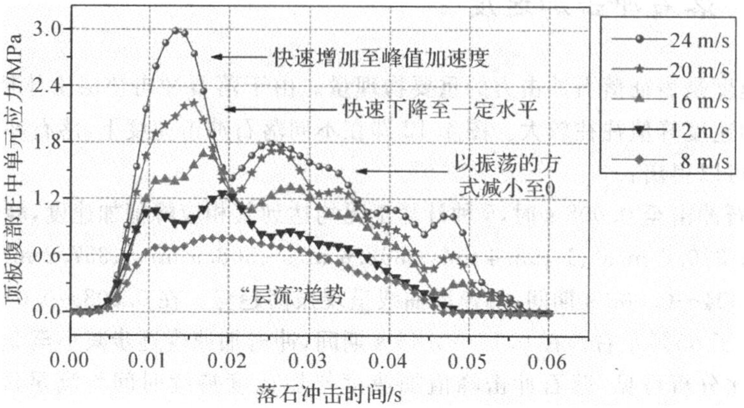

图 4.13 棚洞顶板腹部正中单元应力

4.5.4 顶板腹部正中单元 Y 向位移

为了研究在落石冲击作用下棚洞顶板的位移响应特性,以顶板腹部正中单元为对象,分析其竖直 Y 向与水平 X 向的位移特性。图 4.14 为在不同冲击速度情况下,棚洞顶板腹部正中单元 Y 向位移值随时间变化曲线,可见:

(1)落石冲击能量越大,则 Y 向位移峰值越大,且 Y 向位移曲线波动会越明显。各计算工况曲线分层明显。

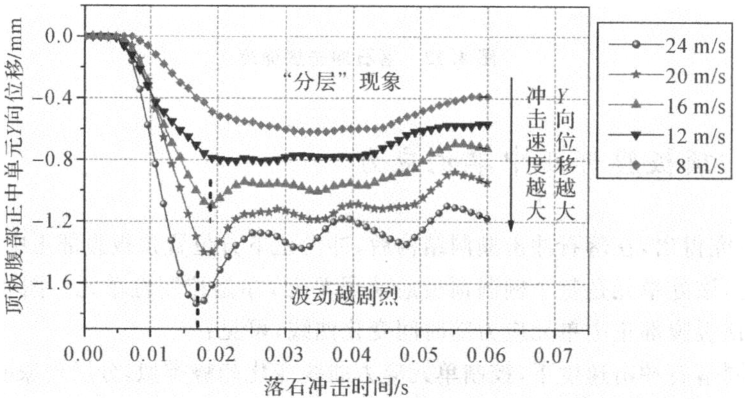

图 4.14 顶板腹部正中单元的 Y 向位移

(2)当冲击速度为 8~24 m/s 时,Y 向位移值、峰值位移时间分别为:(−1.732 mm、

0.016 8 s),(−1.400 mm、0.018 0 s),(−1.097 mm、0.019 2 s),(−0.805 mm、0.022 8 s)及(−0.618 mm、0.033 6 s)。

(3)Y 向位移值与峰值位移时间均满足规律:24 m/s>20 m/s>16 m/s>12 m/s>8 m/s。

4.5.5　顶板腹部正中单元 X 向位移

图 4.15 所示为在不同冲击速度下,棚洞顶板腹部正中单元 X 向水平位移曲线,可见:

(1)棚洞顶板腹部正中单元的 X 向位移呈现规律性的波动趋势。冲击速度越大,X 向峰值位移越大,各曲线分层现象明显。

(2)在冲击至 0.01～0.05 s 时,X 向位移整体按线性增加趋势达到峰值,当冲击速度为 8～24 m/s 时,各工况 X 向位移分别为:−1.284 mm,−1.089 mm,−0.874 mm,−0.674 mm,−0.429 mm。

(3)相比于 Y 向位移变化曲线,X 向位移变化具有一定"滞后性",X 向位移峰值时间明显落后于 Y 向位移情况。

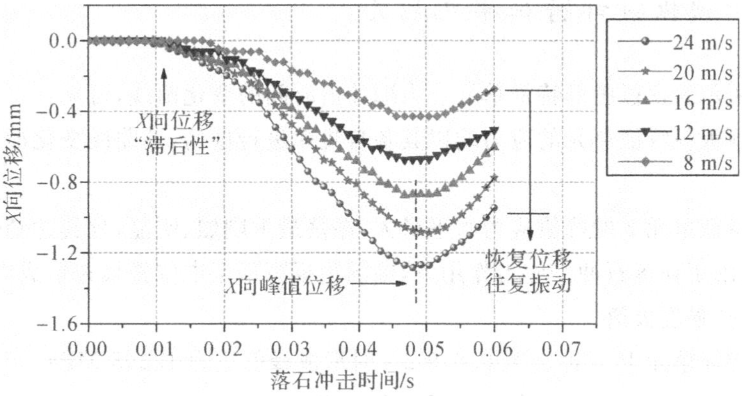

图 4.15　顶板腹部正中单元 X 向位移

4.6　落石冲击棚洞结构的力学响应分析

顶板、立柱是棚洞结构中受力最大且较为薄弱的控制性结构。对数值计算结果进行分析与甄选后,分别在棚洞顶板及立柱结构上选取 5 个特征单元,便于提取计算结果应力与位移进行对比研究,如图 4.16、图 4.17 所示。计算时落石均以 24 m/s 速度进行冲击。

顶板特征单元的位置分别为:单元 1 位于跨中托梁处、单元 2 位于跨中落石冲击正下方、单元 3 位于起弯处单元、单元 4 位于顶板弯曲段 1/4 处单元、单元 5 位于顶板弯曲段 1/2 处单元。对于立柱结构,单元 1 位于立柱内侧上端正中处、单元 2 为毗邻立柱内侧上端正中处、单元 3 位于立柱内侧正中处、单元 4 为毗邻立柱内侧下端正中处、单元 5 位于立柱外侧下端正中处。

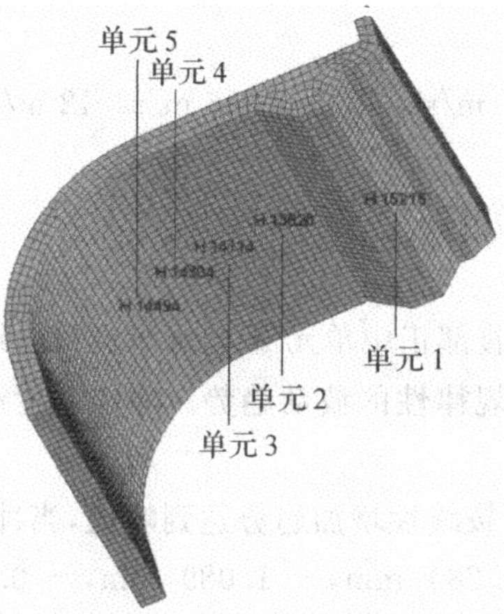

图 4.16 顶板计算单元

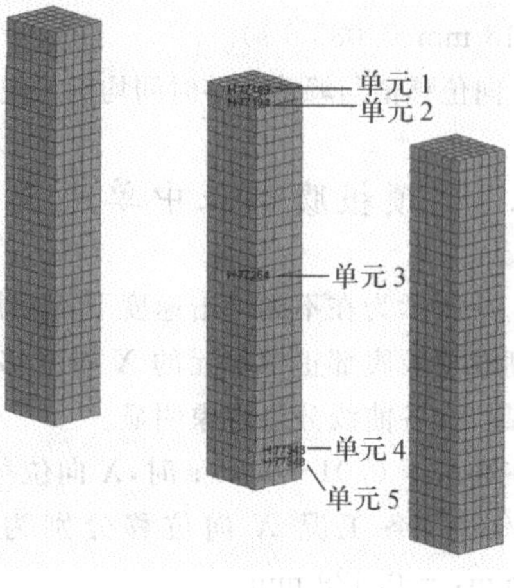

图 4.17 立柱结构计算单元

4.6.1 顶板腹部特征单元应力

图 4.18 所示为顶板腹部特征单元应力随冲击时间的变化曲线,可见:

(1)棚洞顶板各特征单元的应力均以其各自规律进行振荡,各曲线变化形式具备一定程度同步性。

(2)顶板特征单元 2 的峰值应力水平最大,振荡最为剧烈、明显,且其达到峰值应力的时间最短。这是由于在落石冲击应力作用下,棚洞顶板腹部正中位置最先形成应力集中,并超过混凝土的抗拉强度极值。

(3)对于特征单元 1,在冲击至 0.019 2 s 时形成峰值应力 1.298 MPa。可见,由于顶板的“悬臂作用”,落石瞬态冲击力会使顶板向下压缩,致使该处应力较高。

(4)单元 3 在 0.013 2 s 时达到第一个峰值应力 0.745 MPa,在 0.046 8 s 时,达到第二个峰值应力 1.583 MPa。单元 3 距离冲击位置较近,该单元应力水平较大,波动较明显。

(5)单元 4 处于顶板弯曲段 1/4 位置处,由于弯曲受力缘故,在落石冲击作用下,该处会存在向外“挤压”趋势。但由于距离冲击位置较远,应力传递存在“滞后性”,在冲击至 0.052 8 s时,该单元处产生 1.313 MPa 应力。

(6)单元 5 位于 1/2 顶板弯曲处,该单元距离冲击位置较远,其接近于顶板侧墙位置,且该单元上部覆土层较厚。单元 5 的应力变化呈现出明显的“滞后效果”,该单元应力水平整体较低。

通过对棚洞顶板腹部 5 个特征单元应力进行对比,其峰值应力大小满足规律:单元 2>单元 3>单元 1>单元 4>单元 5。峰值应力时间满足规律:单元 2<单元 3<单元 1<单元 4<单元 5。

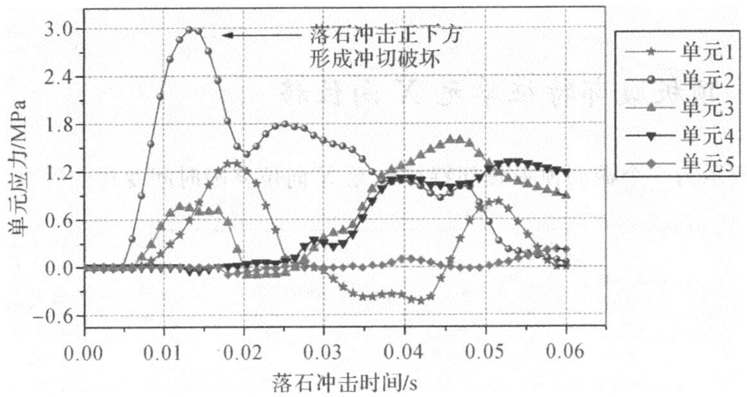

图 4.18　顶板腹部特征单元应力

4.6.2　顶板腹部特征单元 Y 向位移

图 4.19 所示为在落石冲击棚洞结构后，顶板腹部 5 个特征单元的 Y 向位移随冲击时间的变化曲线，可以得出：

(1)5 个特征单元的 Y 向位移曲线均呈现出先快速增长并形成一个位移峰值，继而以振荡形式发展变化。单元 1,3,4 变化规律基本一致，单元 2,5 存在一定差异。

(2)特征单元 2 位于落石冲击正下方位置，该处位移值最大且峰值位移时间最短，在冲击至 0.015 6 s 时形成−1.725 mm 峰值位移，此后该单元位移值逐步振荡衰减。

(3)特征单元 1,3,4 的 Y 向位移曲线变化规律相近，其峰值位移、峰值位移时间分别为：(−1.055 mm，0.051 6 s)，(−1.453 mm，0.045 6 s)，(−1.088 mm，0.045 6 s)。

(4)特征单元 5 的 Y 向峰值位移为 0.047 9 mm，峰值位移时间为 0.046 8 s，由于距离应力触发体的距离相对较远，应力水平较低，峰值应力时间较迟。

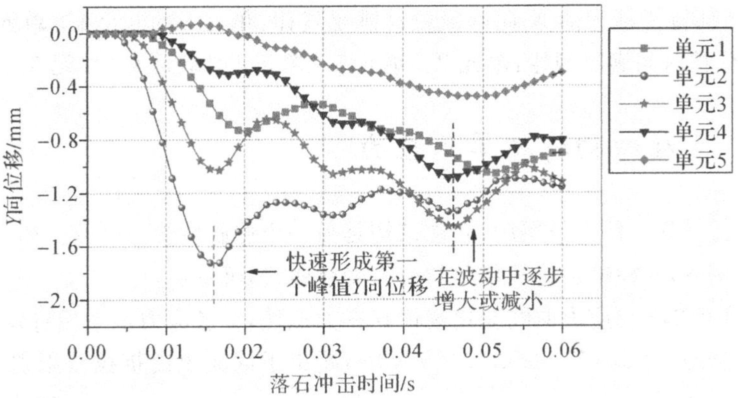

图 4.19　顶板腹部特征单元 Y 向位移

在落石冲击作用下，棚洞顶板 5 个特征单元的 Y 向位移峰值满足规律：单元 2＞单元 3＞单元 1＞单元 4＞单元 5。对于 Y 向峰值位移时间满足规律：单元 2＜单元 3＜单元 4＜单元

5<单元 1。

4.6.3 顶板腹部特征单元 X 向位移

图 4.20 所示为 5 个棚洞顶板腹部特征单元 X 向位移随时间变化曲线。

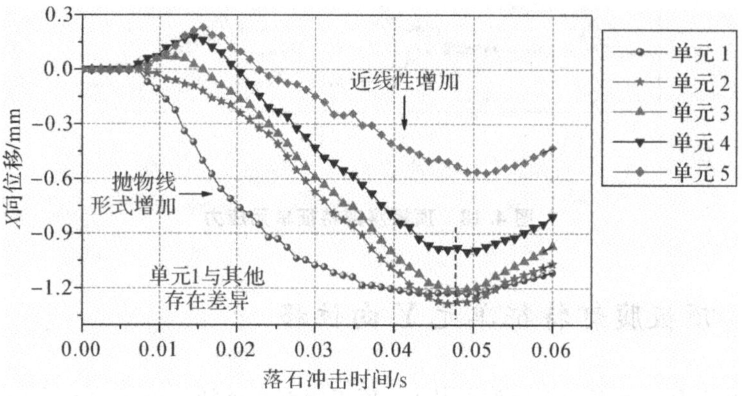

图 4.20 24 m/s 冲击速度下顶板腹部特征单元 X 向位移

可以得出：

(1)落石冲击棚洞顶板后，单元 2～5 的 X 向位移曲线呈现出类似的变化规律。在 0～0.01 s 期间，由于落石冲击具备“瞬态脉冲性”“滞后性”特点，各特征单元 X 向位移较小。于 0.01～0.05 s 期间，各曲线快速增加并达到峰值，继而产生振荡、衰减。

(2)特征单元 1 的 X 向位移曲线呈现抛物线的变化规律，这是由于单元 1 位于顶板托梁处所导致。

(3)单元 1～5 的峰值位移与峰值时间分别为：(－1.229 mm，0.049 2 s)，(－1.285 mm，0.046 8 s)，(－1.217 mm，0.048 s)，(－1.001 mm，0.049 2 s)及(－0.567 mm，0.051 6 s)。

(4)顶板腹部特征单元的 X 向峰值位移满足规律：单元 2>单元 1>单元 3>单元 4>单元 5。峰值位移时间满足规律：单元 2<单元 3<单元 1<单元 4<单元 5。

4.6.4 立柱结构特征单元应力

棚洞结构遭受落石冲击作用后，立柱结构是另一个控制性受力构件。如图 4.21 所示为在不同冲击时刻下，立柱结构特征单元的应力变化曲线，可见：

(1)特征单元 2,4 的应力曲线变化规律存在类似性，二者应力水平相对较高且振荡波动明显，峰值应力分别为 2.477 MPa，2.188 MPa，超出了混凝土的抗拉极限值。单元 2,4 亦会在最短时间内达到峰值应力，对应峰值应力时间分别为 0.016 8 s，0.019 2 s。

(2)特征单元 1 应力水平整体较大，在 0.026 4 s 时达到 0.673 MPa，此后该处单元应力在逐步振荡中减小至 0。

(3)单元 3 位于立柱内侧中心位置处。在冲击至 0.038 4 s 时达到第一个峰值应力

0.506 MPa。结合数值计算结果得出，立柱中心位置处为立柱结构内、外侧拉应力变换的转折点，此处结构相对较为安全。

(4)在落石冲击过程中，特征单元 5 的应力水平将在 0.3 MPa 左右进行波动，受拉应力水平相对较小。

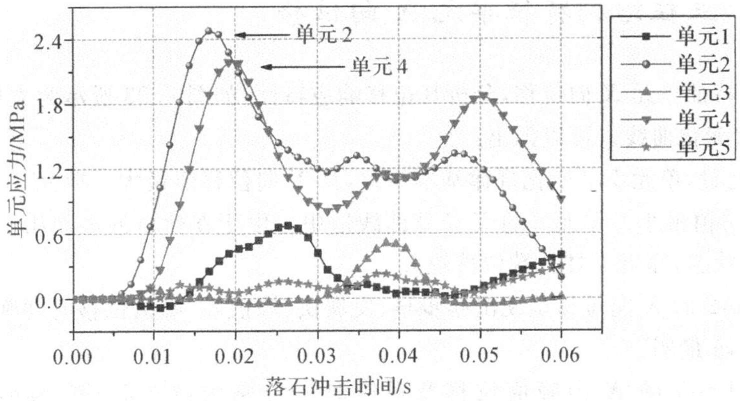

图 4.21　立柱结构特征单元应力

立柱结构特征单元的峰值应力满足规律：单元 2＞单元 4＞单元 1＞单元 3＞单元 5。峰值应力时间满足规律：单元 2＜单元 4＜单元 1＜单元 3＜单元 5。

4.6.5　立柱结构特征单元 Y 向位移

提取立柱结构特征单元的 Y 向位移进行分析。如图 4.22 所示为在不同冲击时刻下，立柱结构特征单元 Y 向位移变化曲线，可以得出：

(1)立柱结构 5 个特征单元的 Y 向位移整体变化趋势相近。由于在顶板托梁压缩应力下，立柱结构自身竖向受力特性所导致。

(2)特征单元位移均约在 0.02 s 时达到第一个峰值 Y 向位移，在 0.05 s 左右时达到第二个峰值 Y 向位移，各特征单元 Y 向位移此后呈现振荡、衰减形式。

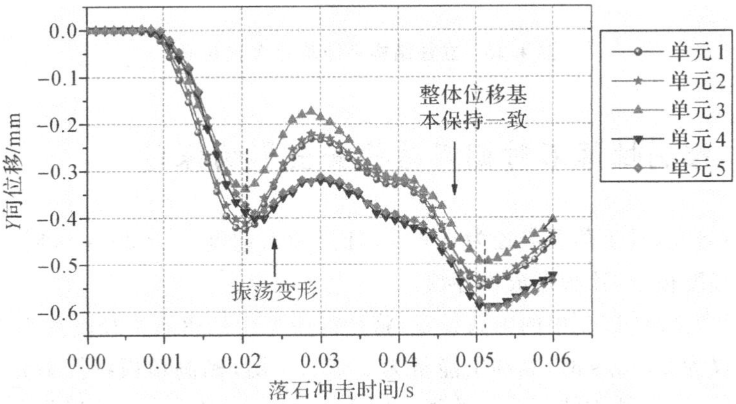

图 4.22　立柱结构特征单元 Y 向位移

(3)特征单元 4,5 的 Y 向位移变化曲线基本重合,其 Y 向峰值位移可达 0.6 mm 左右。单元 1,2 位移变化趋势基本重合,峰值位移约为 0.55 mm,单元 3 约为 0.5 mm。立柱特征单元 Y 向峰值位移变化满足规律:单元 4≈单元 5>单元 1≈单元 1>单元 3。

4.6.6 立柱结构特征单元 X 向位移

提取立柱特征单元 X 向位移,分析其位移响应特性,如图 4.23 所示为立柱结构各特征单元 X 向位移变化曲线。可以得出:

(1)整体上看,单元 1,2 变化规律基本一致,其 X 向位移值最大。单元 3,4 变化趋势一致,其 X 向位移值最小。单元 3 的 X 位移曲线适中。由于在落石冲击作用下,立柱结构将呈现左右晃动状态,靠近立柱上端位移较大。

(2)单元 1,2 的 X 向位移呈现出起步早、发展快、峰值高、峰值位移时间晚的特点,单元 3 次之,单元 4,5 最弱。

(3)单元 1~5 的 X 向峰值位移及对应时间分别为:(−1.195 mm,0.049 2 s),(−1.148 mm,0.050 4 s),(−0.807 mm,0.026 4 s),(−0.155 mm,0.024 s)及(−0.087 mm,0.024 s)。立柱 X 向峰值位移及峰值位移时间均满足规律:单元 1≈单元 2>单元 3>单元 4≈单元 5。

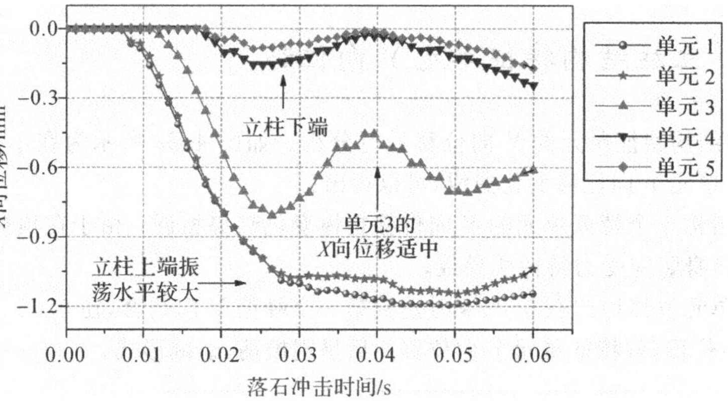

图 4.23 立柱结构特征单元 X 向位移

4.6.7 控制性落石对棚洞结构安全影响探讨

(1)经上述研究,对于落石半径为 0.6 m,且当冲击速度大于 20 m/s 时,棚洞结构混凝土达到其抗拉强度极值,顶板形成贯穿块。

(2)笔者参考文献[176]中的参数设置,将计算模型中的落石半径设置为 1.0 m,此时当落石冲击速度仅为 20 m/s 时,其冲击能量为 2 051.5 kJ,棚洞顶板特征单元的受拉应力峰值为 8.803 MPa,立柱结构特征单元的受拉应力峰值为 7.035 MPa。当落石冲击速度达到 24 m/s时,此时落石冲击能量为 3 014.4 kJ,棚洞顶板、立柱结构特征单元的峰值受拉应力水平分别为 11.339 MPa,9.041 MPa,此时棚洞结构更将不堪一击,验证了参考文献[132]中所提到的“现有隧道明洞一旦遭落石击中,便导致结构损坏、失效”的结论。

(3)与此同时,经参考文献[132]论证,棚洞在承受上部崩塌体时,整个结构处于较安全状态,然而在半径为 1.0 m,冲击速度为 10 m/s 的控制性落石冲击作用下,棚洞顶板与立柱结构将产生受拉破坏。

综上所述,在对棚洞结构安全进行研究时,应以控制性落石的冲击作用为切入点,研究其冲切破坏机理与防护措施。

图 4.24 所示为在 2018 年 4 月 7 日,由于连续降雨缘故,公平至黄井公路段内的梁上隧道洞口出现落石塌方,洞口仰坡的上部落石直接将隧道洞门结构击毁。图 4.25 所示为某板柱式棚洞受到落石冲击后,顶板腹部被冲切破坏。结合图 4.25 可见:

(1)顶板腹部的冲切破坏形状呈现近似圆形,且中心部位的损毁程度最为严重,越向边缘损毁程度越低,与本书图 4.6(a)的数值模拟结果保持一致。

(2)在落石冲击后,棚洞立柱、横系梁等均未产生明显破坏。再次说明,在遭受落石冲击后,正下方顶板腹部对应区域最容易形成受拉破坏。这与本书上述研究结论中“棚洞结构在遭受落石冲击作用后,顶板、立柱结构是最为薄弱点的环节,且顶板易于立柱结构而破坏,棚洞其余构件安全性相对较高”的结论一致。

图 4.24　梁上隧道落石(2018 年 4 月 7 日)

图 4.25　落石冲切破坏棚洞顶板

4.7　不同冲击入射角度对棚洞结构受力特性的影响

已崩塌危岩经过一系列坡面运动后,其在与棚洞结构进行接触碰撞时,落石往往会以一定角度进行冲击。落石与垫层土体之间初始接触时的冲击入射角度,势必会影响落石对棚洞结构的冲击效果。构建数值计算模型,定量研究冲击入射角度对棚洞结构受力影响。

选取 0°,15°,30°,45°,60°的落石冲击入射角度,研究不同冲击入射角度对棚洞结构受力的影响。图 4.26 所示(见彩图 4.26)为落石冲击入射角度示意图。落石以 60°入射角进行冲击时,垫层土体的应力分布如图 4.27 所示(见彩图 4.27)。

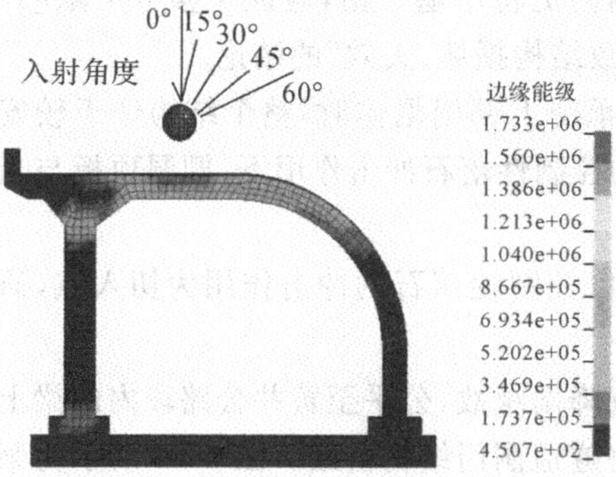

图 4.26　落石冲击入射角度示意图

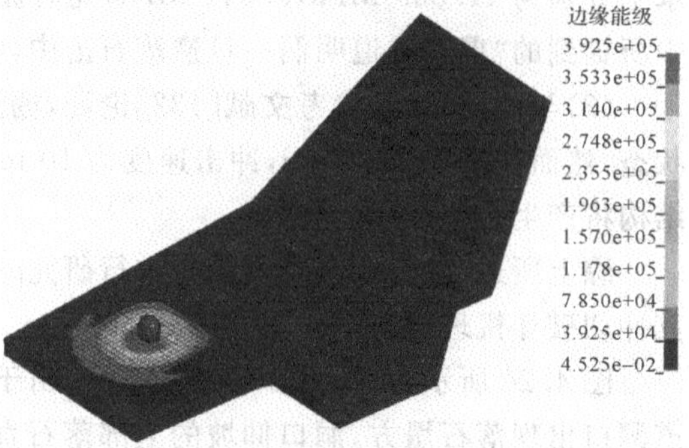

图 4.27　垫层土体的应力分布

1. 棚洞顶板腹部正中单元应力

图 4.28 所示是落石冲击速度分别为 8 m/s, 12 m/s, 16 m/s, 20 m/s, 24 m/s，冲击入射角度分别为 0°, 15°, 30°, 45°, 60°时，棚洞顶板腹部正中单元应力随时间变化规律。

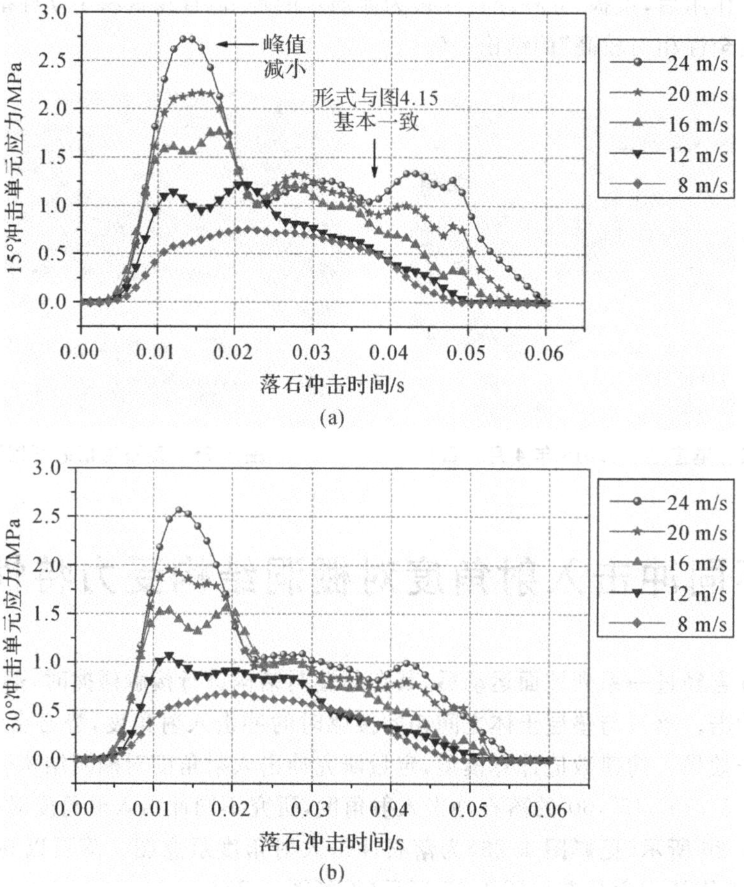

图 4.28　不同冲击入射角度下棚洞顶板腹部正中单元应力

(a) 入射角为 15°；(b) 入射角为 30°

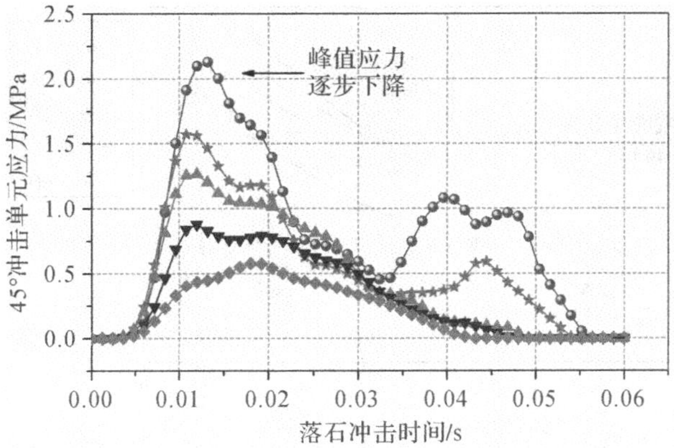

(c)

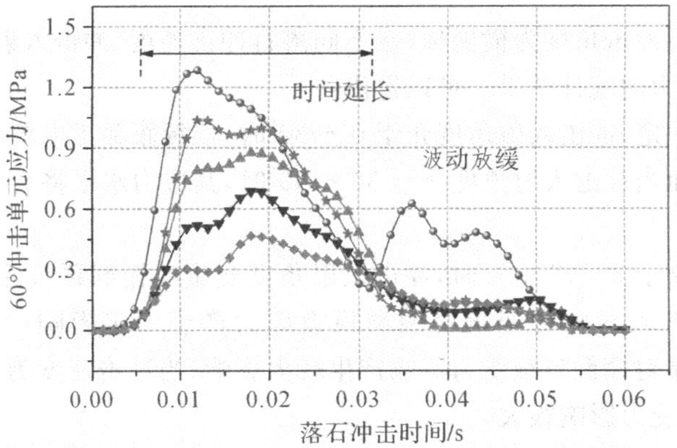

(d)

续图 4.28　不同冲击入射角度下棚洞顶板腹部正中单元应力

(c) 入射角为 45°；(d)入射角为 60°

结合图 4.13 与图 4.28 可得：

(1)当落石冲击入射角度由 0°增加至 60°时，顶板腹部正中单元应力均先快速增长至峰值，然后快速下降，继而逐步振荡与衰减。

(2)随着入射角度不断增大，顶板腹部正中单元应力水平亦逐步下降，且随着冲击入射角度的增加，曲线形式变化越明显。

(3)当入射角度增加至 60°时，对于应力曲线的第一个波峰区间时间，由最开始的 0.15 s 逐步增大至 0.25 s。随着冲击入射角度增加，曲线的起伏、振荡程度均会逐步减小。

图 4.29 所示为以落石冲击速度为横坐标，在不同落石冲击速度、冲击入射角度情况下，顶板腹部正中单元峰值应力的统计结果。可以得出：

(1)当落石冲击入射角度一定时，顶板腹部正中单元峰值应力将随冲击速度的增加而呈现近线性增加的趋势。

(2)当冲击入射角度为 15°时，顶板腹部正中单元应力水平基本与 0°时差别不大；而当冲击入射角度为 30°时，单元应力将会与 0°时存在一定差异；当入射角为 45°时，单元应力存在较大差异；当冲击入射角为 60°时，单元应力存在很大差异。

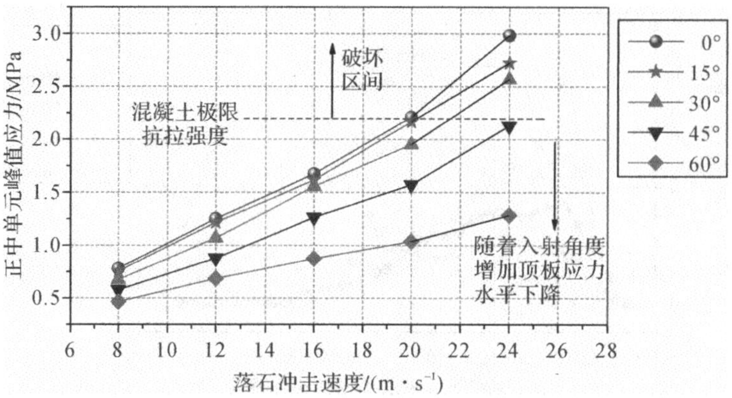

图 4.29　不同冲击入射角度及冲击速度棚洞顶板正中峰值应力

图 4.30 所示为以落石冲击角度为横坐标，在不同落石冲击速度、冲击入射角度情况下，顶板腹部正中单元峰值应力的统计结果。可以得出：

(1)当落石冲击速度一定，冲击入射角度介于 0°～30°时，顶板腹部正中单元应力水平将以较小的斜率线性减小；而当冲击入射角度介于 30°～60°时，其应力水平将会以较大的斜率快速减小。

(2)当落石冲击速度介于 8～12 m/s 时，冲击入射角度变量对棚洞顶板受力影响较小；当速度为 16 m/s 时，冲击入射角度变量对棚洞顶板应力产生一定影响；当冲击速度为 20 m/s时，冲击入射角变量对棚洞顶板受力影响产生较大影响；当冲击速度为 24 m/s 时，冲击入射角变量对棚洞顶板受力影响很大。

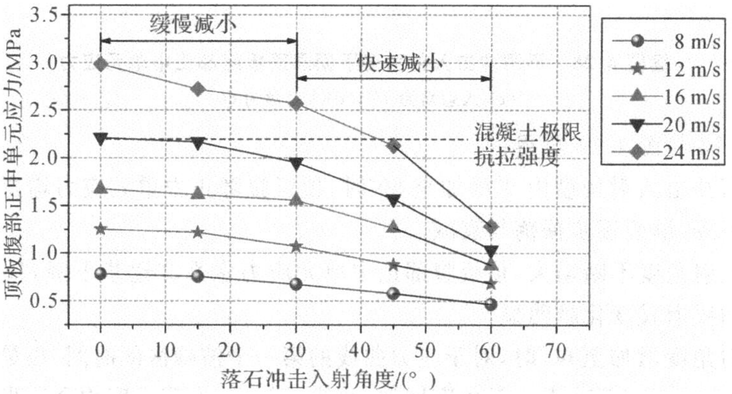

图 4.30　不同冲击速度及入射角度棚洞顶板腹部正中单元峰值应力

2. 回填土体侵彻深度

落石以某一入射角度冲击棚洞，亦会对上部垫层侵彻深度与冲击坑形式产生较大影响。图 4.31 所示为在不同入射角度与冲击速度情况下，侵彻深度随时间变化规律。结合图 4.11 与图 4.31 可以得出：

(1)落石以 0°～60°的入射角度冲击棚洞，侵彻深度曲线分层现象明显。由于垫层土体具备弹塑性特征，垫层土体达到最大侵彻深度后会产生少许回弹，形成最终冲击坑。

(2)随着落石冲击入射角度增加，侵彻深度值会大幅减小，侵彻深度变化曲线亦会发生变形，在 45°冲击角时，曲线存在较小变形，60°时存在较大变形。

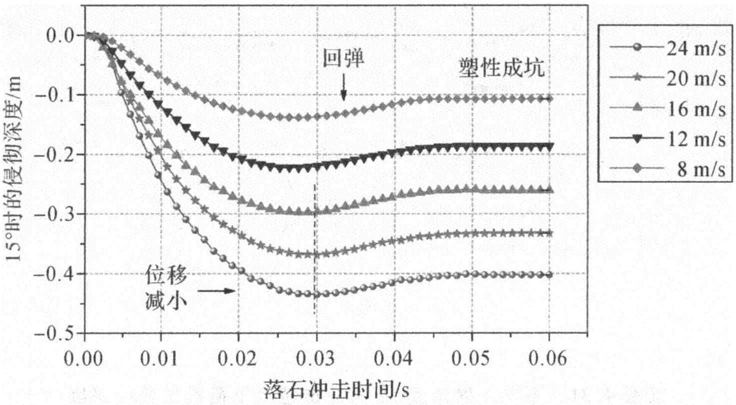

(a)

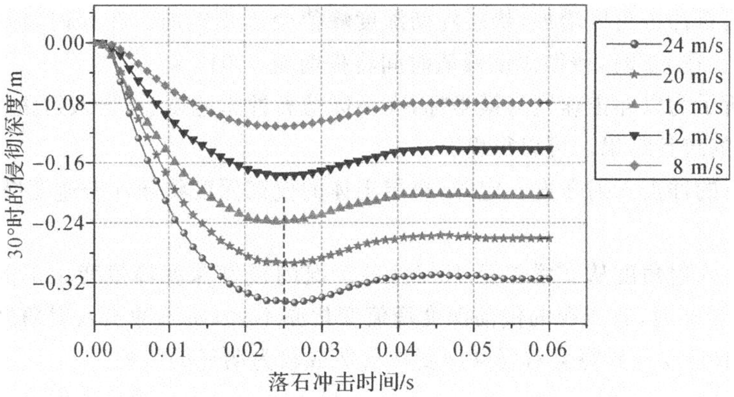

(b)

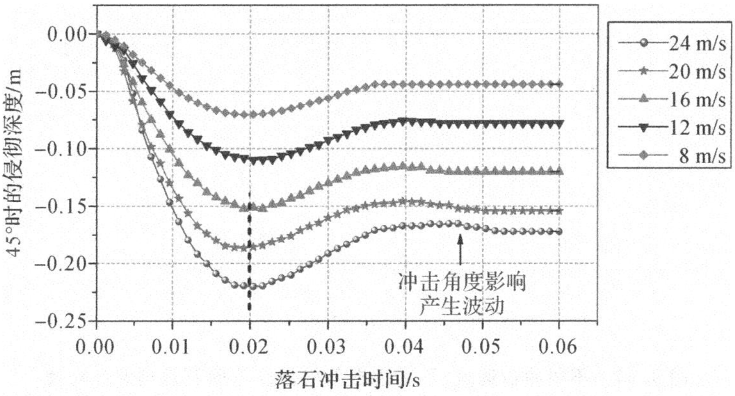

(c)

图 4.31　不同入射角度、不同冲击速度下落石的侵彻深度

(a)入射角为 15°；(b)入射角为 30°；(c)入射角为 45°

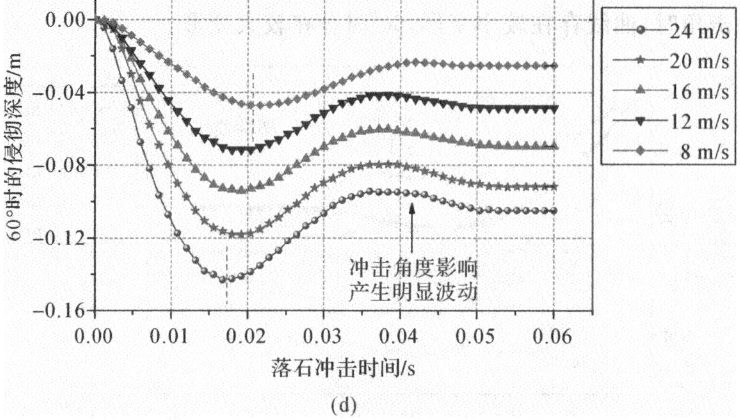

续图 4.31 不同入射角度、不同冲击速度下落石的侵彻深度

(d)入射角为 60°

(3)随着落石冲击角度增加,垫层侵彻深度峰值会逐步提前。在 0°时,侵彻深度峰值时间约为 0.03 s。在 60°时,侵彻深度峰值时间将提前至 0.018 s。

图 4.32 所示为以冲击速度为横坐标,在不同落石冲击速度、冲击入射角度情况下,落石侵彻深度峰值的统计结果。可以得出:

(1)当落石的冲击入射角度一定时,垫层土体的侵彻深度将随冲击速度增加而呈现近线性增加的趋势。

(2)当冲击入射角度从 0°增加至 15°时,各工况的侵彻深度峰值变化不大;冲击入射角度从 45°增加至 60°时,各工况的侵彻深度峰值变化亦不大;而当冲击入射角度由 15°增加至 45°时,冲击入射角度差异将会对侵彻深度峰值造成较为明显的影响。

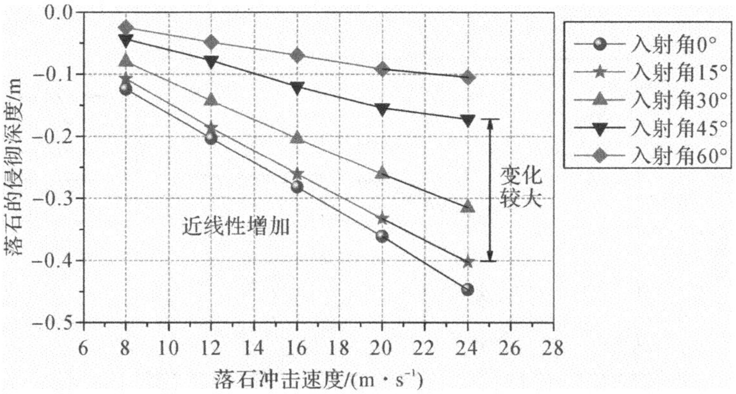

图 4.32 不同冲击速度、不同冲击入射角度下落石侵彻深度峰值

图 4.33 所示为以冲击入射角度为横坐标,在不同落石冲击速度、入射角度情况下,落石侵彻深度峰值的统计结果。可以得出:

(1)当落石冲击速度一定,且冲击入射角度由 0°增加至 15°时,侵彻深度峰值减小较缓;当冲击入射角度由 15°增加至 45°时,侵彻深度峰值会大幅减小;当冲击入射角由 45°增加至

60°时，侵彻深度峰值减小幅度放缓。各曲线整体呈现出不规则的倒 Z 字型。

(2)对某一特定的落石冲击速度，若冲击入射角度越小，则垫层土体侵彻深度峰值的差异越明显。随着冲击入射角度逐步增加，侵彻深度峰值差异会逐步减小。直至冲击入射角度达到 60°时，各计算工况下落石侵彻深度峰值已较为接近。

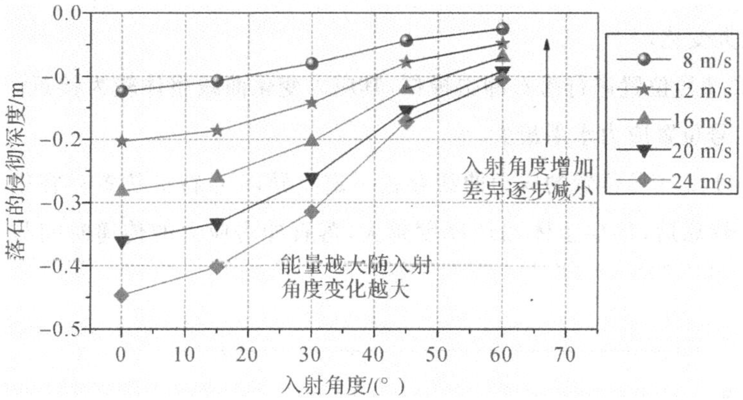

图 4.33　不同冲击速度、不同冲击入射角度下落石的侵彻深度

4.8　不同冲击位置对棚洞结构受力特性的影响

当落石冲击棚洞时，其会以不同冲击速度、冲击入射角度与棚洞结构产生碰撞。与此同时，落石在棚洞顶板结构上的冲击位置是随机的，冲击位置不同，亦会产生不同的力学响应效果。

鉴于坡面落石经过一系列崩落、碰撞、回弹运动后，多数落石将冲击至棚洞结构偏外侧区域。由于越靠近棚洞结构后侧，其上部垫层土体厚度越大，结构损伤越不明显。经综合分析，选取如图 4.34 所示的 5 个特征位置分析棚洞结构的受力特性。1 号位置为两跨正中的顶板上平面中心位置，2 号位置为两跨正中的立柱上方位置，3 号位置为单跨正中的立柱上方位置，4 号位置为单跨正中的顶板上平面中心位置，5 号位置为单跨正中的顶板弯曲段上方位置。图 4.35 所示(见彩图 4.35)为落石冲击 5 号位置时顶板结构力学响应。

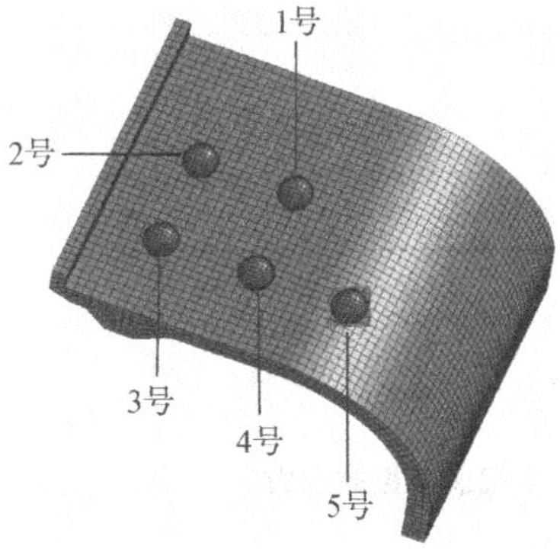

图 4.34　落石冲击特征位置

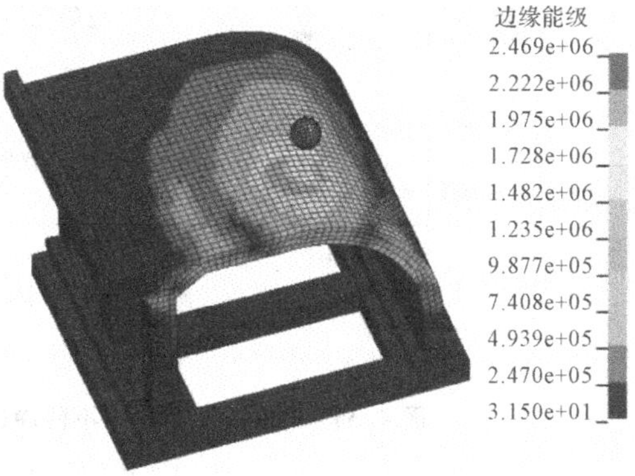

图 4.35　落石冲击 5 号位置

图 4.36 所示为落石以不同冲击速度冲击 5 个特征位置，棚洞顶板结构腹部最大受拉应力的时程变化曲线。结合图 4.13 及图 4.36 可以得出：

(1)落石冲击 5 个特征位置后，顶板腹部最大受拉应力时程曲线的变化规律基本一致。应力水平会在较短时间内达到峰值，继而以振荡形式衰减。落石冲击位置变化，应力时程曲线亦会产生较大变化。

(2)对 1,2,3 号位置进行落石冲击模拟，其应力变化曲线整体较为接近。2,3 号位置应力水平相当，1 号位置应力水平最大。

(3)4 号与 1,2,3 号位置的应力曲线存在一定差异，5 号特征位置存在很大差异。由于落石冲击位置越靠后，垫层土体回填厚度越大，落石冲击应力的传递时间与效果都会有所降低。

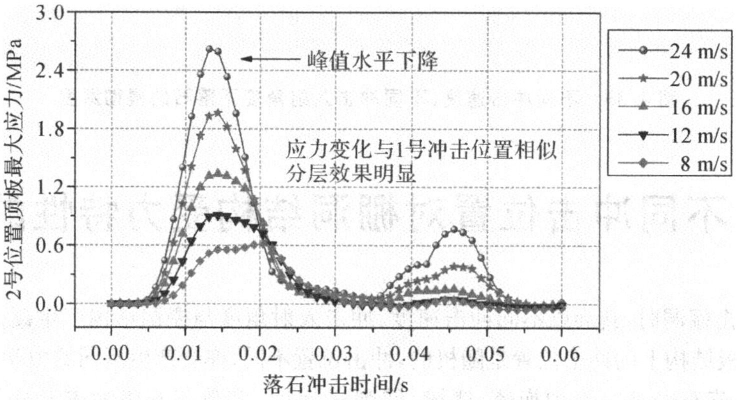

(a)

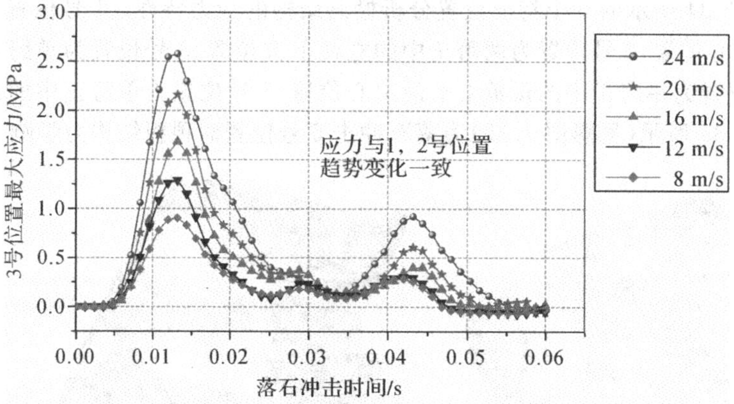

(b)

图 4.36　5 个特征位置处不同冲击速度下棚洞顶板的应力

(a) 2 号位置；(b) 3 号位置

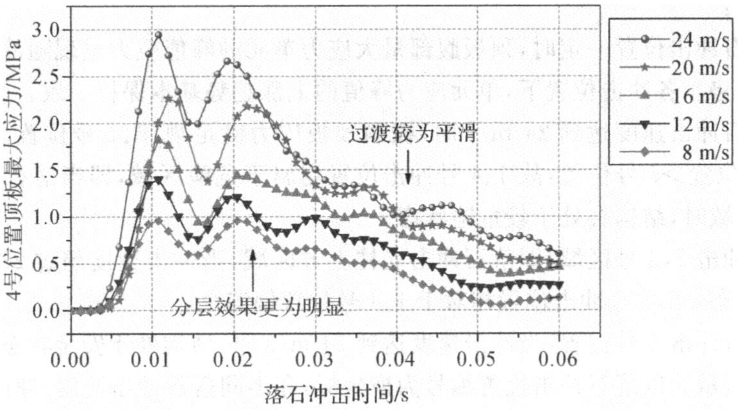

(c)

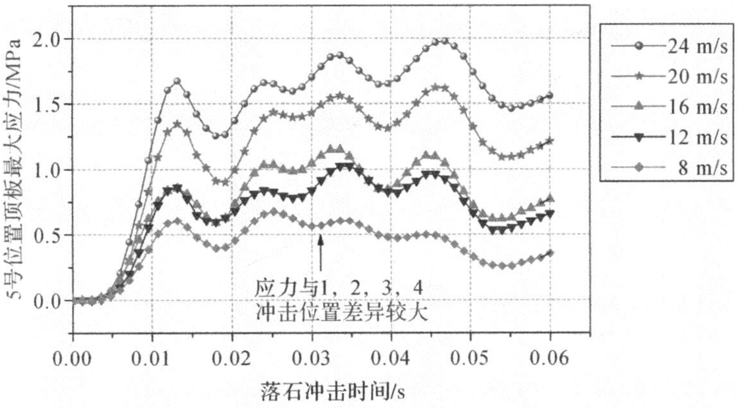

(d)

续图 4.36　位置 5 处不同冲击速度下棚洞顶板的应力

(c) 4 号位置;(d) 5 号位置

图 4.37 所示为以冲击速度为横坐标，在不同落石冲击速度、冲击位置情况下，顶板结构峰值应力的统计结果。

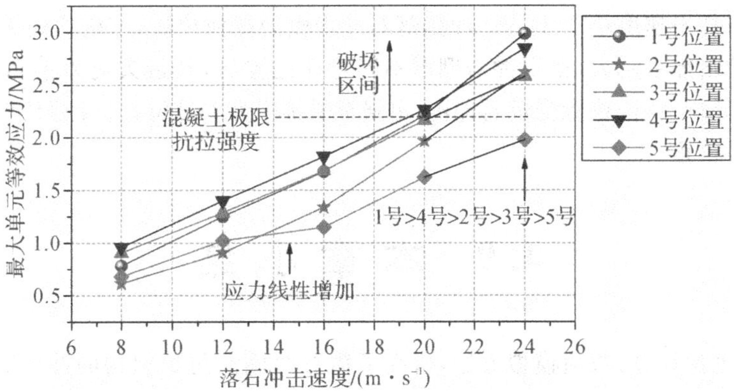

图 4.37　不同冲击速度、冲击位置下棚洞顶板峰值应力

可以得出：

(1)当落石冲击位置一定时，顶板腹部最大应力单元的峰值应力呈现随冲击速度增加而线性增加的趋势。各冲击位置下，单元应力峰值的上涨趋势基本保持一致。

(2)当落石冲击速度达到 24 m/s 时，棚洞顶板应力满足规律：1 号位置＞4 号位置＞2 号位置≈3 号位置＞5 号位置，故 1、4 号冲击位置均属于危险区域，即当落石冲击顶板上平面中心线处区域时，结构会处于较危险状态。

(3)落石冲击 2,3 号区域，即落石冲击立柱上方区域，当冲击速度超过 22 m/s 时，结构将处于危险状态。2,3 号冲击位置相对于 1,4 号位置偏安全。

(4)当落石冲击 5 号位置，当冲击速度达到 24 m/s 时，结构处于安全状态。

图 4.38 所示为以落石冲击位置编号为横坐标，在不同落石冲击速度、冲击位置情况下，棚洞顶板峰值应力的统计结果。

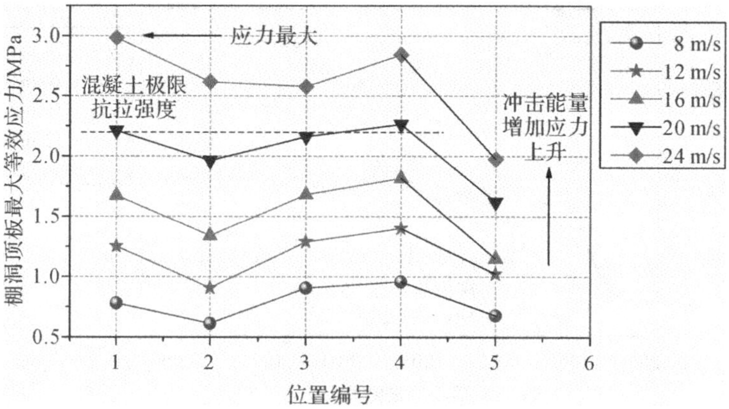

图 4.38　不同冲击位置、不同冲击速度下棚洞顶板的应力

可以得出：

(1)当落石冲击速度一定时，棚洞顶板峰值应力会在 2,5 号冲击位置形成下降趋势。2 号位置位于中心立柱上方，棚洞结构呈现受压状态。5 号位置为棚洞后方区域，靠近顶板侧墙，且该处位置垫层厚度大。

(2)当落石冲击速度小于 18 m/s 时，落石冲击棚洞任何位置，结构均处于安全状态。

(3)落石冲击能量越大，落石冲击棚洞不同特征位置后，其最大应力单元峰值起伏变化越为明显。经分析，特征位置受落石冲击，由强至弱排序为 1 号位置＞4 号位置＞3 号位置＞2 号位置＞5 号位置。

4.9　本章小结

本章采用理论计算、数值模拟方法，研究了落石对棚洞防护结构的冲切破坏机理，主要结论如下：

(1)在落石冲击力及侵彻深度的空腔膨胀算法解的基础上，采用弗拉索夫原理计算出棚洞顶板的最大冲击应力。基于等效钢薄膜原理，推导出板内配筋对贯穿块的阻滞作用。

(2)由于落石冲击会导致顶板腹部正中单元、立柱上端内侧两处产生应力集中，属棚洞结构薄弱环节。落石冲击棚洞结构时具备“瞬态脉冲性”“滞后性”“就近伤害”“逐级衰减”的特点。

(3)落石侵彻深度与冲击速度成正相关的关系，且冲击速度越大，侵彻深度峰值时间会延迟。落石冲击峰值加速度与冲击速度成近似正相关的关系。落石冲击速度越大，顶板腹部正中单元 Y 向位移时程曲线振荡越明显，且峰值位移时间越短，而 X 向峰值位移时间明显落后于 Y 向。

(4)以棚洞顶板 5 个特征单元为对象，得出其应力水平满足规律：单元 2(跨中落石冲击正下方)＞单元 3(顶板起弯处)＞单元 1(跨中托梁处)＞单元 4(顶板弯曲段 1/4 处)＞单元 5(顶板弯曲段 1/2 处)。对于峰值应力时间满足规律：单元 2＞单元 3＞单元 1＞单元 4＞单元 5。对于单元体的 X 向、Y 向位移大小均满足：单元 2＞单元 3＞单元 1＞单元 4＞单元 5。

(5)通过对立柱结构 5 个特征单元进行分析，得出立柱结构内部应力呈现“8”字型分布，立柱结构上部内侧、下部外侧结构将呈现受拉状态。立柱特征单元应力满足规律：单元 2(毗邻立柱内侧上端正中处)＞单元 4(毗邻立柱内侧下端正中处)＞单元 1(立柱内侧上端正中处)＞单元 3(立柱内侧正中处)＞单元 5(立柱外侧下端正中处)。立柱特征单元 Y 向位移满足规律：单元 4≈单元 5＞单元 1≈单元 2＞单元 3。立柱特征单元 X 向位移满足规律：单元 1＞单元 2＞单元 3＞单元 4＞单元 5。

(6)随着落石冲击入射角度增加，侵彻深度会明显减小。当入射角度介于 0°～15°，45°～60°之间时，入射角度变化对侵彻深度峰值的影响较小；当入射角度介于 15°～45°之间时，入射角度变化对侵彻深度峰值的影响较大。对于顶板结构应力，当入射角度为 15°时，腹部正中单元峰值应力基本与 0°时差别不大，当入射角度为 30°时，腹部正中单元峰值应力基本与 0°时存在一定差异；当入射角度 45°时，腹部正中单元峰值应力基本与 0°时存在较大差异；当入射角度为 60°时，腹部正中单元峰值应力基本与 0°时存在很大差异。

(7)对于落石冲击棚洞顶板不同位置，按危险度由高至低排序，则有 1 号位置(两跨正中的顶板上平面中心)＞4 号位置(单跨正中的顶板上平面中心)＞3 号位置(单跨正中的立柱上方)＞2 号位置(两跨正中的立柱上方)＞5 号位置(单跨正中的顶板弯曲段上方)。

第5章 “EPE＋橡胶支座”复合型耗能减震棚洞结构的力学特性研究

5.1 概　　述

参考文献[132]指出“现有隧道明洞一旦遭落石击中，便导致结构损坏、失效”。目前，关于新型棚洞研究主要集中于棚洞设计参数优化以及柔性防护棚洞两个方面，且在各改良方案中优势与短板并存[169,176,183,258-260]。寻求耗能减震效果较优的棚洞防护结构是本书的最终目标。

在改善棚洞抗冲击性能时，如果一味地增加垫层土体厚度，会使得棚洞顶板上部自重荷载大幅增加，不利于棚洞结构长期受力。另外，垫层土体历经长期降雨、风化等自然因素作用后，会产生固结、硬化，导致垫层缓冲性能下降。根据第4章的研究结论，在落石冲击作用下，棚洞顶板腹部正中位置以及立柱上端与顶板连接处亦会产生应力集中现象。

为了不增加棚洞结构上部的恒重，同时提高棚洞的防护能力，不少研究曾采用轻型泡沫塑料作为棚洞顶部的夹层。经文献、资料收集，EPE(聚乙烯)材料具备较好的柔韧性与恢复性，抗老化性强，其强度及缓冲抗震性能好，且反复受荷性能优越[207,261-269]。橡胶材料具备弹性好、应变低、耗能大、不易老化等特点，将其应用于空间建筑结构抗震[270-271]，或是桥梁梁体抗震[272-273]，亦或是高铁的铁轨抗震，其耗能减震效果均非常优越。

本章将以第4章所构建的刚性棚洞结构为基础，首先，引入“砂土＋EPE＋顶板”复合型棚洞结构，研究其抵抗落石冲击的效果，给出棚洞结构设计时EPE垫层的厚度及密度。其次，为了彻底改善顶板腹部、立柱上端的应力集中现象，建立“EPE＋橡胶支座”复合型棚洞结构，并将其与刚性棚洞计算结果进行对比分析，以期为新型棚洞结构研究提供参考。

5.2 EPE材料特性与本构关系

5.2.1 EPE材料特性

泡沫塑料材料的制作工艺不同，会导致其物理特性差异较大[207]。表5－1归纳出常见泡沫材料 EPS(聚苯乙烯)、EPP(聚丙烯)、EPO(聚苯乙烯与聚乙烯共聚体)、NEPS(耐冲击苯乙烯)、EPE(聚乙烯)、纸托的特性，通过对比分析寻求最为有利的垫层结构。经对比分析选取 EPE 材料作为棚洞结构的缓冲垫层材料。

表 5-1 常见缓冲材料特性

名 称	动态缓冲特性		材料综合成本/元·m^{-3}	特 点
	单次	多次		
1. EPS	佳	欠佳	70	易于模制、抗压性好、成本低、性脆、易碎
2. EPP	佳	佳	420	强度较高、抗震性好、回复率高、柔韧性一般
3. EPO	佳	尚可	260	尺寸稳定性较好、回复率及柔韧性一般
4. NEPS	佳	欠佳	240	在 EPS 材料中添加了橡胶材料
5. EPE	佳	佳	420	柔韧性及缓冲性好、反复冲击性好、不易模制
6 . 纸托	佳	欠佳	25	成本低、柔韧性及缓冲性均较差

EPE 材料具备如下 3 方面特性：

(1)EPE 材料由低密度聚乙烯脂经过物理发泡产生无数的独立气泡所构成，其是非交联闭孔结构，能够回收利用，属于一种新型环保材料[261]。EPE 材料性能参数：抗拉强度为 $-3.40\ kg/cm^2$，撕裂强度为 $-2.60\ kg/cm^2$，延伸度为 -125%，抗剪强度为 3 kg/cm，使用温度为 $-60\sim80$℃。

(2)柔韧性及恢复性好。EPE 材料具备弹性高、韧性强、抗老化性强、防摩擦、隔热、耐酸、碱性腐蚀等特点，其克服了普通泡沫塑料易碎、易变性、回复性差等缺点[207]。参考文献[262]指出，在同样的冲击荷载条件下，传统泡沫塑料的弹性变形率为 14.35%，而 EPE 材料的弹性变形率为 4.35%。

(3)多次受荷后缓冲性能好。在外部荷载作用下，EPE 垫层通过孔壁材料的变形、摩擦，材料气孔内部流体压缩变形的形式对冲击能量进行吸收与释放，故在遭受多次冲击作用后，EPE 垫层的缓冲效果仍较好[263]。但目前将 EPE 垫层用于棚洞落石防护的不多。

5.2.2 EPE 材料本构关系

EPE 材料实体如图 5.1 所示。参考文献[274]采用试验方法得出了 EPE 材料的应力-应变关系曲线，如图 5.2 所示，在参考文献[264-266]中也得出类似的 EPE 材料本构关系曲线，呈现出三阶段的发展过程：

(1)第一阶段：EPE 材料孔隙被压缩，应力随应变线性增大。

(2)第二阶段：呈现无孔隙状态下 EPE 材料强度，应力随应变指数形式增大。

(3)第三阶段：EPE 材料被压实，应力将随着应变而快速增加。

图 5.1　EPE 材料实体

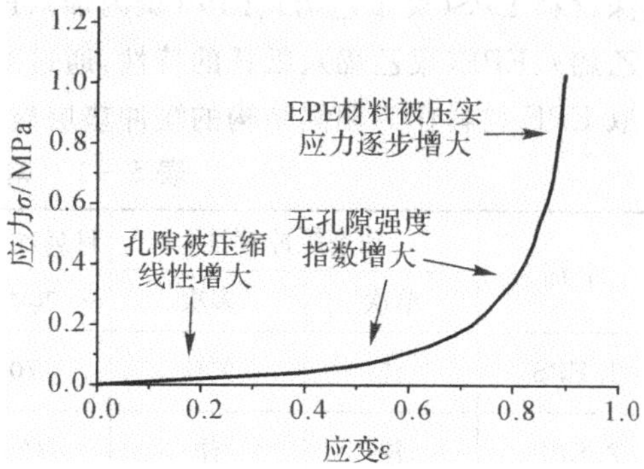

图 5.2　EPE 材料本构关系

5.3 “砂土＋EPE＋顶板”复合型棚洞结构特性

5.3.1 建立数值计算模型

为了研究“砂土＋EPE”复合垫层对落石冲击应力的缓冲效果，给出如图 5.3 所示的三维棚洞结构设计方案。整个计算模型结构由三部分组成：最下部厚度为 H_1 的混凝土顶板(RC)结构、中间厚度为 H_2 的 EPE 垫层结构及最上部厚度为 H_3 的砂垫层结构。

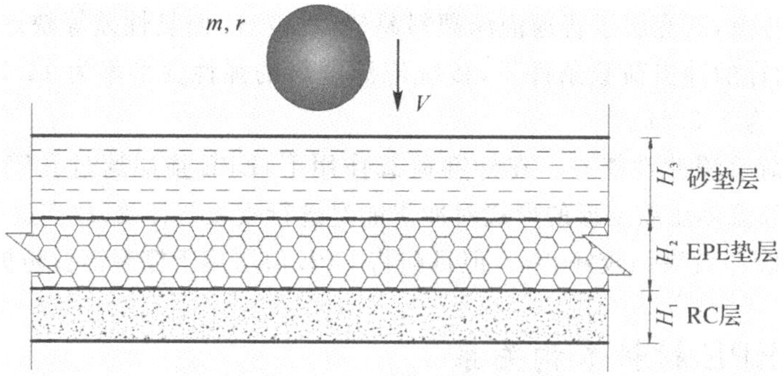

图 5.3　落石冲击棚洞垫层的示意图

模型尺寸选取 5.0 m×5.0 m 范围内的局部棚洞顶板结构进行计算，上部垫层土体厚度设置为 0.5 m，下部 RC 棚洞顶板厚度取 0.5 m。落石的半径选取 0.5 m，EPE 垫层厚度分别为 0，0.4 m，0.6 m，0.8 m 及 1.0 m。

砂土垫层材料采用 LS－DYNA 软件中的 DRUCKER_PRAGER 材料模型(193 号材料)，EPE 材料采用 MAT_LOW DENSITY_FOAM 材料模型进行计算(057 号材料)。落石体采用刚体材料，并选用 RIGID 材料模型(020 号材料)、混凝土材料采用 MAT_HOLMQUIST_JOHNSON_CONCRETE 材料模型(111 号材料 HJC 模型)，落石、砂垫层、

EPE 材料、棚洞顶板结构均采用 SOLID164 单元。材料属性参数按照表 5-2 进行选取[207,267-269,274]。将棚洞顶板结构四周立面上的所有节点进行 U_X,U_Y,U_Z 三个方向的全约束,给定落石球体法向冲击下部防护结构的垫层土体,落石冲击速度设定为 14 m/s。

表 5-2 数值模拟计算中各材料属性参数

材料名称		密度 kg·m⁻³	弹性模量 MPa	屈服强度 MPa	泊松比	黏聚力 kPa	内摩擦角 (°)
EPE 厚度敏感性分析	落石	3 000	25 000	—	0.20	500.0	60.0
	砂土垫层	2 000	39	0.48	0.30	50.0	40.5
	EPE25	25	0.28	0.015	0.13	7.2	13.0
	棚洞顶板	2 400	30 000	0.383	0.20	450.0	50.2
EPE 强度敏感性分析	EPE20	20	0.2	0.010	0.10	5.1	10.0
	EPE30	30	0.39	0.019	0.18	9.4	16.0

在无 EPE 垫层时,落石的冲击时间设定为 0.06 s,有 EPE 垫层时设定为 0.1 s,各工况的计算步设定为 100 步,计算过程中不考虑砂土垫层与 EPE 垫层弯曲刚度的影响。建立的 LS-DYNA 数值计算模型如图 5.4 及图 5.5 所示。逐次建立 EPE 垫层厚度分别为 0.6 m,0.8 m 及 1.0 m 时的模型进行计算,本小节此处不再赘述。

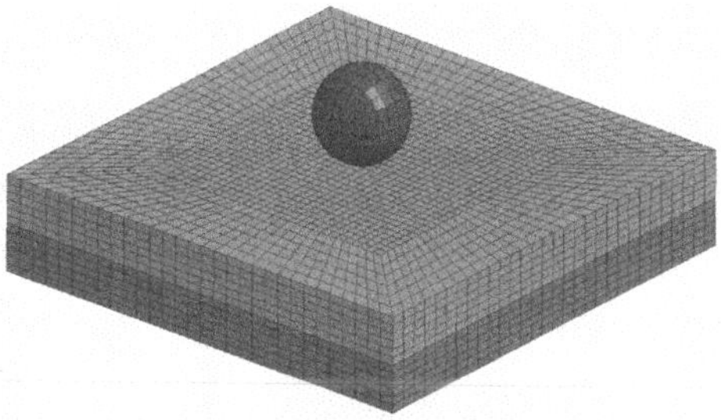

图 5.4 无 EPE 垫层计算模型

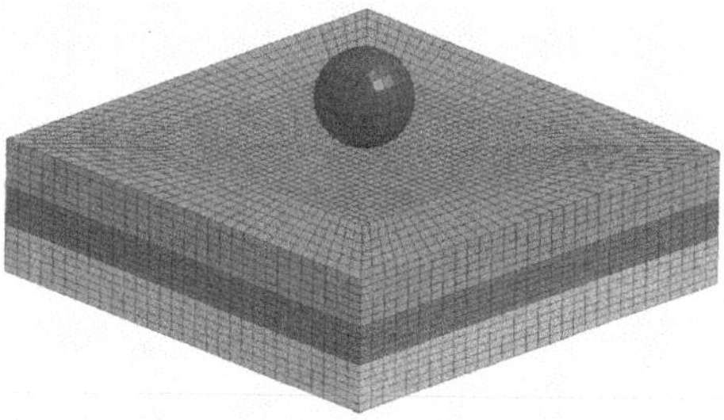

图 5.5 加铺 0.4 m 厚 EPE 垫层

5.3.2 EPE 材料厚度敏感性分析

5.3.2.1 无(有)EPE 垫层下顶板内部应力分布

如图 5.6 所示(见彩图 5.6)为在无 EPE 垫层时,图 5.7(见彩图 5.7)为在加铺 0.4 m 厚 EPE 垫层情况下,棚洞顶板的应力分布随冲击时间的变化规律。可见:

(1)在纯砂土垫层情况下,顶板内部应力的扩散速度、脉冲振荡频率、振荡程度均明显高于复合棚洞。

(2)在不添加 EPE 垫层时,顶板内部应力呈现出峰值应力高、中心位置应力集中、峰值应力时间短的现象。在加铺 EPE 垫层后,顶板内部的应力水平、峰值应力时间、应力分布形式均得到大幅改善,复合棚洞结构性能优越。

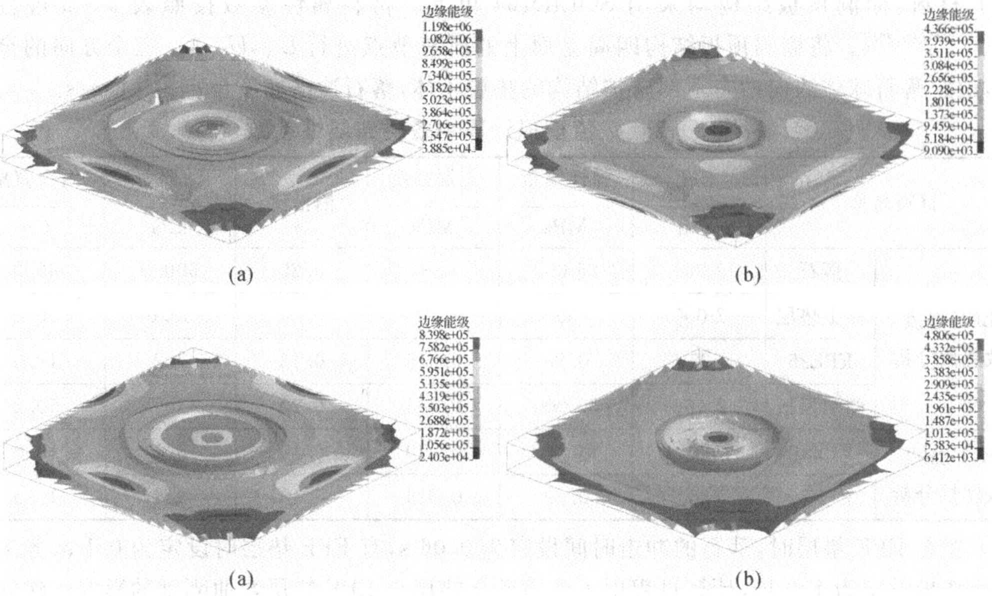

图 5.6　无 EPE 垫层下棚洞顶板的应力分布

(a) 0.01 s;(b) 0.02 s;(c) 0.04 s;(d) 0.06 s

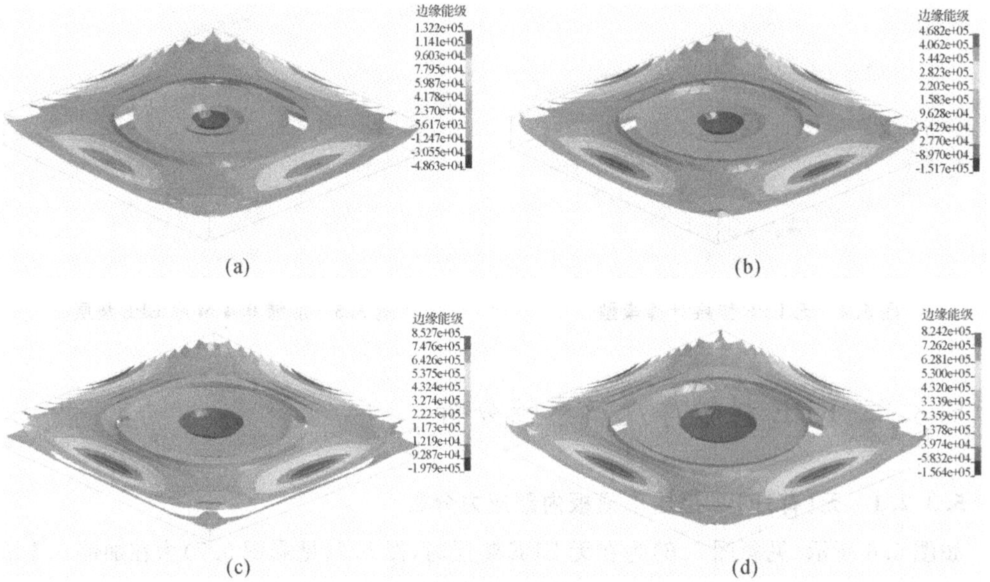

图 5.7　0.4 m 厚 EPE 垫层下棚洞顶板的应力分布

(a) 0.02 s;(b) 0.04 s;(c) 0.06 s;(d) 0.10

5.3.2.2　棚洞顶板腹部正中单元应力与位移

1. 棚洞顶板结构应力

如图 5.8 所示为分别在棚洞结构顶板上部增设 0.0 m,0.4 m,0.6 m,0.8 m,1.0 m 厚的 EPE 垫层之后,顶板腹部正中单元的应力变化曲线。可以得出：

(1)在纯砂土垫层情况下，腹部正中单元应力曲线将会呈现出较大幅度的脉冲式振荡，且首次峰值应力达到了2.389 MPa，已超过C30混凝土的极限抗拉强度。可见，砂土垫层虽然可拦截部分的落石冲击应力，但仍有冲击应力传递至棚洞顶板。

(2)在纯砂土垫层情况下，顶板腹部正中单元将会在0.01 s时达到峰值应力。在落石冲击至0.06 s时，顶板单元产生了4次峰值应力。可见，落石冲击力会快速传递至棚洞顶板，棚洞结构易被冲击破坏。

(3)在增设0.4 m的EPE垫层后，峰值应力时间为0.07 s；EPE厚度为0.6 m时，峰值应力时间为0.08 s；EPE厚度为0.8 m及1.0 m时，峰值应力时间约为0.09 s。在添加了不同厚度的EPE垫层后，棚洞顶板腹部正中单元应力曲线变化较为平缓，且棚洞顶板的峰值应力时间明显推迟。

(4)对于峰值应力，在增设了0.4 m的EPE垫层后，顶板腹部正中单元的峰值应力为0.796 MPa，该值占纯砂土垫层时峰值应力的33.3%。

(5)在增设0.4 m的EPE垫层之后，顶板内部的冲击应力大幅降低，然而在逐步增加EPE垫层厚度之后，棚洞顶板应力值虽进一步降低，但降低幅度有限。在实际施工中一般增设0.4～0.8 m厚的EPE垫层即可。

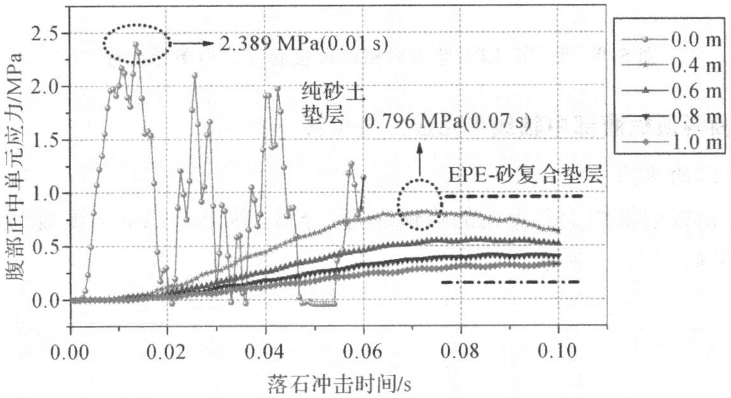

图5.8 无(有)EPE垫层时棚洞顶板腹部正中单元应力

综上所述，在“砂土+EPE”复合垫层下，落石将会沿着冲击方向产生一定的压缩距离，从而形成了一种渐变的缓冲作用，避免了顶板内部应力产生振荡变化，EPE垫层对于棚洞顶板的保护起到较好的“襁褓”作用。

2. 棚洞顶板结构位移

EPE垫层厚度分别为0，0.4 m，0.6 m，0.8 m及1.0 m的情况下，顶板腹部正中单元位移变化曲线如图5.9所示，可以得出：

(1)位移变化基本与棚洞顶板应力的变化规律保持一致。

(2)顶板腹部正中单元位移变化曲线呈现出明显的振荡趋势，当落石冲击至0.06 s时，位移变化曲线形成了4次振荡；当落石冲击至0.01 s左右时，在棚洞顶板腹部将会形成峰值位移-0.339 mm。

(3)在增设了一定厚度的EPE垫层后，棚洞顶板腹部正中单元的位移整体较为平缓，且峰值较小。在 EPE 垫层厚度为 0.4 m 时，顶板腹部正中单元在 0.07 s 左右时达到峰值位移－0.157 mm，该值为纯砂土垫层时的 46.3%，可见 EPE 垫层对棚洞顶板峰值位移及峰值位移时间均可起到明显的改善作用。

(4)当 EPE 垫层厚度由 0.4 m 逐步增加至 1.0 m 时，棚洞顶板腹部正中单元的峰值位移将会逐步降低，且其达到峰值位移的时间亦会逐步延长，棚洞顶板上部增设的 EPE 垫层厚度以 0.4～0.8 m 为宜。

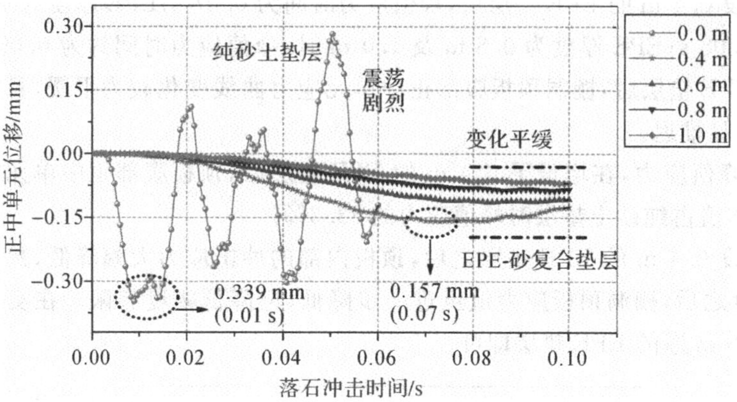

图 5.9　无(有)EPE 垫层时棚洞顶板腹部正中单元位移

5.3.2.3　棚洞顶板腹部中轴线单元应力与位移

1. 棚洞顶板结构应力

提取出棚洞顶板中轴线上各单元的峰值应力，分析"砂土＋EPE＋顶板"复合结构的力学响应情况，结果如图 5.10 所示。

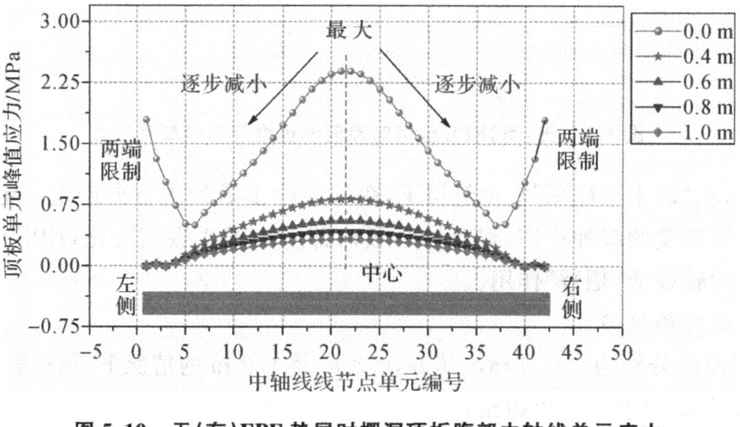

图 5.10　无(有)EPE 垫层时棚洞顶板腹部中轴线单元应力

可以得出：

(1)在各计算工况下，顶板腹部各单元的峰值应力呈现出左右对称的现象，且中间位置处的单元应力水平最高，越靠近两端，峰值应力水平越小。

(2)对于纯砂土垫层，整个顶板腹部中轴线上的峰值应力起伏变化较为剧烈，这是由于纯砂土垫层对于落石冲击应力的耗能减震作用一般，并导致较大的落石冲击能量传递至棚洞顶板。

(3)在加铺了 EPE 垫层后，中轴线上各单元峰值应力将会产生较大幅度的减小，“EPE＋砂土”复合垫层可大幅改善棚洞顶板的整体受力情况。

(4)当 EPE 垫层厚度逐步增加时，棚洞结构顶板应力水平将会逐步减小，但相互之间变化幅度较小。

2. 棚洞顶板结构位移

提取出棚洞顶板腹部中轴线上各单元的峰值位移结果，如图 5.11 所示，可见：

(1)顶板腹部中轴线上各单元体的位移变化趋势基本与应力变化规律保持一致，中轴线上各单元的峰值位移将整体呈现出“弓”形分布状态。

(2)在纯砂土垫层情况下，顶板腹部中轴线上各单元的峰值位移曲线变化较为剧烈，纯砂土垫层对落石冲击应力的阻滞作用有限。

(3)在增设了 EPE 垫层之后，中轴线上各单元体峰值应力变化起伏较小，说明“砂土＋EPE”复合垫层对落石冲击能量具有较好的吸收与分散作用，柔性 EPE 垫层的设置充分保护了棚洞顶板，起到了较好的“襁褓作用”。

(4)随着 EPE 垫层厚度的增加，中轴线上的竖向位移亦随之减小，但减小幅度逐步降低，建议铺设 0.4～0.8 m 厚的 EPE 垫层为宜。

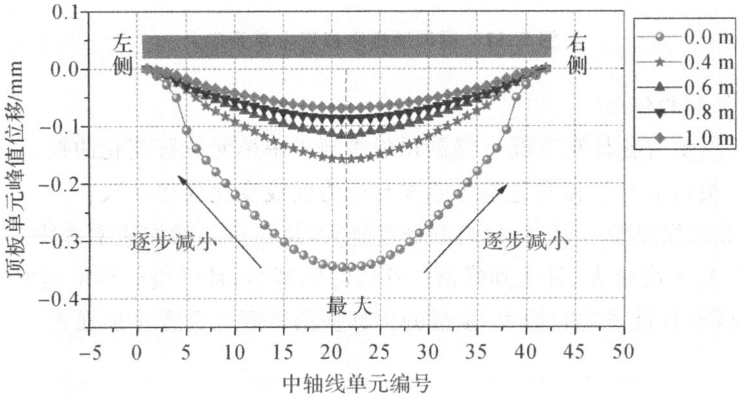

图 5.11　无(有)EPE 垫层时棚洞顶板腹部中轴线单元位移

5.3.3　EPE 材料强度敏感性分析

EPE 材料的密度差异将会明显影响到其各项受力特性[269]，其密度范围一般为 20～30 kg/m^3，故需在设置相同的 EPE 垫层厚度情况下，对不同 EPE 垫层材料属性差异的影响进行研究，参考文献[264,266,269]选取 EPE20，EPE25，EPE30 三种 EPE 材料型号，进而建立对应的 LS－DYNA 数值计算模型进行分析，计算参数按表 5－2 进行选取。

5.3.3.1 棚洞顶板腹部正中单元应力与位移

1.棚洞顶板结构应力

EPE 垫层厚度统一选取为 0.4 m。图 5.12 所示为在不同 EPE 垫层材料型号下，棚洞顶板腹部正中单元应力的变化曲线。可以得出：无论是顶板腹部正中单元应力的上升速度，或是其峰值应力，亦或是顶板结构内部应力振荡的强烈程度，均满足规律：EPE30＞EPE25＞EPE20。对于峰值应力时间，其满足规律：EPE30＜EPE25＜EPE20。也就是说，EPE 材料密度越大，材料强度越高，反而越不利于棚洞顶板结构的受力。

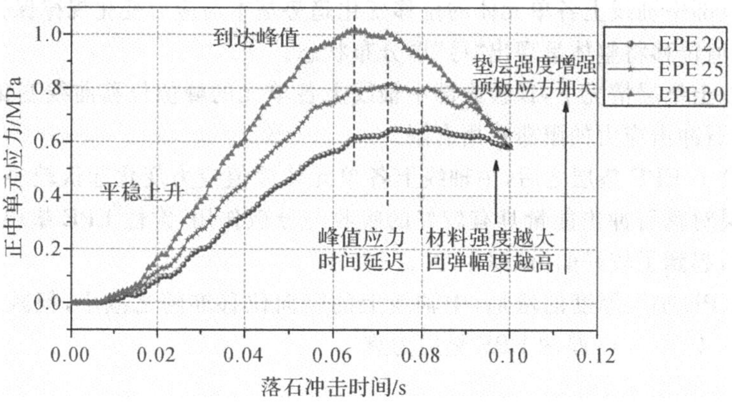

图 5.12 棚洞顶板腹部正中单元应力

2.棚洞顶板结构位移

如图 5.13 所示为各计算工况下棚洞顶板腹部正中单元位移变化曲线。可见：

(1)棚洞顶板内部的位移变化趋势基本与应力曲线变化规律一致。

(2)当 EPE 垫层厚度一定时，材料的密度越大，顶板位移增加速率越快。

(3)EPE 材料密度越大，其达到峰值位移的时间越早，且峰值位移量越大。

(4)随着 EPE 材料密度的增大，顶板的位移振荡程度也会逐步加强。

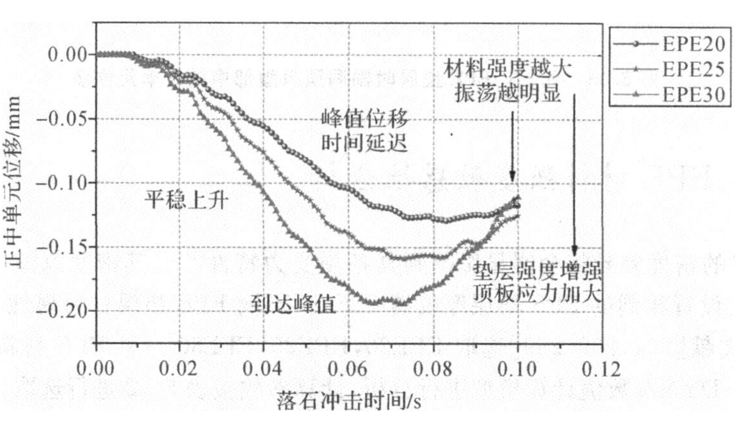

图 5.13 棚洞顶板腹部正中单元位移

5.3.3.2　棚洞顶板腹部中轴线单元峰值应力与位移

1. 棚洞顶板结构峰值应力

图 5.14 所示为棚洞顶板中轴线单元峰值应力。可以看出：

(1)应力曲线整体呈现出左右对称的形式，中心位置处单元的应力水平较大，越靠近两侧，应力水平越小。

(2)对于各单元应力水平，其整体满足规律：EPE30＞EPE25＞EPE20。这与 EPE 垫层材料强度越高，其应力越大的规律保持一致。

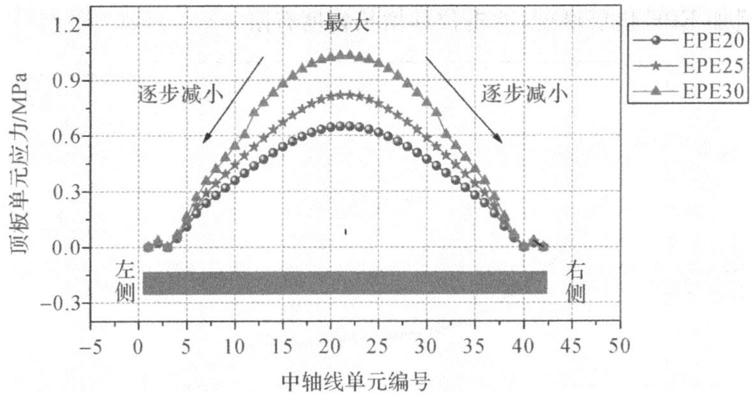

图 5.14　棚洞顶板中轴线单元峰值应力

2. 棚洞顶板结构峰值位移

图 5.15 为各计算工况下顶板下底面上的中轴线上的位移分布。可以看出：

(1)中轴线上各单元位移变化的趋势基本与应力变化规律保持一致。

(2)在各计算工况下，位移曲线整体上呈现出左右对称分布的形式，且对于位移值整体满足规律：EPE30＞EPE25＞EPE20。

从上述结果可以看到，当 EPE 垫层材料的密度越高时，其对应的材料强度越大，在受到外部落石冲击力作用时，其自身的压缩性能较低，可将更多的落石冲击能量传递至棚洞顶板，其耗能减震作用相对会有所降低。因此，在进行 EPE 垫层材料选择时，宜选择强度及柔性较为适中的 EPE 垫层材料。

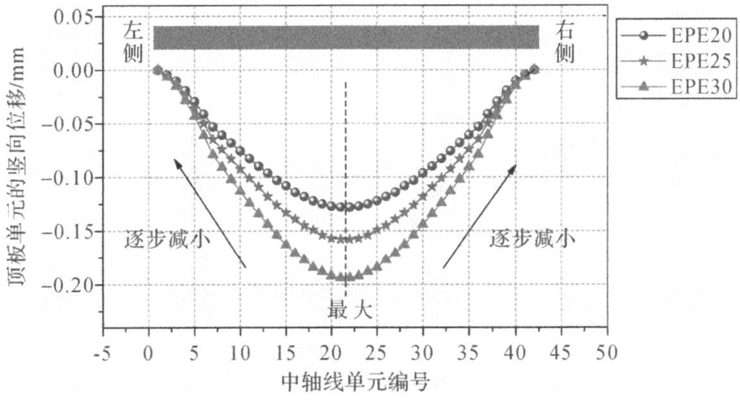

图 5.15　棚洞顶板中轴线单元峰值位移

5.3.4 落石冲击位移及冲击加速度

1. 落石冲击位移

图 5.16 所示为五种计算工况下，落石体冲击位移随时间的变化曲线，可以得出：

(1)在毗邻棚洞顶板上部设置不同厚度 EPE 垫层之后，落石冲击位移将会比纯砂土垫层计算工况增加约 10 cm，即增长 30%左右。

(2)在纯砂土垫层计算工况下，冲击位移约在 0.04 s 达到峰值，“砂土＋EPE”复合型棚洞会在约 0.06 s 时达到峰值，推迟 1.5 倍。

(3)逐步增加 EPE 垫层厚度，冲击位移增长幅度有限。

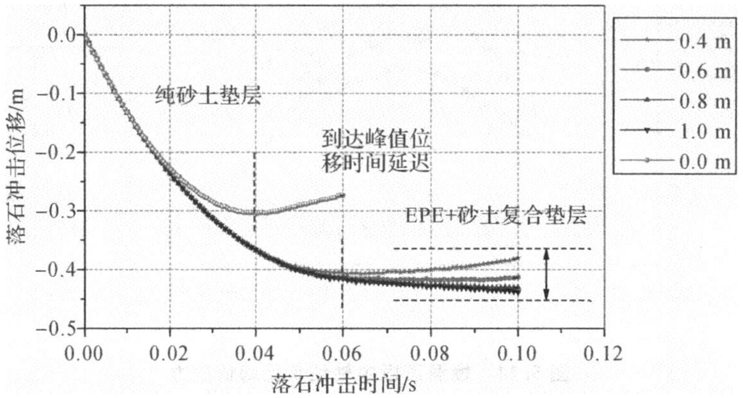

图 5.16 落石冲击位移

2. 落石冲击加速度

图 5.17 所示为五种计算工况下，落石体冲击加速度随时间的变化曲线，可以得出：

(1)在纯砂土垫层工况下，约在 0.01 s 达到峰值加速度 450 m/s^2。在 0.01～0.04 s 期间以较大加速度值进行振荡，在 0.04～0.045 s 内快速下降至 0。

(2)对于“砂土＋EPE”复合型棚洞，在 0.01 s 时达到峰值加速度 350 m/s^2。在 0.01～0.03 s 期间，加速度曲线以振荡形式下降至 200 m/s^2，并延续至 0.05 s。在 0.05～0.07 s 期间内快速下降至 0。

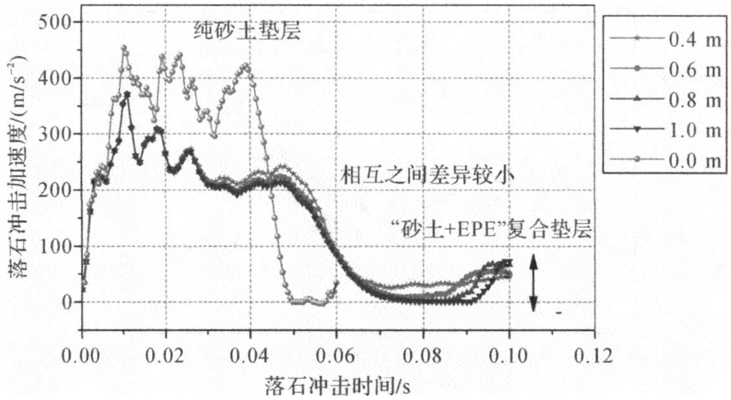

图 5.17 落石冲击加速度

(3)在冲击至 0.03 s 之后，垫层厚度差异效果开始逐步体现，但相互之间差别不大。

5.4 “EPE＋橡胶支座”复合型棚洞的力学响应机理

经上述研究，EPE 缓冲垫层可明显改善棚洞顶板的受力特性，避免顶板被落石冲切破坏，但立柱上端与顶板相接处的应力集中问题并没有得到有效解决。基于此，本节继续构建“EPE＋橡胶支座”棚洞模型进行计算与研究。

5.4.1 建立数值计算模型

以第 4 章中所建立的刚性棚洞结构(见图 4.4)为基础，将棚洞顶板与各立柱之间采用橡胶支座进行连接，把毗邻顶板上部 0.4 m 厚的砂土垫层替换为 EPE 垫层，构成“EPE＋橡胶支座复合型棚洞结构”。

1. 计算模型的设置

在模型的建立过程中，在立柱结构上端与棚洞结构顶板托梁的下方均设置 1 200 mm(长)×1 000 mm(宽) ×50 mm(厚)的钢垫板。通过添加钢垫板首先可以避免立柱顶端与托梁下方因应力集中而破坏，其可为后期更换橡胶支座时提供千斤顶的支反力。中心橡胶块尺寸为 500 mm(直径)×245 mm(高)。同时，在橡胶支座的两端分别再设置 600 mm(长)×600 mm(宽)×50 mm(厚)的钢垫板。

在网格划分前，先采用 GLUE 命令将立柱上部垫板与立柱结构进行黏结，并将托梁与托梁钢垫板黏结为一体，进而利用 GLUE 命令将橡胶块体与其两侧所接触的钢板进行黏结。采用 MESH 中的 FREE 命令对橡胶支座两端钢垫板进行网格划分，使得减震橡胶与托梁、立柱处钢垫板的节点进行有效连接。

网格划分过程中对整个棚洞结构进行加密。对基岩底部的所有节点进行 U_X,U_Y,U_Z 三个方向上全约束，落石球体(PART15)与回填土体(PART8)之间按照 ESTS 命令下的“SURFACE_TO_SURFACE”进行设置。落石球体(PART15)的速度分别设置为 8 m/s，12 m/s，16 m/s，20 m/s，24 m/s，球体半径取为 0.6 m。冲击时间设定为 0.24 s，计算荷载步设置为 100 步，单次数值模拟计算时间为 8 h 31 min，冲击位置选取 1 号特征点。力学计算模型如图 5.18 所示。

2. 计算模型材料选取

所有计算结构均采用 SOLID164 单元，橡胶材料采用 MAT_BLATZ_KO_RUBBER 材料模型。不锈钢垫板采用 VON MISES 屈服准则。根据 5.3.4 节中的讨论结果，柔性 EPE 垫层材料拟按 EPE25 进行设置，垫层厚度取为 0.4 m。选取 MAT_LOW DENSITY_FOAM 材料模型(057 号材料)。棚洞结构的计算参数、本构模型与第 4 章保持一致。支座垫板结构、橡胶支座、EPE 垫层材料的计算参数设置见表 5－3。

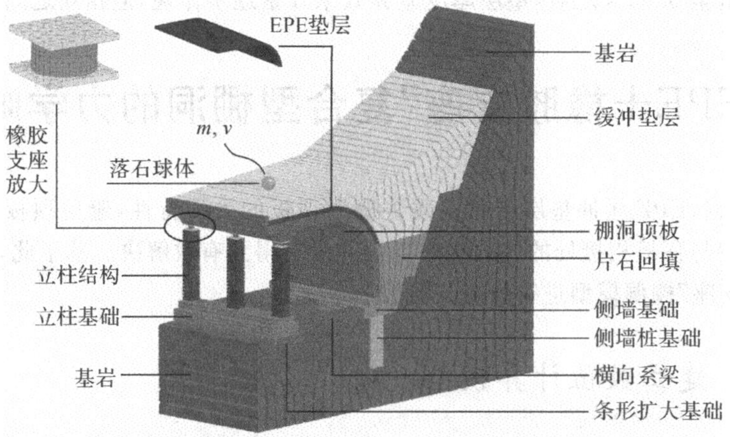

图 5.18　落石冲击棚洞结构的力学计算模型

表 5-3　复合型棚洞结构 LS-DYNA 计算模型参数表

LS-DYNA 计算模型结构名称	材料名称	密度 kg·m^{-3}	弹性模量 GPa	泊松比
1. 支座垫板	不锈钢	7930	200	0.30
2. 橡胶支座	橡胶	980	0.255	0.47
3. EPE 垫层材料	EPE25	25	0.000 28	0.13

5.4.2　棚洞顶板应力及位移

5.4.2.1　顶板内部应力分布

图 5.19 所示(见彩图 5.9)为"EPE+橡胶支座"复合型棚洞顶板应力分布(落后冲击速度为 24 m/s)。从整体上看，顶板内部应力分布更为均匀，冲击应力水平较低，正中位置处应力集中程度偏弱。

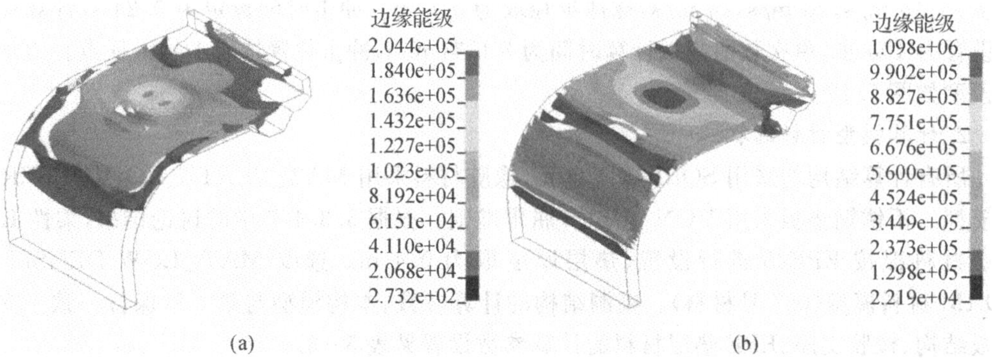

图 5.19　24 m/s 冲击速度下"EPE+橡胶支座"复合型棚洞顶板的应力分布

(a) 0.02 s;(b) 0.06 s

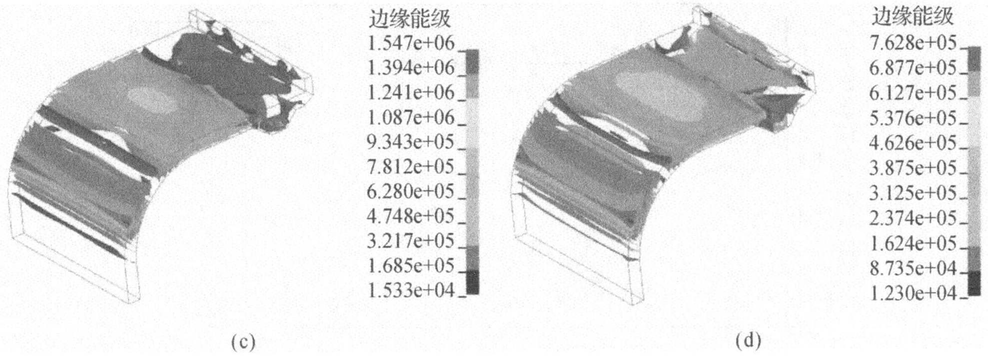

续图 5.19 24 m/s 冲击速度下“EPE+橡胶支座”复合型棚洞顶板的应力分布

(c) 0.12 s;(d) 0.24 s

5.4.2.2 顶板特征单元应力

1.顶板特征单元应力变化曲线

图 5.20 所示为棚洞顶板特征单元应力变化曲线(落石冲击速度为 24 m/s)。通过与图 4.18 进行对比分析可得:

(1)如图 5.20 中,棚洞顶板各特征单元的应力曲线起伏较为柔和,且曲线各自的波动规律性较好,与刚性棚洞结构的计算结果存在明显差异。

(2)各特征单元的峰值应力将明显减小,且峰值应力时间将明显延迟。

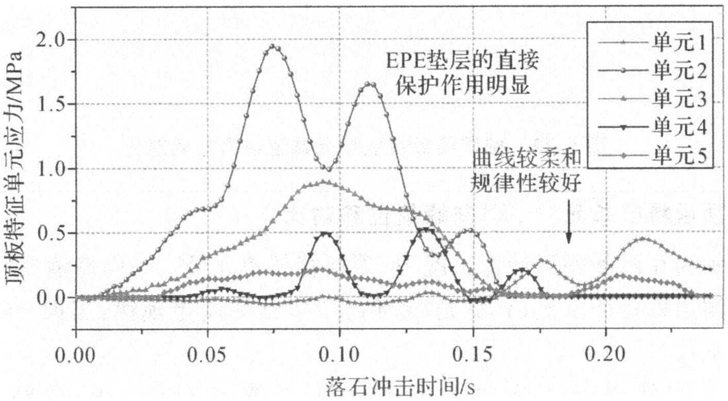

图 5.20 24 m/s 冲击速度下棚洞顶板特征单元应力变化曲线

2.顶板特征单元峰值应力、峰值应力时间对比

在两种棚洞计算工况下,顶板各特征单元峰值应力对比结果如图 5.21 所示,峰值应力时间对比如图 5.22 所示,不难得出:

(1)落石以 24 m/s 速度冲击棚洞后,“EPE+橡胶支座”复合型棚洞(以下简称工况 2)下顶板特征单元峰值应力值整体均明显小于刚性棚洞结构(以下简称工况 1)。

(2)以顶板特征单元 2 为对象,工况 2 的峰值应力比工况 1 减小 36.78%,峰值应力时间延迟 5.64 倍。峰值应力由 2.984 MPa 逐步下降至 1.886 MPa。

(3)对于棚洞顶板各特征单元的峰值应力时间,工况 2 比工况 1 均明显推迟。

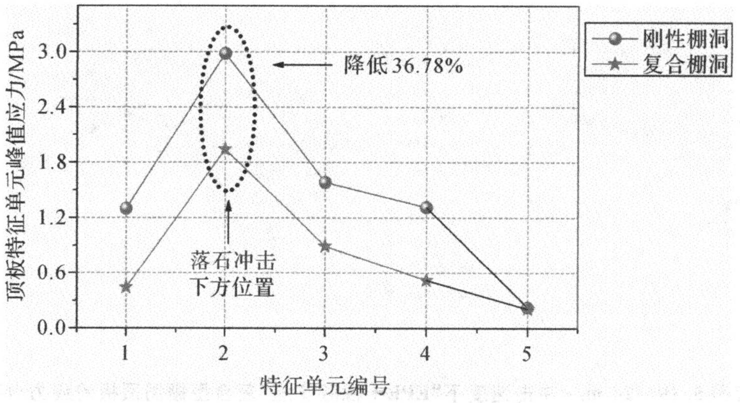

图 5.21　棚洞顶板特征单元峰值应力对比

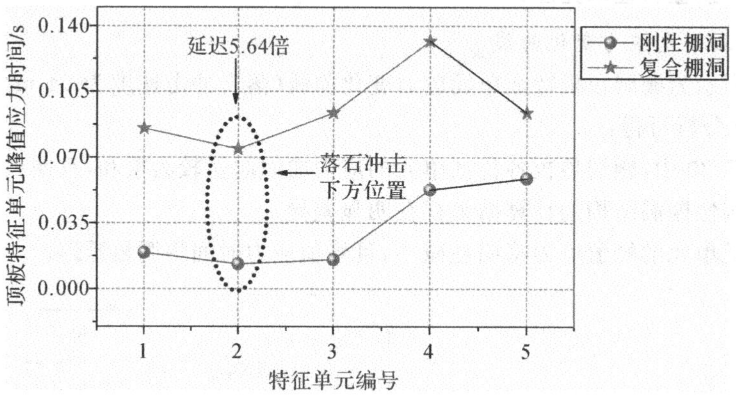

图 5.22　棚洞顶板特征单元峰值应力时间对比

5.4.2.3　顶板特征单元(*Y*,*X*)向峰值位移对比

图 5.23 所示为在两种棚洞计算工况下，顶板特征单元(*Y*,*X*)向峰值位移对比，可见：

(1)对于棚洞顶板特征单元(*Y*,*X*)向峰值位移，整体满足规律：工况 1(刚性)＞工况 2(EPE＋橡胶支座)。

(2)以顶板控制性单元 2 为对象进行分析，工况 1 的(*Y*,*X*)向峰值位移分别为(－1.724 77 mm,－1.284 87 mm)，工况 2 为(－1.057 57 mm,－0.468 58 mm)，降低幅度分别为(38.68%,63.53%)。

(3)从图 5.19(a)可看出，棚洞顶板各特征单元的 *Y* 向峰值位移呈现出 V 字形，即在遭受落石冲击后，棚洞顶板将会有 V 字形变化趋势。

5.4.2.4　顶板特征单元(*Y*,*X*)向峰值位移时间对比

图 5.24 所示为在两种棚洞结构计算工况下，顶板 5 个特征单元(*Y*,*X*)向峰值位移时间，可以得出：

(1)对于顶板各特征单元的(*Y*,*X*)向峰值位移时间，工况 2 整体明显大于工况 1。

(2)单独对于一种棚洞结构而言，顶板各特征单元达到 *X* 向峰值位移时间基本一致。

(3)以棚洞顶板特征单元 2 为对象进行分析，工况 1 的(Y,X)向峰值位移时间计算结果分别为(0.019 2 s,0.046 8 s)，而工况 2 为(0.110 4 s,0.091 2 s)，分别延迟了(7.08,1.95)倍。

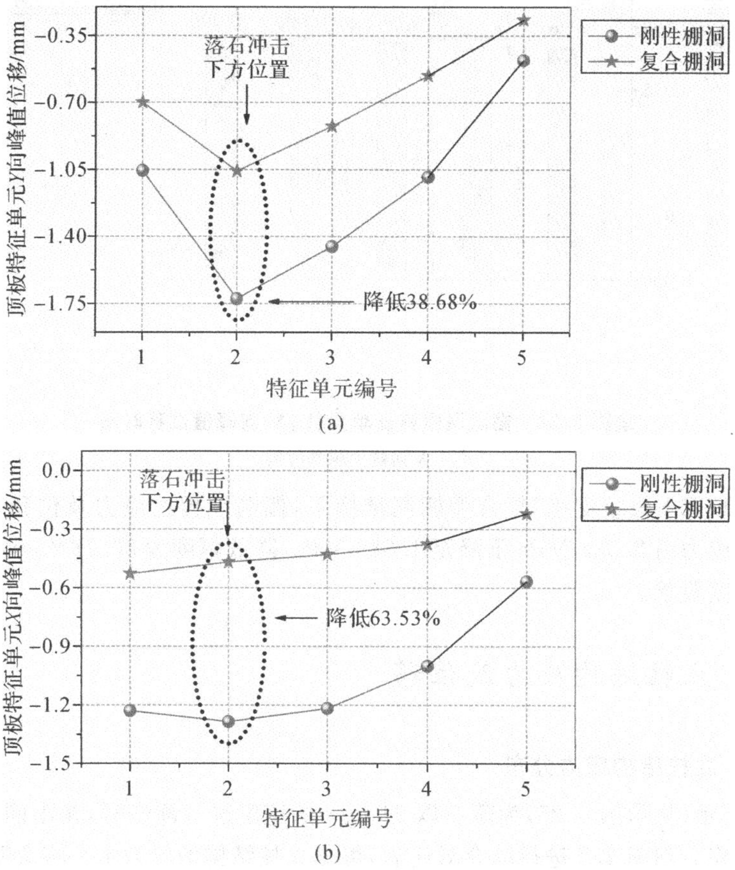

图 5.23　棚洞顶板特征单元(Y,X)向峰值位移

(a) Y 向峰值位移；(b) X 向峰值位移

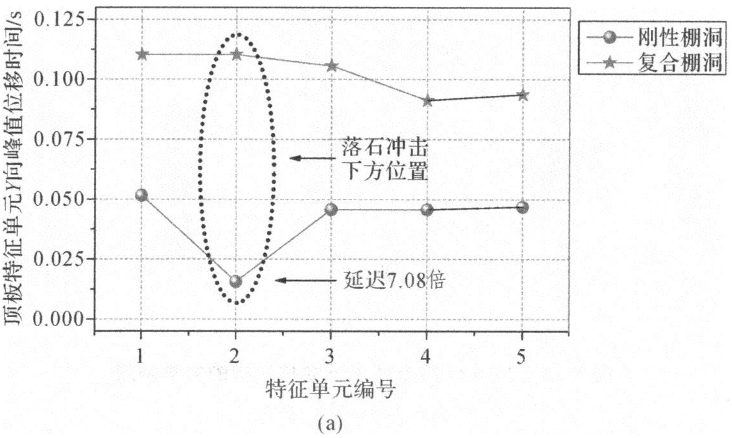

图 5.24　棚洞顶板特征单元(Y,X)向峰值位移时间

(a) Y 向峰值位移时间

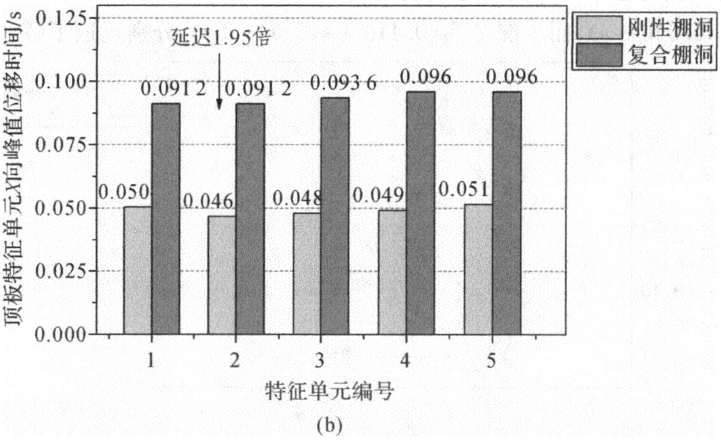

(b)

续图 5.24　棚洞顶板特征单元(*Y*,*X*)向峰值位移时间

(b) *X* 向峰值位移时间

可见,在"EPE＋橡胶支座"复合型棚洞结构下,棚洞顶板的应力及位移均得到明显改善。最大受拉应力由 2.984 MPa 下降至 1.886 MPa,降低幅度为 36.78%,满足 C30 混凝土的极限抗拉强度要求。

5.4.3　立柱结构应力及位移

5.4.3.1　立柱结构应力分布

图 5.25 所示(见彩图 5.25)为落石以 24 m/s 的速度进行冲击时,在不同冲击时刻下立柱结构力学响应。与图 4.7 进行综合对比后,可见立柱结构的应力水平将会明显下降,且立柱结构内部的应力分布更加均匀,立柱结构上端未见应力集中现象。

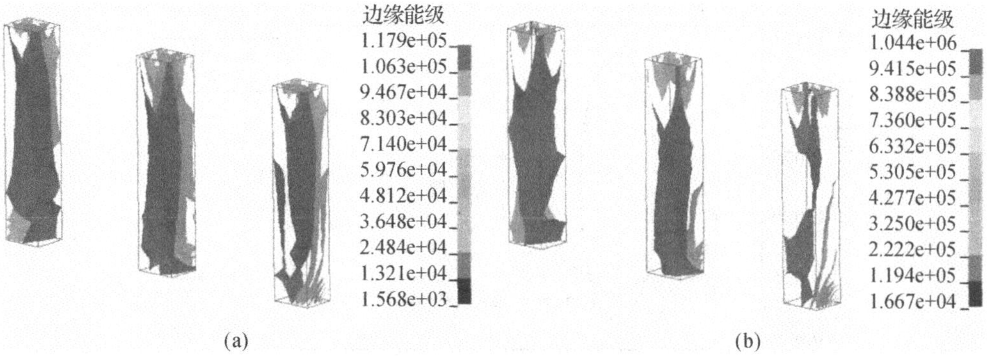

图 5.25　24 m/s 冲击速度下立柱结构的力学响应

(a) 0.02 s;(b) 0.06 s

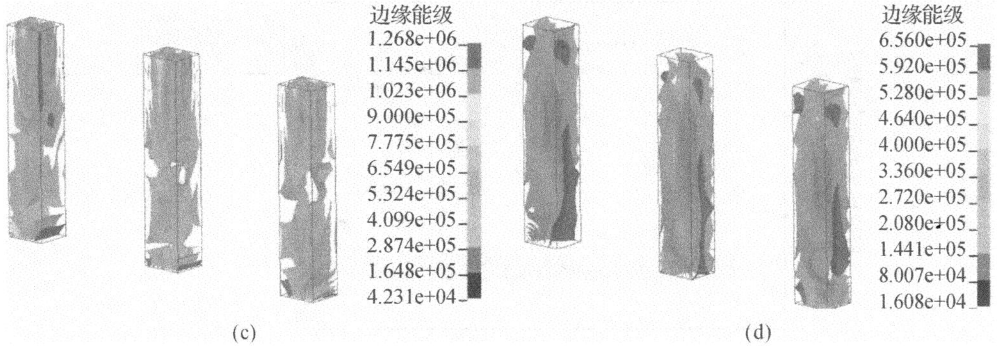

续图 5.25　24 m/s 冲击速度下立柱结构的力学响应

(c) 0.12 s；(d) 0.24 s

5.4.3.2　立柱特征单元应力

1. 立柱特征单元应力变化曲线

图 5.26 所示为在计算工况 2 下，落石以 24 m/s 的速度进行冲击时，立柱结构特征单元应力变化曲线。与图 4.13 进行比较后得，应力曲线整体起伏平缓，峰值应力水平明显下降，峰值应力时间后移。

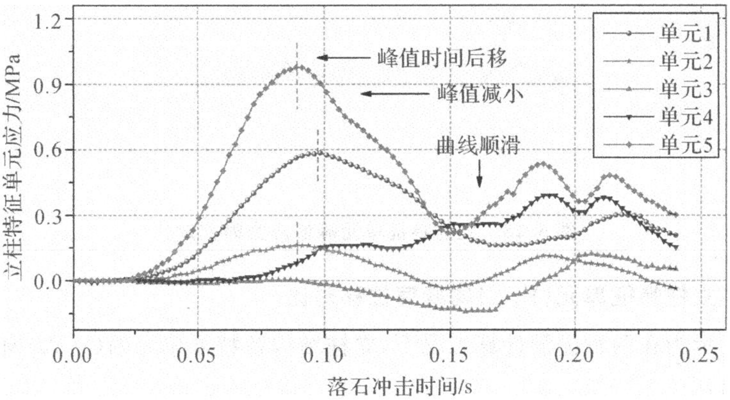

图 5.26　24 m/s 冲击速度下立柱结构特征单元应力变化曲线

2. 立柱特征单元峰值应力、峰值应力时间对比

在两种棚洞计算结构计算情况下，图 5.27 所示为立柱特征单元峰值应力对比结果，图 5.28 所示为立柱特征单元峰值应力时间对比结果，可以得出：

(1)在“EPE＋橡胶支座”复合型棚洞结构下，立柱结构内部整体的受力状态将会得到明显改良。单元 1、5 成为立柱结构的控制性受力单元，其最大峰值应力水平为 0.976 68 MPa，降幅为 60.57％。

(2)在 EPE＋橡胶支座复合型棚洞结构下，立柱结构各特征单元的峰值应力时间将会明显推迟。以特征单元 2 为对象进行分析，工况 1 时的峰值应力时间为 0.016 8 s，工况 2 时为 0.093 6 s，约推迟 5.57 倍。立柱上端应力集中问题得到解决。

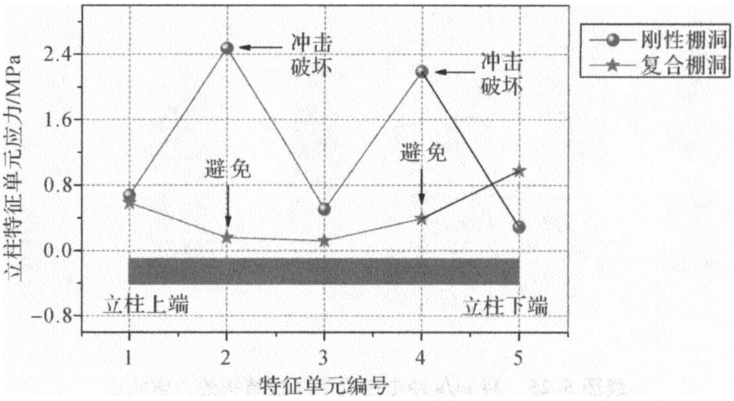

图 5.27 立柱特征单元峰值应力对比

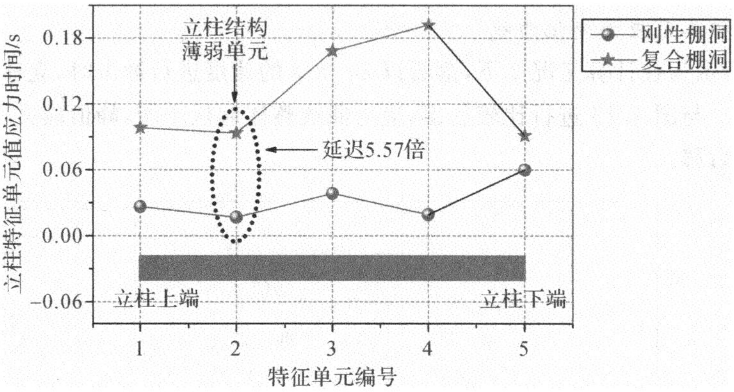

图 5.28 立柱特征单元峰值应力时间对比

5.4.5.2 立柱特征单元(*Y*,*X*)向峰值位移对比

图 5.29 所示为在两种棚洞计算工况下,立柱结构各特征单元的(*Y*,*X*)向位移峰值对比情况,可以得出:

(1)在复合型棚洞结构计算工况下,各立柱特征单元的 *Y* 向峰值位移将会产生大幅减小趋势。以特征单元 1 为对象进行分析,工况 1 的 *Y* 向位移峰值为−0.548 13 mm,工况 2 时为−0.243 64 mm,降幅为 55.56%。

(2)在两种计算工况下,立柱结构特征单元的 *X* 向位移均呈现出反 Z 字形的变化趋势。单元 1,2 的 *X* 向峰值位移均较大,单元 3 的 *X* 向峰值位移次之,单元 4,5 的整体位移值均较小。

(3)在"EPE+橡胶支座"复合型棚洞计算工况下,特征单元 1 的 *X* 向峰值位移要比刚性棚洞结构高出 0.168 5 mm,单元 2 高出 0.120 4 mm。单元 3,4,5 基本偏小 0.06 mm 左右。

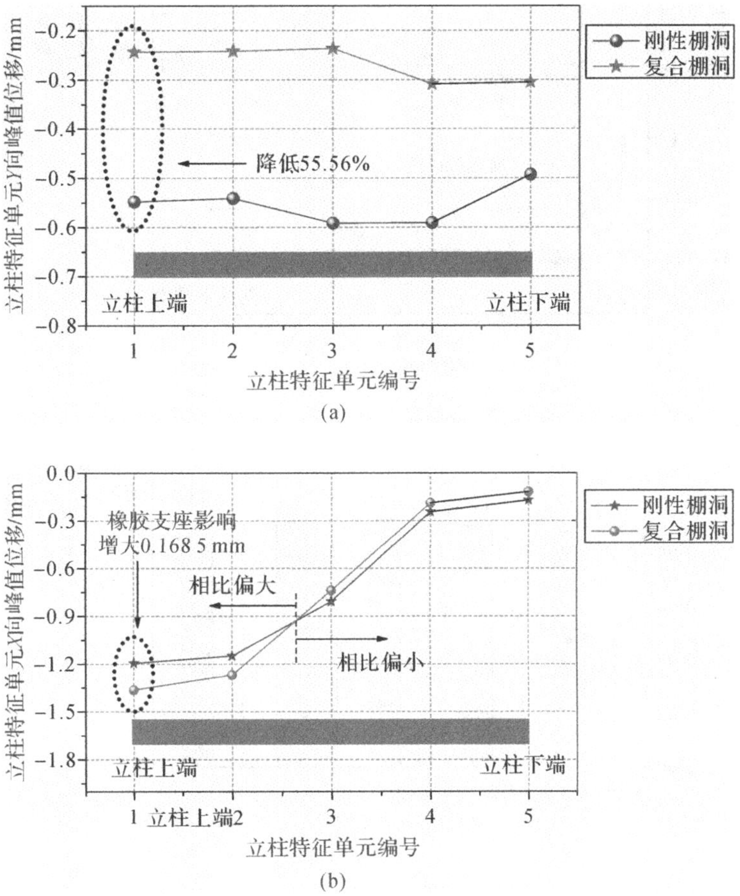

图 5.29 立柱特征单元(*Y*,*X*)向峰值位移

(a) *Y* 向峰值位移;(b) *X* 向峰值位移

5.4.5.3 立柱特征单元(*Y*,*X*)向峰值位移时间对比

图 5.30 所示为在两种棚洞计算工况下,立柱结构各特征单元(*Y*,*X*)向峰值位移时间,由此可见:

(1)EPE 垫层、橡胶支座结构的添加,使得各立柱特征单元的(*Y*,*X*)向峰值位移时间整体明显推迟。

(2)以立柱结构特征单元 1 为对象进行分析,工况 1 下的(*Y*,*X*)向峰值位移时间为(0.050 4 s,0.049 2 s),工况 2 时为(0.192 s,0.088 8 s),分别延迟(3.81,1.81)倍。

综上所述,在“EPE十橡胶支座”复合型棚洞结构下,立柱结构应力与位移得到明显改良,峰值受拉应力由 2.477 MPa 降至 0.976 68 MPa,降幅为 60.57%,满足 C30 混凝土极限抗拉强度,立柱结构上端的应力集中问题得到解决。

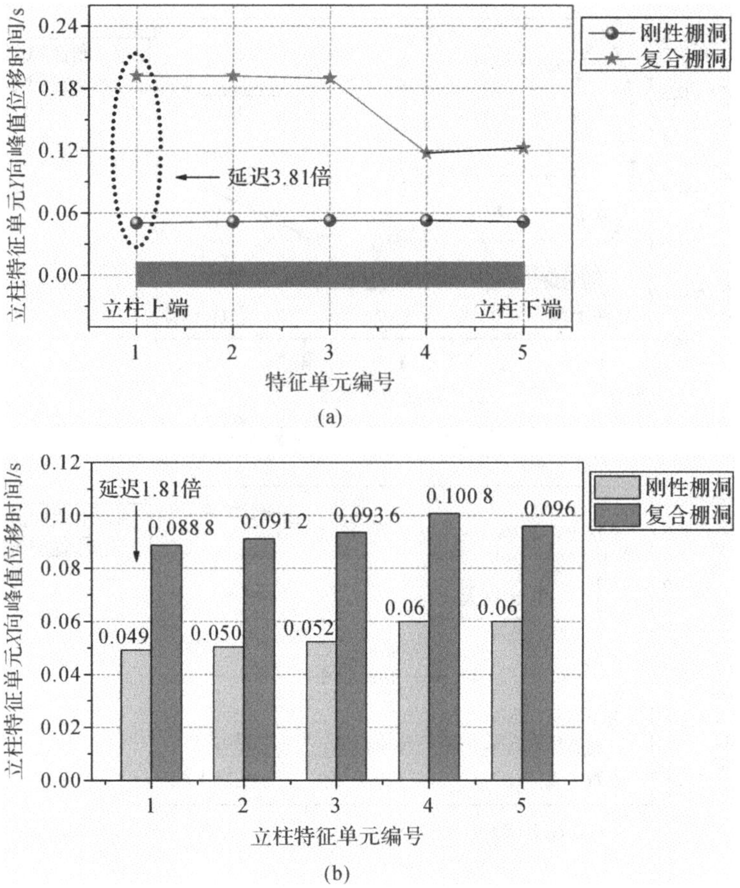

图 5.30　立柱特征单元的(*Y*,*X*)向峰值位移时间

(a) *Y* 向峰值位移时间;(b) *X* 向峰值位移时间

5.4.4　落石冲击位移与冲击加速度

5.4.4.1　落石冲击位移

1. 落石冲击位移变化曲线

图 5.31 所示为在不同冲击速度下,落石球体的冲击位移随时间的变化曲线,可以得出:

(1)与图 4.11 进行对比可见,由于 EPE 垫层、橡胶支座结构的添加,使得落石体的冲击位移曲线产生明显变化。

(2)冲击位移将随时间增加而快速增长,在达到峰值冲击位移后产生部分回弹。

(3)落石体的冲击位移峰值明显增大,且回弹时间与回弹位移均偏大。

2. 落石冲击峰值位移、峰值位移时间对比

图 5.32 为在两种棚洞结构计算工况下,落石体的峰值位移对比结果,图 5.33 为峰值位移时间对比,可以得出:

(1)在两种棚洞计算工况下,落石冲击位移值均会随冲击速度的增加而呈现出近线性增

加趋势，EPE＋橡胶支座棚洞结构的计算结果整体偏大。

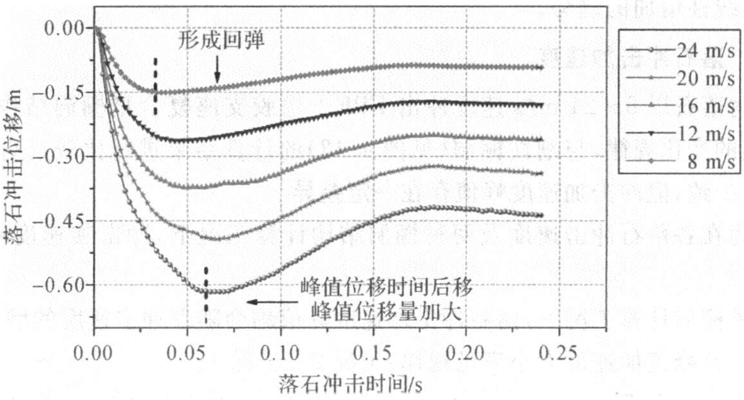

图 5.31　落石冲击位移特性

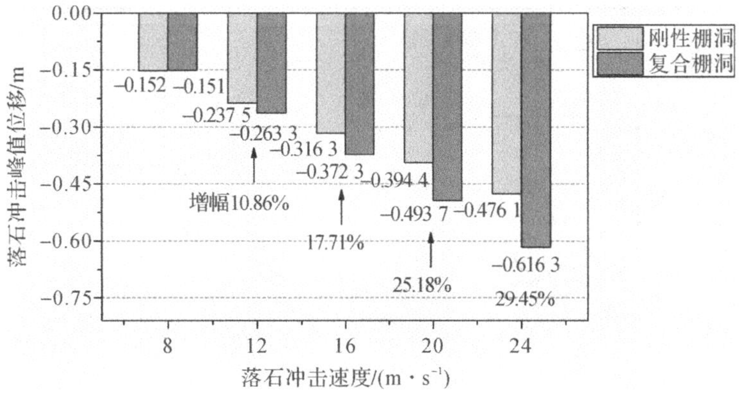

图 5.32　落石冲击峰值位移

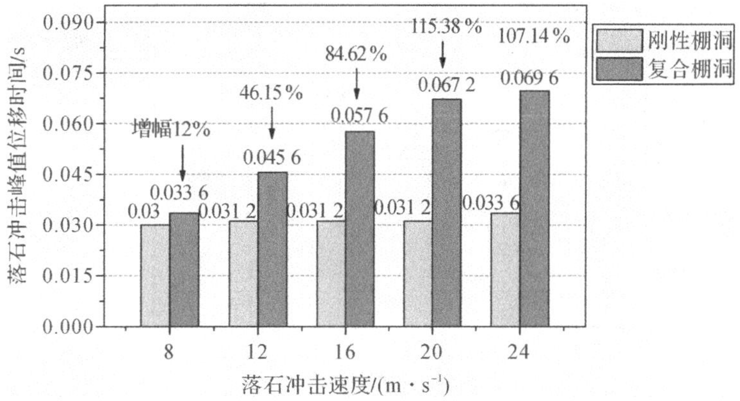

图 5.33　落石冲击峰值位移时间

(2)当冲击速度介于 8～24 m/s 时，在计算工况 2 下，冲击位移峰值的增长幅度范围为 10.86%～29.45%，峰值位移时间的增长幅度范围为 12.00%～115.38%。

(3)在刚性棚洞计算工况下,落石体的峰值位移时间基本不变,但工况 2 的峰值位移时间将呈现出近线性增加的趋势。

5.4.4.2　落石冲击加速度

图 5.34 为落石以 8～24 m/s 速度冲击 EPE＋橡胶支座复合型棚洞结构后,落石冲击加速度随时间的变化规律,与刚性棚洞(见图 4.12)的计算结果进行比较后得出:二者曲线变化规律基本一致,但冲击加速度峰值存在一定差异。

图 5.35 为在各落石冲击速度及两种棚洞结构计算工况下,冲击加速度峰值的对比结果,可以看出:

(1)在两种棚洞计算工况下,落石冲击加速度峰值均会随着冲击速度的增加而呈现近线性增加的趋势,且峰值加速度大小满足规律:工况 2＜工况 1。

(2)当冲击速度介于 8～24 m/s 时,在计算工况 2 下,冲击加速度峰值的降低幅度范围为 24.07％～72.51％。

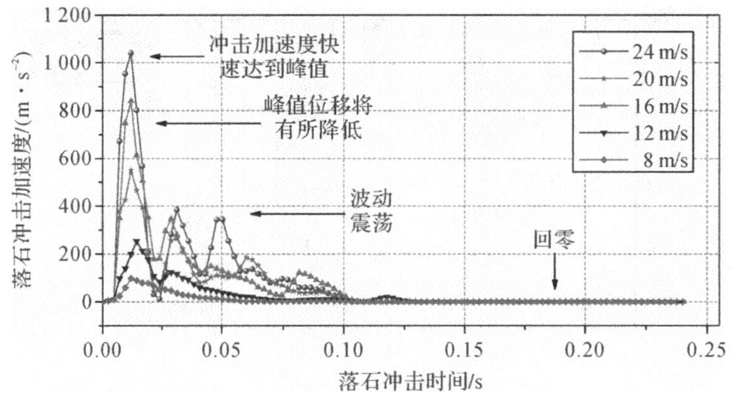

图 5.34　落石冲击加速度

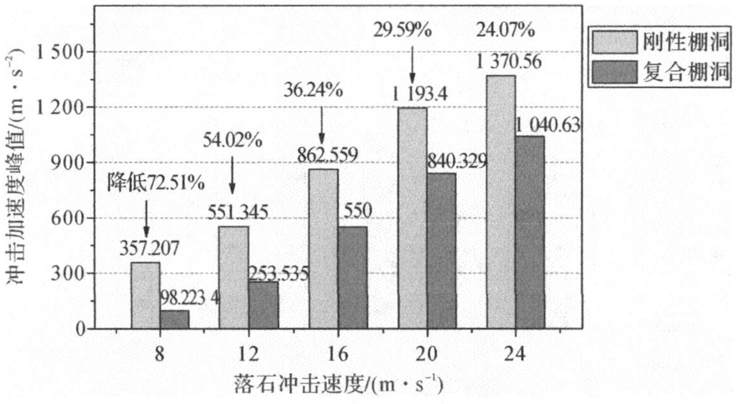

图 5.35　落石冲击加速度峰值

综上所述,由于橡胶支座与 EPE 缓冲垫层的添加,大幅延长了落石的冲击距离,降低了冲击强度。

5.4.5 顶板腹部正中控制性单元应力及位移

5.4.5.1 顶板腹部正中控制性单元应力

1. 顶板控制单元应力曲线

图 5.36 为在针对 EPE+橡胶支座复合型棚洞结构，且在不同冲击速度情况下，顶板腹部正中控制性单元的应力变化曲线。与图 4.13 进行对比可得：复合棚洞结构顶板腹部正中控制性单元应力曲线的起伏较缓和，振荡频率偏小。在各冲击速度情况下，峰值应力将会减小，峰值应力推迟。

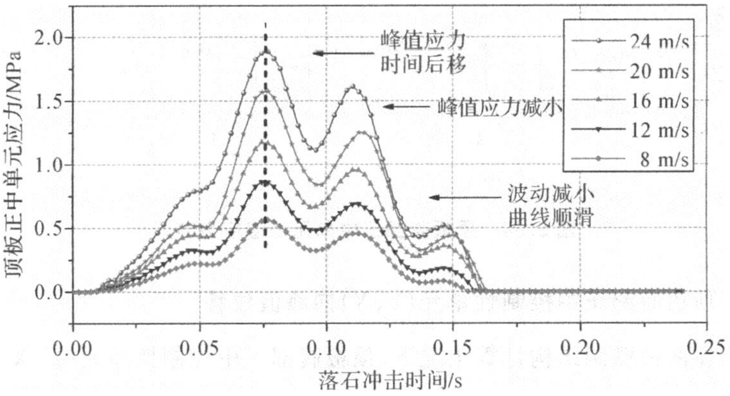

图 5.36 顶板腹部正中单元应力

2. 顶板控制单元峰值应力、峰值应力时间对比

图 5.37 为在不同冲击速度情况下，两种棚洞顶板腹部中心单元的峰值应力对比情况。图 5.38 为峰值应力时间统计结果，可见：

(1)随着落石冲击速度的不断增大，在两种棚洞计算工况下，顶板腹部正中单元峰值应力将会呈现出近线性增加趋势。且均始终满足规律：工况 1>工况 2。

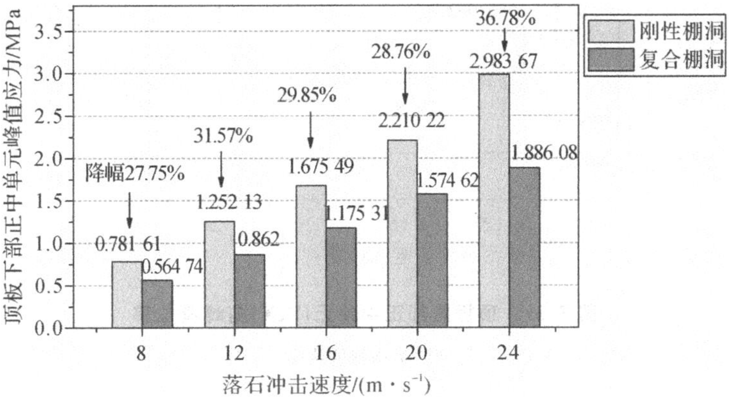

图 5.37 顶板腹部正中单元峰值应力

(2)当冲击速度介于 8～24 m/s 时，工况 2 中棚洞顶板腹部正中单元峰值应力的降幅范

围为 27.75%～36.78%，峰值应力时间延迟 3.88～5.82 倍。

(3)单独对于某一种棚洞计算结构，在不同冲击速度情况下，顶板腹部正中控制性单元的峰值应力时间基本不变。

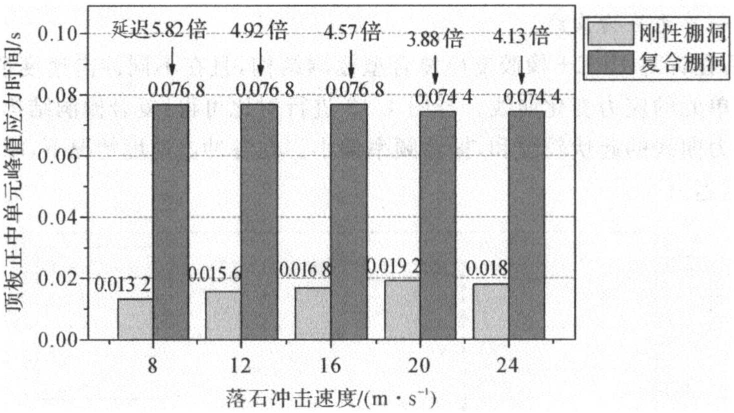

图 5.38　顶板腹部正中单元峰值应力时间

5.4.5.2　顶板腹部正中控制性单元(*Y*、*X*)向峰值位移

图 5.39 为在两种棚洞结构计算工况下，顶板腹部正中控制性单元(*Y*、*X*)向峰值位移的对比结果。可得：

(1)顶板腹部正中控制性单元的(*Y*、*X*)向位移峰值将分别随冲击速度的增加而呈现出线性增加趋势。

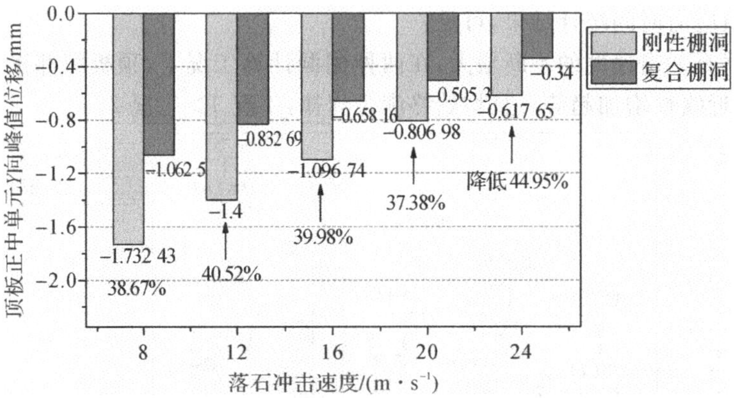

图 5.39　顶板腹部正中单元(*Y*、*X*)向峰值位移

(a) *Y* 向峰值位移

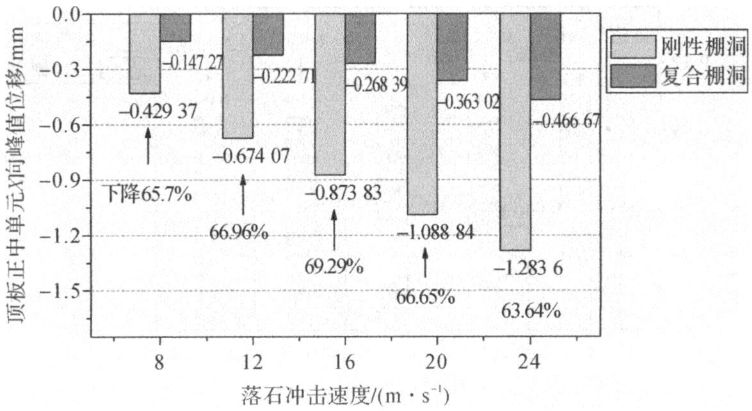

续图 5.39　顶板腹部正中单元(Y、X)向峰值位移

(b) X 向峰值位移

(2)在各计算工况下，(Y、X)向峰值位移满足规律：工况 1＞工况 2。

(3)当冲击速度介于 8～24 m/s 时，工况 2 中 Y 向峰值位移的降幅范围为 37.38%～44.95%，X 向为 63.64%～69.29%。

5.4.5.3　顶板腹部正中控制性单元(Y、X)向峰值位移时间

图 5.40 为在两种棚洞计算工况下，顶板腹部正中控制性单元 Y 向峰值位移时间对比结果，可以得出：

(1)在各计算工况下，(Y、X)向峰值位移时间始终满足规律：工况 1＜工况 2。

(2)在复合棚洞结构下，顶板腹部正中单元 Y 向峰值位移时间会明显推迟。当冲击速度介于 8～24 m/s 时，工况 2 中 Y 向峰值位移时间延迟 2.36～6.57 倍，X 向为 1.91～2.34 倍。

(3)单独对某一种棚洞计算结构而言，在不同冲击速度情况下，顶板腹部正中单元的(Y、X)向峰值应力时间基本不变。

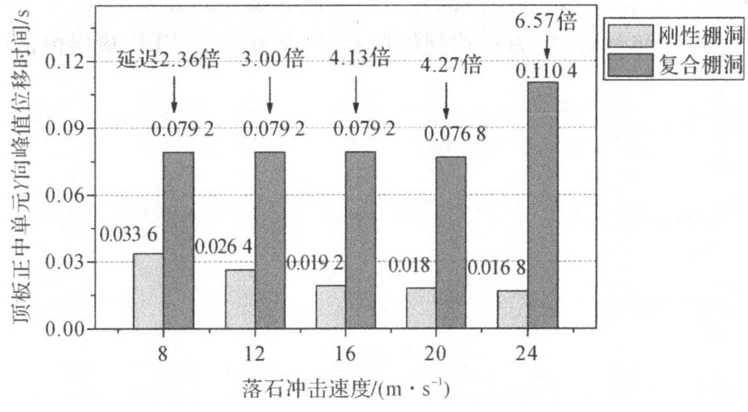

图 5.40　顶板腹部正中单元(Y、X)向峰值位移时间

(a) Y 向峰值位移时间

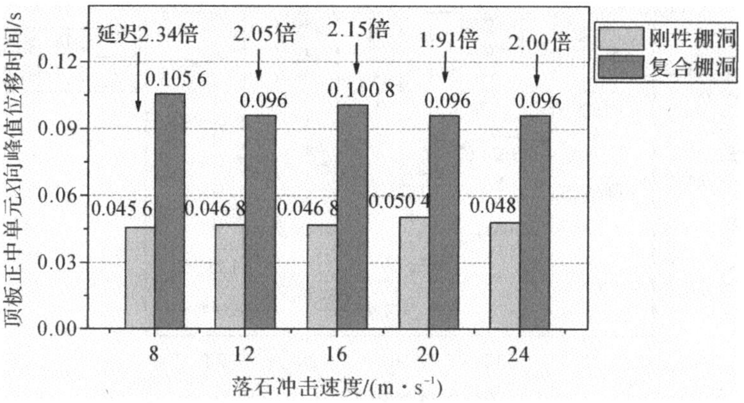

续图 5.40　顶板腹部正中单元(*Y*、*X*)向峰值位移时间

(b) *X* 向峰值位移时间

综上所述，在不同落石冲击能量下，对于复合型棚洞顶板腹部正中的控制性单元，峰值应力、峰值位移值均会明显下降，峰值应力时间、峰值位移时间值均会大幅延迟。

5.5　EPE 垫层与橡胶支座的力学响应机理

5.5.1　EPE 垫层力学响应机理

1. EPE 垫层应力响应

单独分析在 24 m/s 的落石冲击速度下，EPE 垫层的力学响应特性。图 5.41（见彩图 5.41）为在不同时刻 EPE 垫层内部的应力分布，可见：

(1)在冲击 0.02 s 后，EPE 垫层内部应力呈现同心圆环的分布形式，中心位置处应力水平最高。当冲击至 0.06 s 时，应力将达到峰值水平，至此之后 EPE 垫层内部应力将以振荡形式衰减。

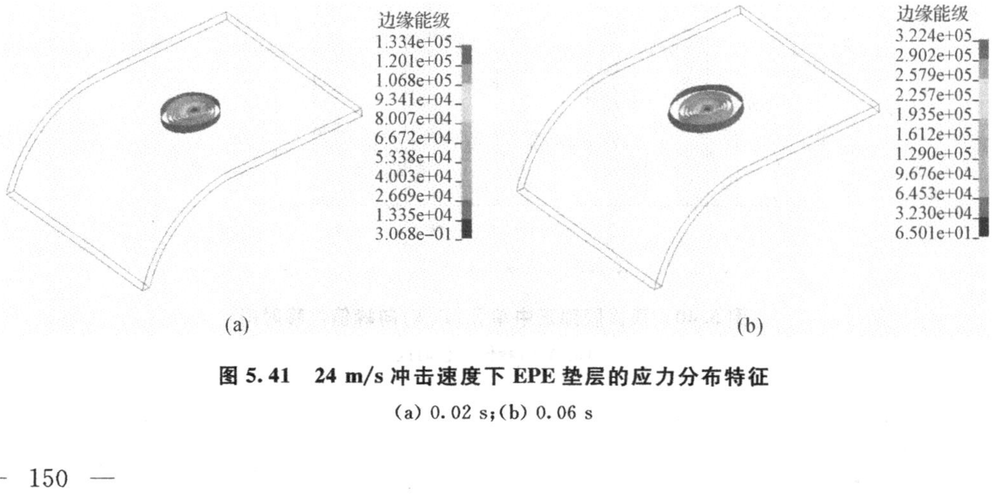

图 5.41　24 m/s 冲击速度下 EPE 垫层的应力分布特征

(a) 0.02 s；(b) 0.06 s

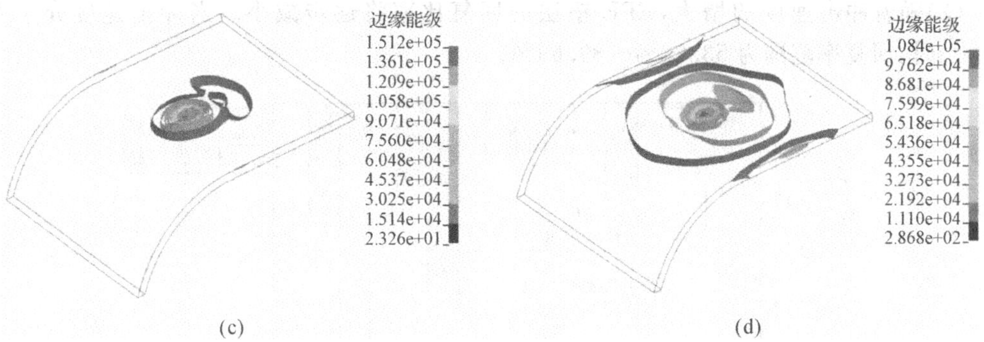

续图 5.41　24 m/s 冲击速度下 EPE 垫层的应力分布特征

(c) 0.012 s;(d) 0.24 s

(2)落石冲击垫层土体后的应力扩散范围,是 EPE 垫层的主要受力作用范围。当冲击至 0.12 s 时,EPE 垫层内部应力将会向前方扩散,直至 0.024 s 时,中心位置附近周围将赋存一定应力,EPE 垫层应力此时已降至较低水平。

2. EPE 垫层中心单元位移

图 5.42 为在不同落石冲击速度下,EPE 垫层中心单元位移随冲击时间的变化曲线,可以得出:

(1)在 5 种不同冲击速度下,EPE 垫层均会在冲击最开始阶段,以较快速的达到其位移峰值,并以相对较缓的速度形成回弹。

(2)冲击速度越大,EPE 垫层的位移变形量越大,回弹量值也越大。各计算工况曲线之间分层明显。

(3)落石的冲击能量越大,EPE 垫层达到峰值位移的时间则越长。

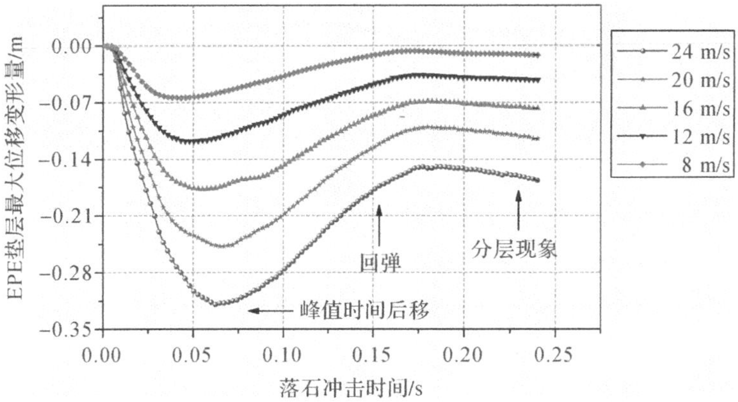

图 5.42　不同冲击时间下 EPE 垫层最大位移变形量分析

图 5.43 为在不同落石冲击速度情况下,EPE 垫层中心单元的最大位移与回弹完成后的位移对比,可以得出:

(1)随着落石冲击速度增加,EPE 垫层的最大位移与回弹位移均呈现出近线性增加趋势。EPE 垫层具备变形量大、回复性好的特点。

(2)随着冲击速度的增大,EPE 垫层的回复比率将逐步减小。当冲击速度介于 8～24 m/s时,回复率范围为 53.22%～89.69%。

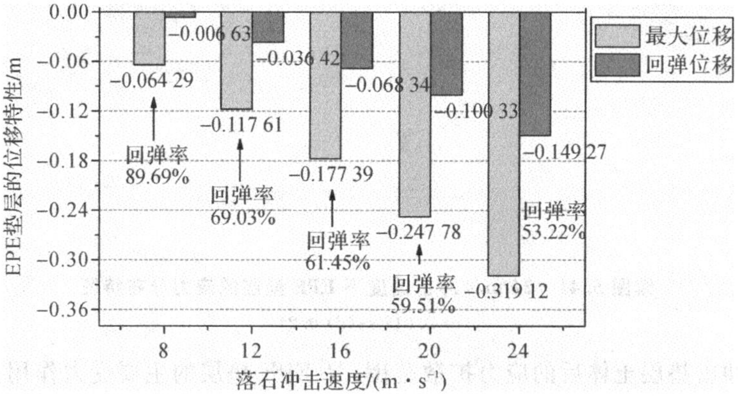

图 5.43 不同冲击速度下 EPE 垫层最大位移变形量分析

3. EPE 垫层中心单元应力

图 5.44 为在不同冲击速度下,EPE 垫层中心单元应力随时间的变化规律,可见:

(1)受落石冲击后,复合棚洞上部 EPE 垫层将快速形成受力状态,在达到峰值应力后产生部分恢复与应力释放。

(2)落石冲击速度越大,EPE 垫层中心单元的峰值应力越高。当冲击速度为 24 m/s时,峰值应力可达 0.3 MPa。各冲击速度下应力曲线分层明显。

(3)EPE 垫层的峰值应力时间整体较晚。冲击速度越大,中心单元的峰值应力时间越迟。当冲击速度为 8 m/s 时,峰值应力时间约为 0.04 s,24 m/s 时为 0.07 s。

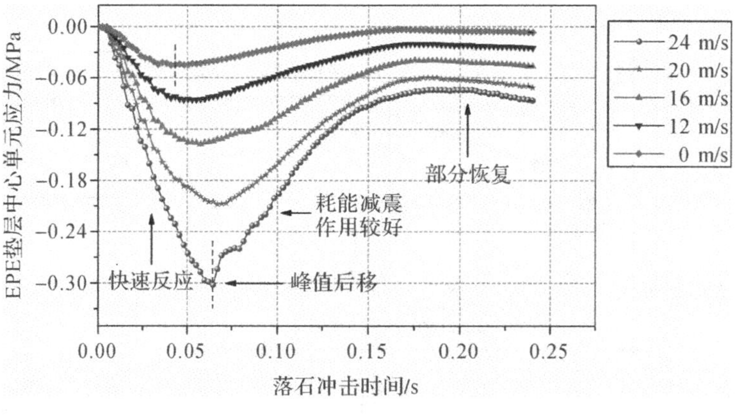

图 5.44 EPE 垫层中心单元应力

综上所述,EPE 缓冲垫层在保护棚洞结构时,其具备"快速响应""应力圆筒状分布""应力响应范围小""中心位置应力大" "峰值应力水平高""峰值应力时间迟""恢复性好"的特点。

5.5.2 橡胶支座力学响应

1.橡胶支座应力分布

图5.45(见彩图5.45)为落石以24 m/s的速度冲击棚洞时,不同时刻橡胶支座内部的应力分布,可以得出:

(1)整体上看,橡胶支座内部应力的发展变化趋势呈现出明显的脉冲振荡特性。

(2)在冲击至0.02 s时,橡胶支座内部峰值应力水平较高,并呈现出层状、圆饼式分布状态,两端应力水平明显高于中间位置。

(3)当冲击至0.06 s时,橡胶支座内部应力仍保持上升趋势。直至0.12 s后,橡胶支座应力水平开始逐步衰减。

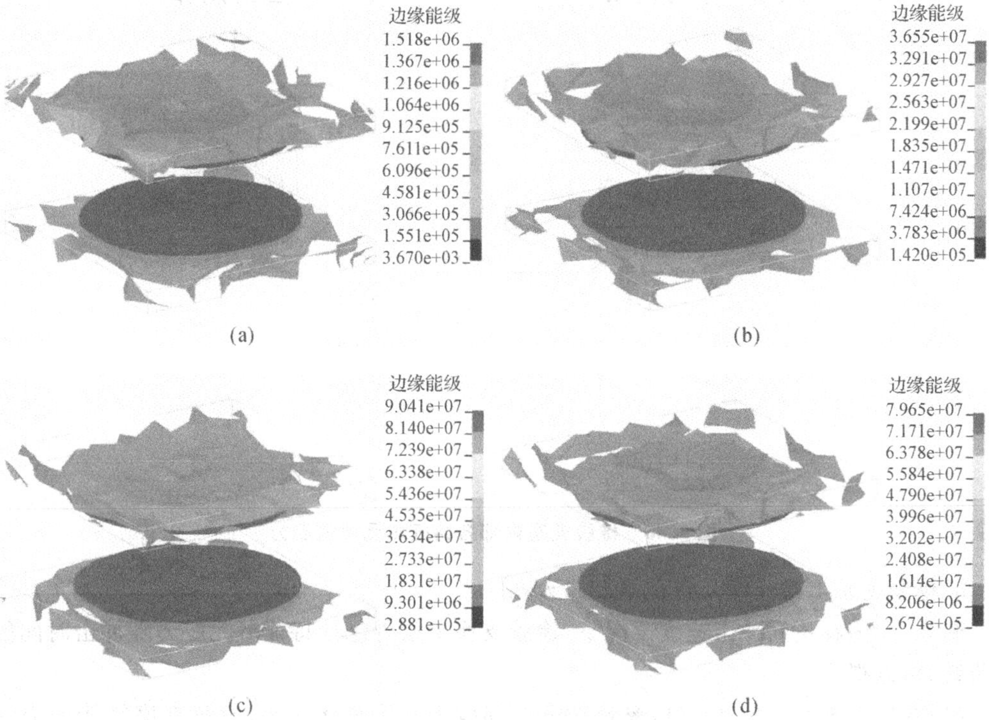

图5.45 橡胶支座随落石冲击时间的应力变化特征

(a) 0.02 s;(b) 0.06 s;(c) 0.12 s;(d) 0.24 s

2.橡胶支座特征单元峰值应力

以中心立柱上端橡胶支座结构为对象,同一横截面8个特征单元位置呈现“米”字形分布,如图5.46所示,沿橡胶支座竖直向等间距提取三层“米”字形分布的24个特征单元,如图5.47所示。

图5.48为落石以24 m/s的速度冲击棚洞结构时,橡胶支座各特征单元的峰值应力计算结果,可以得出:

(1)橡胶支座结构上、中、下层特征单元的峰值应力分布较为规整。

(2)橡胶支座特征单元的峰值应力满足规律:下层>上层>中间层。上层外侧特征单元应力水平要高于内侧,下层内侧特征单元要高于外侧。

(3)橡胶支座两端位置处特征单元的峰值应力范围为 1.6～2.0 MPa。

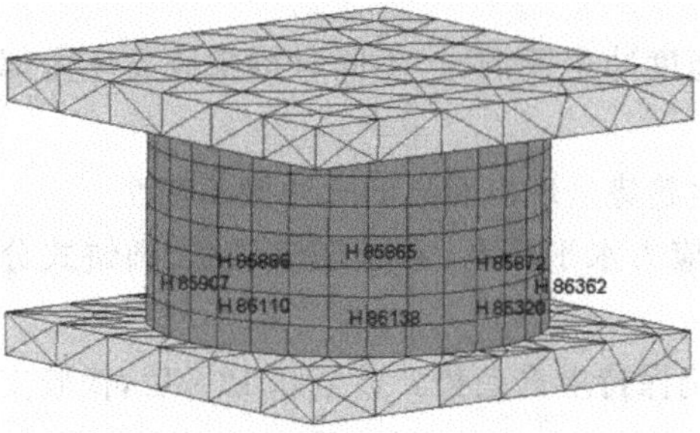

图 5.46　横断面计算单元选取

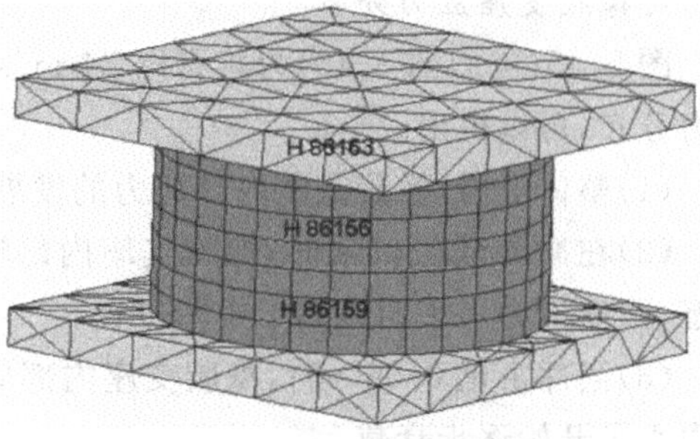

图 5.47　垂直向计算单元选取

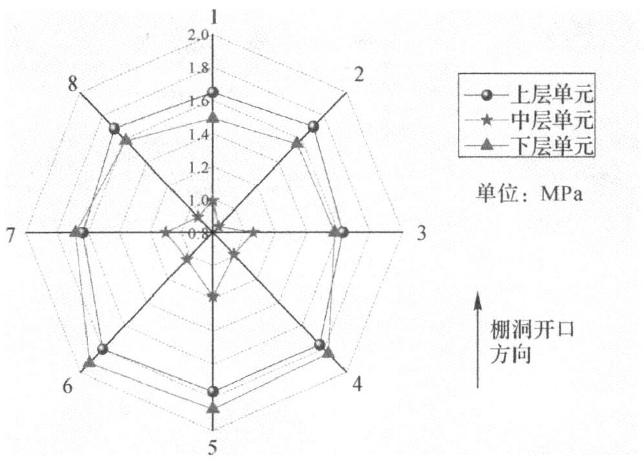

图 5.48　橡胶支座内部各特征单元峰值应力

3.橡胶支座上层外缘处特征单元应力

图 5.49 为在不同冲击速度工况下,橡胶支座上层外缘处特征单元应力随冲击时间的变化曲线,可以得出:

(1)在冲击至 0～0.03 s 内,橡胶支座内部应力水平整体较小,橡胶支座结构的力学响应存在“滞后性”。

(2)在 0.03～0.09 s 期间,橡胶支座内部应力以近线性方式增加,并在约 0.09 s 时达到峰值应力。由于此时顶板内部赋存一定水平的冲击应力,棚洞顶板试图通过自身动及向下传递的方式对其内部能量进行耗散。

(3)在 0.09～0.20 s 期间,棚洞顶板应力将由峰值水平而快速衰减,此阶段亦是橡胶支座真正发挥自身作用的阶段。

(4)当落石以 24 m/s 进行冲击时,橡胶支座内部将在 0.093 6 s 时达到其峰值应力 1.653 14 MPa,橡胶支座峰值应力水平较高,耗能减震效果明显。

(5)在不同冲击速度情况下,橡胶支座上层外缘处特征单元的应力变化曲线形式基本一致。冲击能量越大，应力曲线波动越强烈。

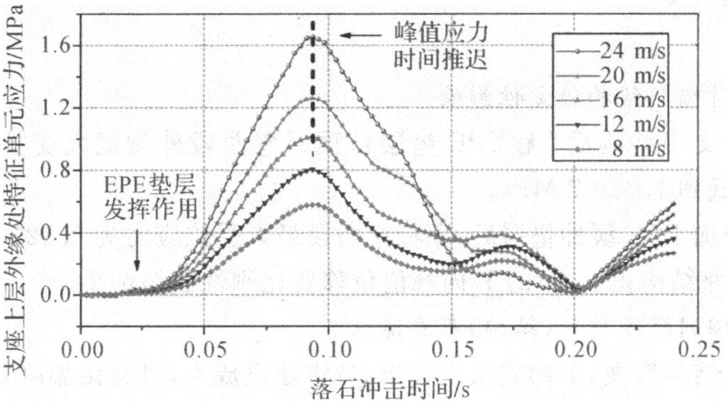

图 5.49 橡胶支座上层外缘处特征单元应力

4.橡胶支座上、中、下层外缘处特征单元峰值应力

在提取各计算工况下，橡胶支座上、中、下层外缘处单元的峰值应力，如图 5.50 所示，可以得出：

(1)3 个特征单元的峰值应力，呈现出随冲击速度的增加而近线性增长趋势。上层特征单元的峰值应力整体较大，下层次之，中间层最小。

(2)当冲击速度达到 24 m/s 时，上、下、中间层外缘处特征单元的峰值应力分别为 1.649 MPa、1.491 MPa 及 0.991 MPa。上、下层相对于中间层的增幅分别为 66.4%、51.3%。

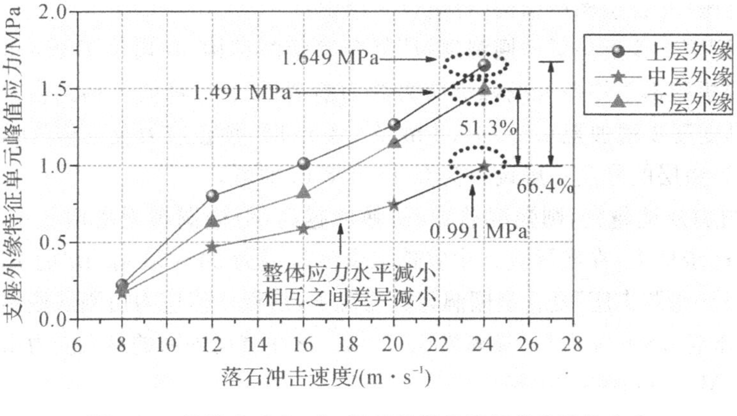

图 5.50 橡胶支座上、中、下层外缘处特征单元峰值应力

对橡胶支座下层内缘处特征单元的应力进行分析，其曲线变化规律与图 5.49 基本一致。当冲击速度为 24 m/s 时，下、上、中间层内缘处特征单元的峰值应力分别为 1.871 MPa、1.764 MPa及 1.187 MPa。橡胶支座内缘出单元的应力存在规律：下层＞上层＞中间层。

综上所述，橡胶支座结构具备“滞后性”“应力层状分布”“两端应力水平高”“峰值应力高”“峰值时间晚”“耗能减震效果好”的特点。

5.5.3 讨论

1. 橡胶支座对棚洞结构稳定性影响

(1)添加橡胶支座结构后(无 EPE 垫层),顶板弯曲段外侧最大受拉应力从无支座的 2.385 1 MPa 降低到 1.429 7 MPa。

(2)进一步增加 EPE 缓冲垫层后,顶板弯曲段最大受拉应力为 0.926 7 MPa,且顶板特征单元 1(橡胶支座结构正上方)的 Y 向峰值位移要比刚性棚洞偏小。

2. 耗能减震棚洞缓冲材料(结构)布置建议

(1)为使棚洞结构轻便,节约建筑工程量,节省建设成本,可直接加厚 EPE 垫层,亦或采用“砂土+EPE+EPS+顶板”复合棚洞结构型式。

(2)可根据现场实际情况,联合(或分别)采用 EPE 垫层、橡胶支座结构对板柱、板墙、拱墙、拱柱以及拱形型式下的棚洞结构进行改良。

(3)当落石冲击能量较大时,可选用弹性模量更大的叠层橡胶支座、铅芯橡胶支座、盆式橡胶支座进行防护,亦应适度增大 EPE 垫层的铺设厚度与强度。

5.6 本章小结

本章采用 LS－DYNA 软件相继研究了“砂土＋EPE＋棚洞顶板”复合型棚洞结构、“EPE＋橡胶支座”复合型棚洞结构,得出以下结论:

(1)对于“EPE＋砂土垫层＋棚洞顶板”复合型棚洞结构,在增设了 0.4 m 厚的 EPE 垫层之后,棚洞顶板腹部正中单元的峰值应力约为前者的 1/3,峰值位移约占前者的 46.3%。当 EPE 垫层厚度逐步增加至 0.6 m,0.8 m 及 1.0 m 时,顶板应力及位移值的减小幅度相对较小,建议 EPE 垫层的厚度一般设置为 0.4～0.8 m 即可。

(2)EPE 材料质地越密,则强度越高,回弹性越高,但棚洞顶板底面正中单元的应力及位移值都将会逐步增大,在实际设计中宜选取密度范围为 24～28 kg/m^3 的 EPE 垫层材料。

(3)在“EPE＋橡胶支座”复合型棚洞计算工况下,顶板峰值应力由刚性棚洞计算工况下的 2.983 67 MPa 降至 1.886 08 MPa,降幅为 36.78%。立柱结构内部的最大应力由 2.477 13 MPa 降至 0.976 68 MPa,降幅为 60.57%。

(4)在“EPE＋橡胶支座”复合型棚洞计算工况下,落石球体的最大冲击位移将上升 29.45%,峰值位移时间将延迟 115.38%。落石冲击加速度峰值将降低 24.07%。大幅延缓了冲击进程,降低了落石对棚洞结构的冲击强度。顶板与立柱结构的 Y,X 向位移值均明显降低,且各峰值应力、峰值位移时间均明显延迟。

第6章 隧道洞口耗能减震棚洞结构设计

6.1 概 述

本章基于前述各章的研究，首先建立耗能减震棚洞结构设计流程，其次给定耗能减震棚洞结构设计工况，并给出耗能减震棚洞结构的设计形式与参数建议，最后将其用于西康高速Y隧道洞口落石灾害防护结构设计中。

6.2 耗能减震棚洞结构设计流程

在进行隧道洞口棚洞结构设计时，应根据隧道洞口段危岩灾害的实际情况，先计算出危岩体的崩塌概率及影响程度。对于需要采用棚洞结构进行防护的段落，结合实际情况确定出合理的结构形式与设计参数。具体按如下流程进行。

1. 隧道洞口段落后灾害风险预判

(1)设计部门在对某一区间路段内的若干隧道，或针对某一特定隧道工程洞口段的边仰坡危岩体进行处治之前，要先进行现场勘察，获得初勘资料，并在相关部门索取该处的地勘资料。

(2)基于《隧道洞口段落石灾害预测-风险评价-损失评估系统》(DRLSRTES V1.0)与ROCKFALL模拟软件，对危岩崩塌概率、崩塌后冲击至隧道洞口威胁区域概率、击中下部各承灾体概率进行预判，得出相应的损失评估结果。

(3)在隧道洞口段段落后灾害风险预判的基础上，确定危岩崩塌灾害的等级与规模，为棚洞结构的设置与否、设计等级及设置规模提供选择依据。

2. 棚洞结构验算

(1)以隧道洞口段若干控制性危岩体为重点研究对象，采用ROCKFALL数值模拟软件建立坡面危岩崩落计算模型，获得落石冲击轨迹、能量与入射角度。

(2)基于棚洞结构的设计形式、参数，采用第3、4章的理论算法，获得棚洞顶板腹部最大冲击应力值。建立LS-DYNA软件计算模型，验证理论计算结果。

参考《公路隧道设计细则》(JTG T D70—2010)[111]中12.3.2节，在钢筋混凝土明洞结构计算结果评判时，以混凝土达到抗拉强度的极限值，判断棚洞结构是否被破坏。

(3)当棚洞结构强度或者刚度不合格时,则需采用耗能减震棚洞结构进行防护。通过添加 EPE 垫层、橡胶支座结构,降低垫层土体厚度,降低棚洞顶板、立柱等各组成构件的型号与尺寸,在保证结构强度的基础上节省建筑工程量。

3. 耗能减震棚洞结构设计

(1)基于隧道洞口危岩灾害的勘查资料、风险预判结果、冲击特性参数,选择"砂土+EPE"复合型棚洞、橡胶支座棚洞、"EPE+橡胶支座"复合型棚洞中较适宜的耗能减震棚洞结构形式。

(2)给定耗能减震棚洞结构形式与参数之后,采用理论算法、结构计算、LS-DYNA 数值模拟方法,对所构建的复合型棚洞结构进行反复验算与调整,确保棚洞结构的可靠性。

隧道洞口耗能减震棚洞结构设计流程如图 6.1 所示。

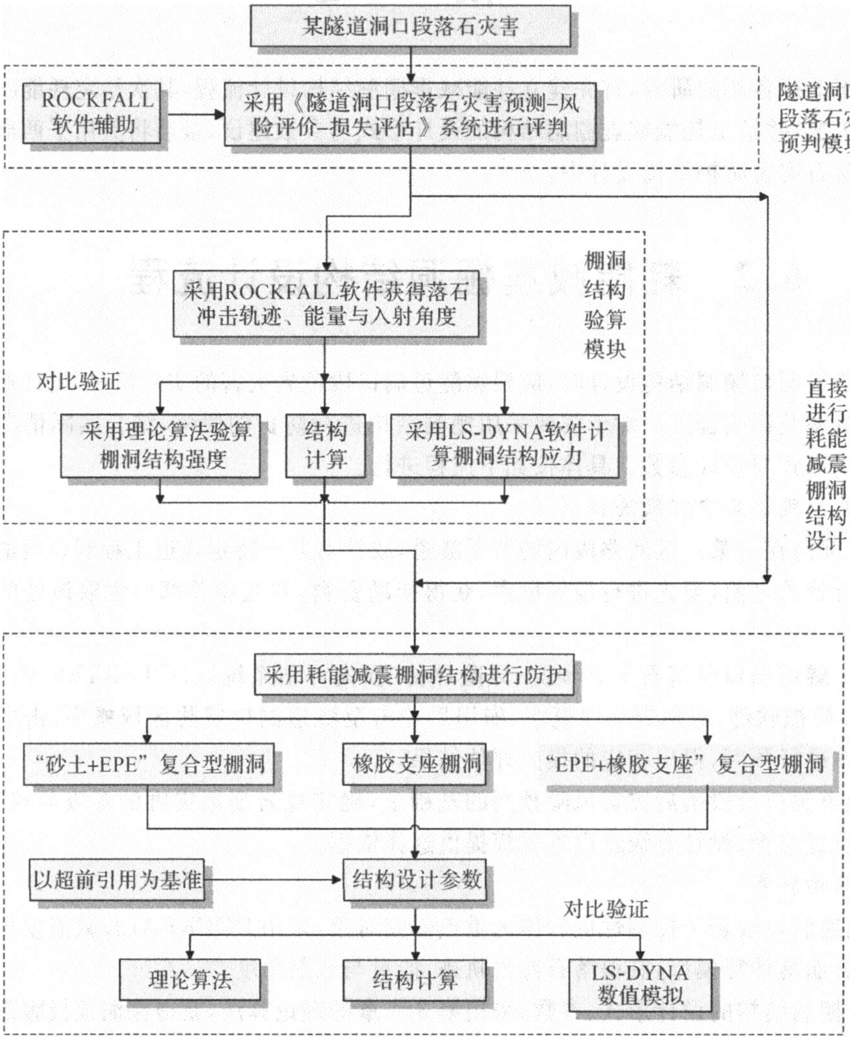

图 6.1 隧道洞口耗能减震棚洞结构设计流程

6.3　耗能减震棚洞结构设计工况

为了使得耗能减震棚洞结构的设计形式与参数科学、合理，根据第 4 章的研究，在具体设计时需结合隧道洞口段落石的冲击能量、冲击入射角度、冲击位置等方面，对落石冲击工况进行等级划分。

1. 冲击能量等级划分

文献[131]中指出：对于危岩崩塌体的计算工况，其半径宜选择不大于 1.0 m，冲击速度一般不超过 25 m/s，当超过上述冲击能量时，采用棚洞被动防护已不经济。基于隧道洞口段落石灾害情况统计，一般选取危岩体半径分别为 0.4 m、0.5 m、0.6 m、0.8 m、1.0 m，冲击速度取为 8 m/s、10 m/s、12 m/s、16 m/s、20 m/s、24 m/s。各工况所对应的冲击能量见表 6－1。

即将冲击能量划分为 6 个等级区间：80～150 kJ、150～250 kJ、250～350 kJ、350～950 kJ、950～1 550 kJ、1 550～3 000 kJ。

表 6－1　常规落石冲击能量工况表

半径/m	速度/(m・s^{-1})					
	8	10	12	16	20	24
	能量/(kJ)					
0.4	21.4	33.5	48.2	85.7	133.9	192.9
0.5	41.9	65.4	94.2	167.5	261.7	376.8
0.6	72.3	113.0	162.7	289.4	452.2	651.1
0.8	171.5	267.9	385.8	685.9	1 071.8	1 543.4
1.0	334.9	523.3	753.6	1 339.7	2 093.3	3 014.4

2. 冲击入射角度等级划分

采用 ROCKFALL 模拟软件，建立隧道洞口危岩崩塌计算模型，得出落石冲击运动轨迹与入射角度。参考第 4 章中的论证结果，将落石冲击入射角度划分为 4 个等级区间：0°～15°、15°～30°、30°～45°、45°～60°(以入射速度矢量方向与竖直方向夹角进行确定)。

3. 入射冲击位置

落石作用于棚洞顶板上部的冲击位置会对棚洞结构的受力效果产生较大影响。为保守起见，在对棚洞结构进行设计时，均选择棚洞顶板正上方位置为控制性单元。

6.4　耗能减震棚洞结构设计形式与参数

在对隧道洞口耗能减震棚洞结构进行设计时，可结合现场实际情况选择如下结构的形式与参数。

1. 棚洞整体结构

(1)棚洞结构形式的选择。基于隧道洞口区域内的地形地貌、危岩特性、洞口形状等因素，在板柱、拱柱、板墙、拱墙、拱形棚洞结构中，确定最为适宜结构形式。图 6.2 所示为 8 种常见的隧道洞口棚洞结构形式示意图。

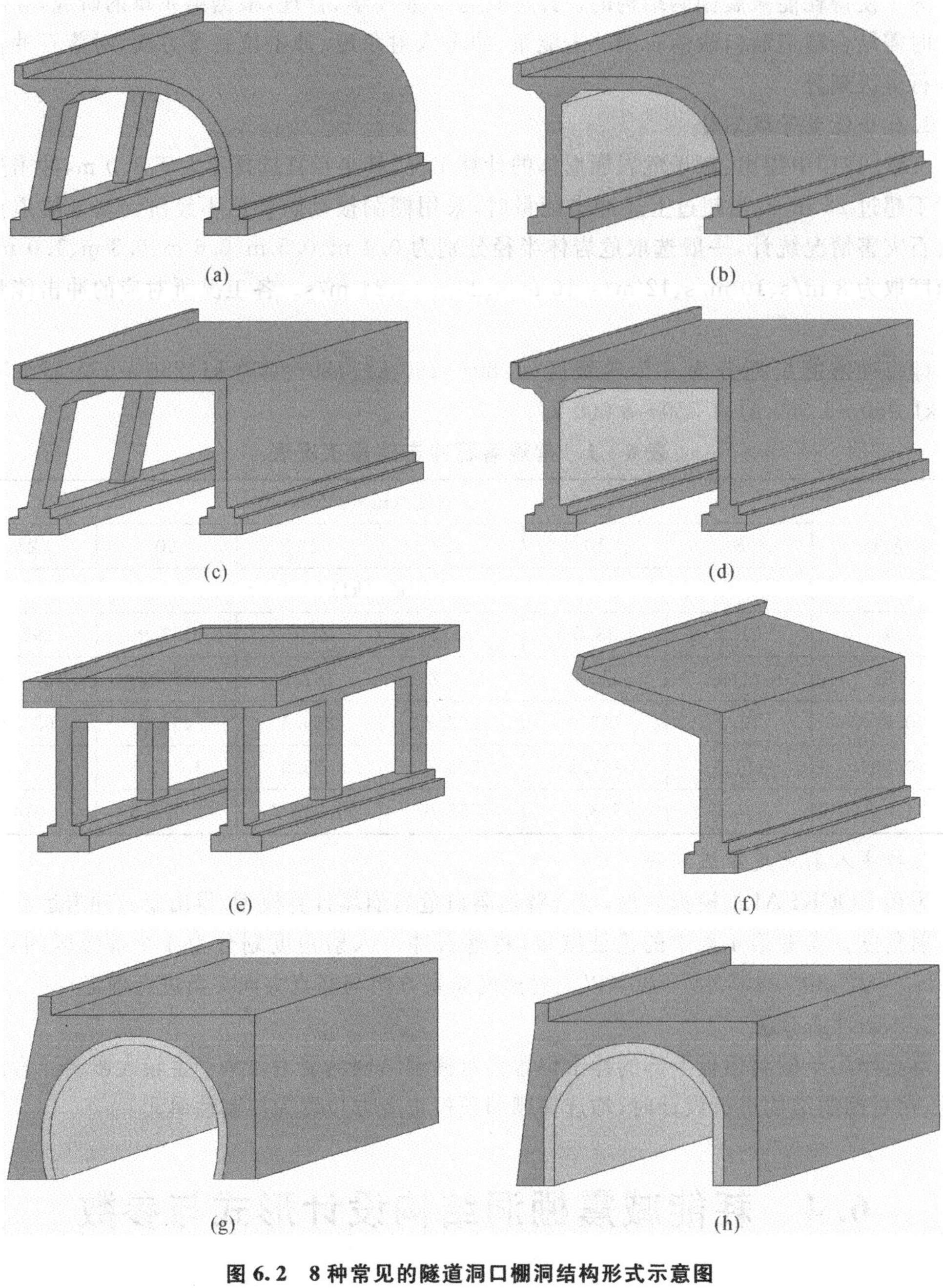

图 6.2　8 种常见的隧道洞口棚洞结构形式示意图

(a)“板＋墙＋拱＋柱”式；(b)“板＋墙＋拱”式；(c)“板＋墙＋柱”式；(d)“板＋墙”式；
(e)“板＋柱＋系梁”式；(f)“板＋墙＋锚拉”式；(g)“拱＋曲墙＋圬工”式；(h)“拱＋直墙＋圬工”式

(2)确定棚洞结构参数。根据落石规模、落石冲击能量、冲击入射角度等因素,确定棚洞结构参数。

(3)选择棚洞混凝土材料型号。参考隧道洞口落石能量、棚洞结构形式等因素,选择适宜的混凝土材料型号,在保证结构强度的前提下节约成本。

2. EPE 缓冲垫层材料

(1)选择 EPE 材料密度。参考隧道洞口落石冲击能量、冲击形式、棚洞结构形式等因素,选择适宜的 EPE 材料密度。

(2)确定 EPE 材料厚度。在设计时宜结合落石冲击能量及规模,设计与施工情况及性价比因素,等等,确定合理的 EPE 材料厚度。

3. 橡胶支座结构

(1)根据落石冲击能量与棚洞结构形式,选择材质与刚度适宜的橡胶支座结构。如在冲击能量较大时,可采用铅芯橡胶支座、盆式橡胶支座等。

(2)参考棚洞结构顶板、立柱结构的设计参数,结合落石冲击能量大小与规模,选择适合的橡胶支座结构参数。

4. 砂土垫层

砂土垫层厚度将影响落石对棚洞顶板的冲击应力值。若垫层厚度偏小,则棚洞顶板易被冲切破坏;若垫层厚度偏大,会导致顶板上部自重偏大,性价比不高。

5. 拱柱棚洞设计推荐参数

基于第 4、5 章中数值计算结果,给出拱柱棚洞的设计推荐参数,见表 6-2。在板柱、板墙、拱墙、拱形形式下的耗能减震棚洞设计参数均按类似的研究思路进行确定。

表 6-2　拱柱棚洞的设计推荐参数

冲击能量/kJ	入射角度/(°)	顶板材料	顶板厚度/m	砂土厚度/m	EPE 厚度/m	橡胶支座
80～150		C30 钢筋砼	0.55～0.60	0.5～0.7	0.3～0.5	不选
150～250			0.60～0.65	0.6～0.8	0.4～0.6	不选
250～350			0.65～0.70	0.7～0.9	0.5～0.7	可选
350～950	0～15	C30～40 钢筋砼	0.75～0.80	0.7～0.9	0.5～0.7	必选
	15～30		0.75～0.80	0.7～0.9	0.5～0.7	必选
	30～45		0.70～0.75	0.6～0.8	0.4～0.6	宜选
	45～60		0.65～0.75	0.5～0.7	0.3～0.5	可选
950～1 550	0～15	C35～45 钢筋砼	0.80～0.85	0.8～1.0	0.7～0.9	必选
	15～30		0.80～0.85	0.8～1.0	0.7～0.9	必选
	30～45		0.75～0.80	0.7～0.9	0.6～0.8	必选
	45～60		0.70～0.80	0.6～0.8	0.5～0.7	必选

续表

冲击能量 kJ	入射角度 (°)	顶板材料	顶板厚度 m	砂土厚度 m	EPE 厚度 m	橡胶支座
1 550 ～3 000	0～15	C40～50钢筋砼	0.85～0.95	0.9～1.2	0.8～1.2	必选
	15～30		0.85～0.95	0.9～1.2	0.8～1.2	必选
	30～45		0.80～0.85	0.8～1.1	0.7～1.1	必选
	45～60		0.75～0.85	0.7～1.1	0.6～1.1	必选

6.5 Y 隧道工程应用实例

6.5.1 依托工程概况

西康高速上 Y 隧道为双连拱结构，建筑限界净宽为 22 m，隧道净高为 5.0 m。隧道洞口段如图 6.3 所示。

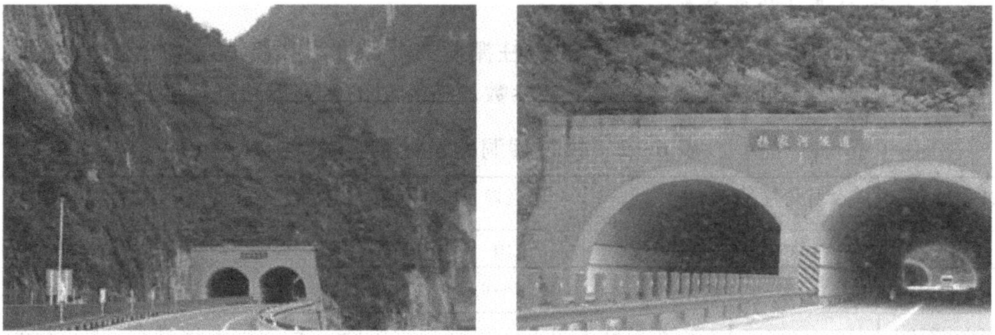

(a) (b)

图 6.3 Y 隧道入口段

Y 隧道洞口 150 m 范围内为依山傍河地形，为拟建棚洞段落处。该区段内地形条件差、地质构造作用较强烈，主要为单斜构造，岩层倾向为 NW，倾角为 65°～75°。基岩体为中厚层的互层状结构，岩体差异风化作用较为明显。区域地震烈度为Ⅴ度，岩体属于中等地应力水平。洞口上方的仰坡坡度约 75°～85°，仰坡坡顶最大高程约为 60 m。坡体表面主要以薄层坡积或残破积碎石土、基岩以板岩、千枚岩、砂岩等古生界浅变质岩为主，并存在部分硬质基岩裸露。岩石饱和抗压强度为 220 MPa。右侧河流的平均径流流量为 120 m^3/s，左侧山体高度约为 280 m，山体倾角接近直立。地层主要为古生界泥盆系中统大枫沟组(D_2d)、石家沟组(D_2s)和志留系下统梅子垭组(S_1m)。

隧址区域内为凉亚热带山地气候，1 月份平均气温为 0.6℃，7 月份平均气温为 23.7℃，年平均气温为 12.2℃，无霜期为 225 d，年降水量为 800～950 mm，区域内地下水较丰富；海拔高度为 650 m，植被覆盖率高，区域内存在羚牛、朱鹮等野生动物，区域内兽类活动较为频繁。西康高速设计车速为 80 km/h，为双线四车道，年平均日交通量为 43 000 辆/d。

6.5.2　隧道洞口段落石灾害预测-风险评价-损失评估系统

6.5.2.1　Y 隧道洞口段落石灾害预测

1. Y 隧道洞口段落石灾害的初步评判卡

通过现场踏勘及地勘资料，建立 Y 隧道洞口段落石崩塌风险初步评判卡。采用 DRLSRTES 系统中的初步评判卡模块进行预判，结果如图 6.4 所示。可以得出：Y 隧道洞口段危岩崩塌等级的初判结果为 A＋B→A^-，属于落石灾害较严重区域。

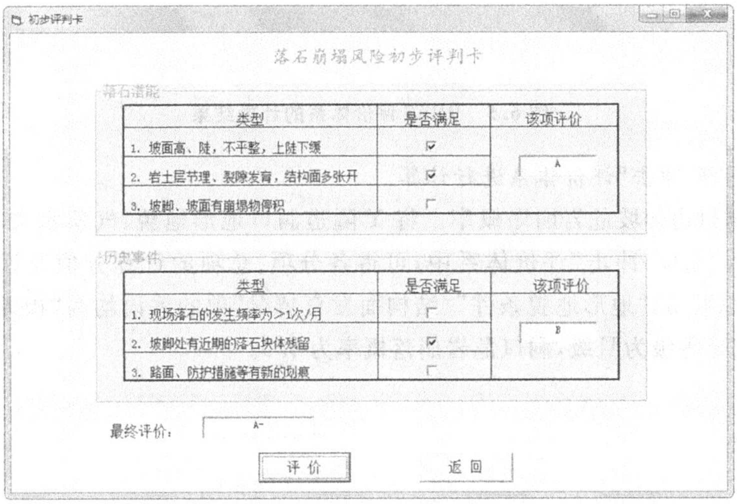

图 6.4　初步评判卡预判结果

2. 采用 RRES 评价体系进行计算

AVR(平均行车风险)的计算式为

$$AVR=\frac{日平均交通量(ADT)\times 灾害区域长度(SL)/24}{设计行车限速(PSP)}\times 100\%=$$

$$\frac{21\ 500\times 63.51}{80\times 24\times 1\ 000}\times 100\%=71.118\% \tag{6.1}$$

司机刹车反应时间为 0.3～1.0 s，取 0.65 s。车辆限制车速为 80 km/h，故 DSD 刹车反应距离为 14.44 m。司机 ASD 可视距离一般为 450 m，故 PDSD 反应视距的百分比值为

$$PDSD=\frac{ASD}{DSD}\times 100\%=\frac{450}{14.44}\times 100\%=3\ 116\% \tag{6.2}$$

采用 RRES 评价体系进行计算后，结果如图 6.5 所示。T_1～T_5 项综合评价 EC 分值为 41.30。由表 2－4 可得，Y 隧道洞口段落石灾害已达到很危险状态，落石对下部隧道洞口区域造成影响的概率为 0.9。

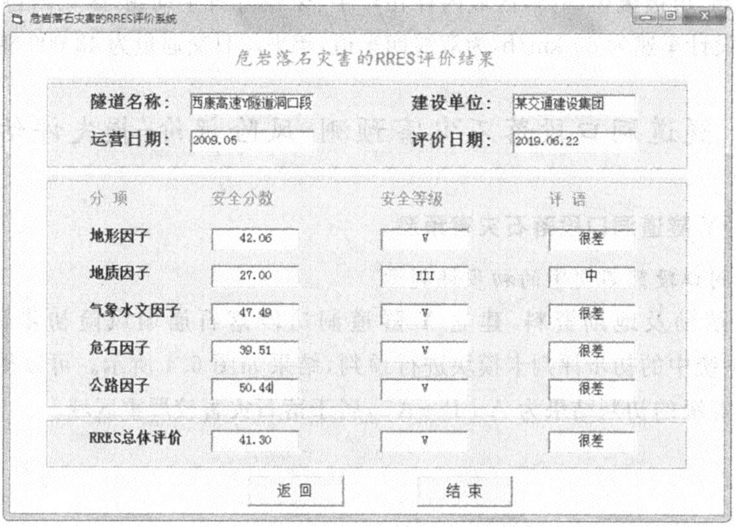

图 6.5　RRES 评价体系的计算结果

3. 采用“崩塌-冲击”评价体系进行计算

(1)隧道洞口边仰坡危岩崩塌概率。将 Y 隧道洞口地形地貌、气象水文、岩性、地质情况等参数，代入“崩塌-冲击”评价体系中，可得各分项、总项的计算分值及评价结果，如图 6.6 所示。可以看出，“地形地貌条件”“结构面发育情况”项的评语均为“极差”。评价总分值为 48.87，安全等级为Ⅵ级，洞口危岩崩落概率为 0.9。

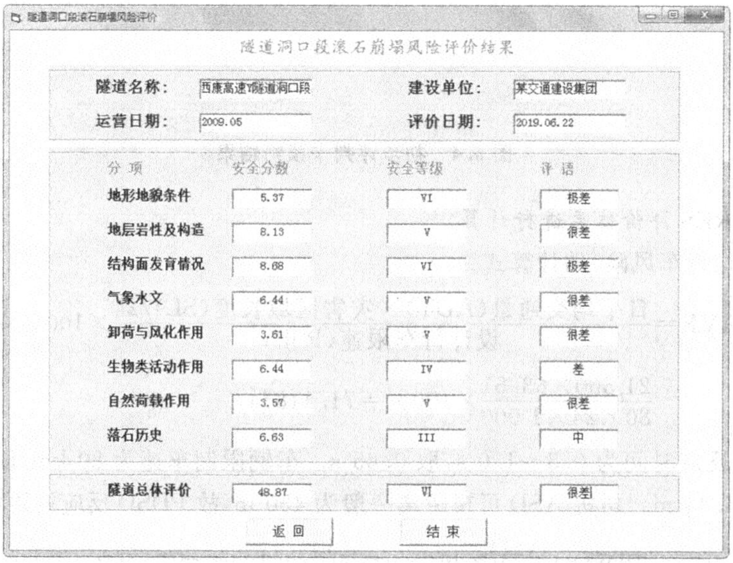

图 6.6　“崩塌-冲击”评价体系的计算结果(a-崩塌)

(2)崩塌后冲击至隧道洞口威胁区概率。选取 Y 隧道洞口边坡处控制性 A_1 号危岩进行研究，其半径约为 0.6 m，计算结果如图 6.7 所示。经计算，A_1 号危岩冲击至隧道洞口威胁区域的计算分值为 30.18，安全等级为Ⅵ级，冲击概率为 0.99。

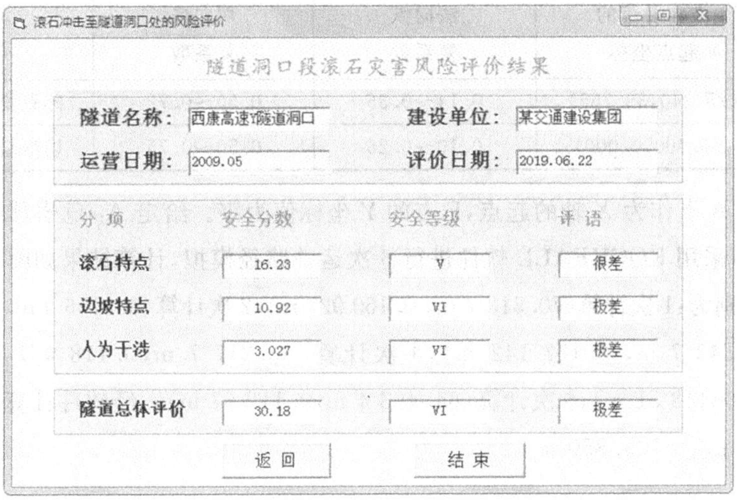

图 6.7　“崩塌-冲击”评价体系的计算结果(b-冲击)

如果已知某隧道洞口段危岩崩塌的概率为 R_{H}，已崩塌危岩冲击至隧道洞口区域的概率为 I_{T}，则该危岩体的风险概率 D_{E} 为

$$D_{\mathrm{E}} = R_H I_{\mathrm{T}} \tag{6.3}$$

Y 隧道洞口段 A_1 号危岩的风险概率应为 0.9×0.99=0.891。

综上分析可得，在采用初步评判卡、RRES 评价体系、“崩塌-冲击”评价体系进行综合评判后，Y 隧道洞口危岩落石情况均较为严峻，亟需处理。

6.5.2.2　Y 隧道洞口段落石风险评价

1. 确定 A_1 号控制性危岩威胁下部交通道路范围

ROCKFALL 软件(VERSION:4.039)是由加拿大多伦多的 ROCSCIENCE 公司所开发的一款专门用于分析落石冲击运动路径的软件。采用 ROCAKFALL 软件模拟落石运动轨迹，得出落石沿坡面的直线运动距离，以此求出落石对下部交通道路的横向威胁区间长度，为落石冲击下部承灾体提供计算参数。

以 A_1 号危岩体为准进行设置，在落石冲击运动过程中，下部运动坡面分为 6 段，包含 A—B，B—C，C—D，D—E，E—F，坡面特性描述、起点坐标、法向及切向恢复系数如表 6-3 所示。

表 6-3　ROCKFALL 软件计算参数设置

段落名称	坡体段落的起点坐标	法向恢复系数	切向恢复系数	坡面特性描述
A—B	(0.000,81.400)	0.20～0.43	0.62～0.84	已风化硬岩表面
B—C	(6.518,65.067)	0.15～0.37	0.55～0.75	已风化硬岩，少灌木
C—D	(17.892,55.855)	0.12～0.37	0.55～0.75	软岩面，少灌木

续表

段落名称	坡体段落的起点坐标	法向恢复系数	切向恢复系数	坡面特性描述
D—E	(25.340,39.765)	0.14～0.36	0.50～0.72	碎石堆积,硬土坡面
E—F	(50.400,0.000)	0.10～0.26	0.50～0.75	切削坡脚,基岩外漏

以坡顶处 A 点作为 X 轴的起点,F 点的 Y 坐标值为零。给定 A_1 危岩体初始的运动速度为 0.1 m/s,采用 ROCKFALL 软件进行 6 次运动路径模拟,计算结果如图 6.8 所示,6 个落石点坐标分别为:1 次计算(70.518 7 m, 0.160 927 m),2 次计算(68.156 9 m,0.142 013 m),3 次计算(72.543 7 m, 0.177 142 m),4 次计算(65.217 7 m,0.118 477 m),5 次计算(68.969 1 m,0.148 51 m),6 次计算(64.493 4 m,0.112 67 m)。经软件计算,落石起、终点的直线距离为 $L_{QZ}=105.850$ m。

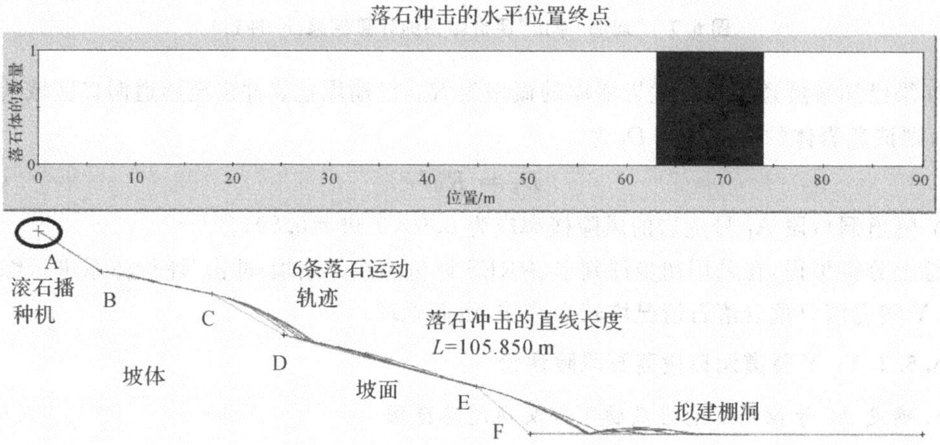

图 6.8 危岩体 A_1 的 ROCKFALL 软件模拟结果

A_1 号落石对下部交通道路的横向影响距离 S_H 的计算公式为

$$S_H = 2\delta_D L_{QZ} \tag{6.4}$$

按高速公路隧道标准进行计算,取道路等级系数 $\delta_D=0.3$。落石沿道路方向的威胁距离长度为 $2\times0.3\times105.850=63.51$ m。

2.冲击承灾体概率与损失计算

参考文献[248]中给出了高速公路上各车型的一般分配比例,如图 6.9 所示。在司乘人员中,中年男性占比为 47%,中年女性占比为 46%,老人比例为 4%,儿童的比例为 3%。以 200 m 的计算区间长度为基准,统计不同车辆的数量、人员数量及种类。计算结果见表 6-4。

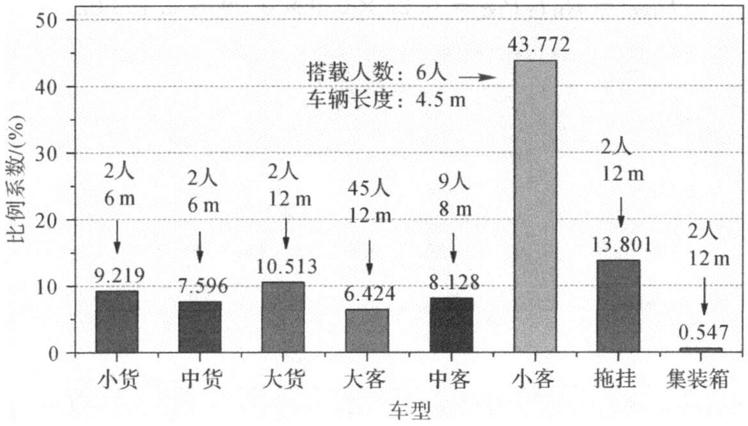

图 6.9　车型分布比例

表 6-4　特定区间内车型比例、车长、人数

车型	小货	中货	大货	大客	中客	小客	拖挂	集装箱
车数/辆	2	2	2	1	2	10	3	1
总长度/辆	12	12	24	12	16	45	36	12
总人数/人	4	4	4	45	18	60	6	2
青壮年/人	4	4	4	41	16	56	6	2
老幼年/人	0	0	0	4	2	4	0	0

(1)落石击中下部静止车辆的概率。落石区域一年内堵车的时间取 10 h，落石冲击影响长度为 63.51 m，落石威胁区车辆的堵塞长度为 60 m，计算区间长度为 200 m，各种车辆的数量见表 6-4。落石击中车辆内部人员的概率取 0.5，落石击中车辆内部青壮年的易损性为 0.5，击中车辆内部老幼年的易损性取 1.0，青壮年人数比例为 0.93，老幼年比例为 0.07。

将上述参数代入 DRLSRTES 软件中的“风险评价”模块进行计算。得出落石击中静止车辆的总概率为 0.000 911，人员死亡的数量为 0.001 65 人，落石击中静止车辆的最终概率 D_{JCG} 为

$$D_{JCG} = R_H I_T P_{JC} = 0.000\,911 \times 0.9 \times 0.99 = 0.000\,811\,7 \tag{6.5}$$

落石冲击致使人员死亡的数量 D_{JRG} 为

$$D_{JRG} = R_H I_T P_{JP} = 0.001\,65 \times 0.9 \times 0.99 = 0.001\,47 \tag{6.6}$$

经计算可见，Y 隧道洞口段 A_1 号落石击中下部静止车辆的概率较低，造成人员死亡的总数量亦较小，暂且忽略其所造成的影响。

(2)落石击中下部运动车辆的概率。将计算参数代入 DRLSRTES 软件中的“风险评价”模块，并进行计算，得出落石击中运动车辆的总概率为 0.220，造成人员死亡的总数量为 0.411 人，如图 6.10 所示。

A_1 落石击中运动车辆的最终概率 D_{DCG} 为

$$D_{DCG} = R_H I_T P_{DC} = 0.22 \times 0.9 \times 0.99 = 0.196\ 02 \tag{6.7}$$

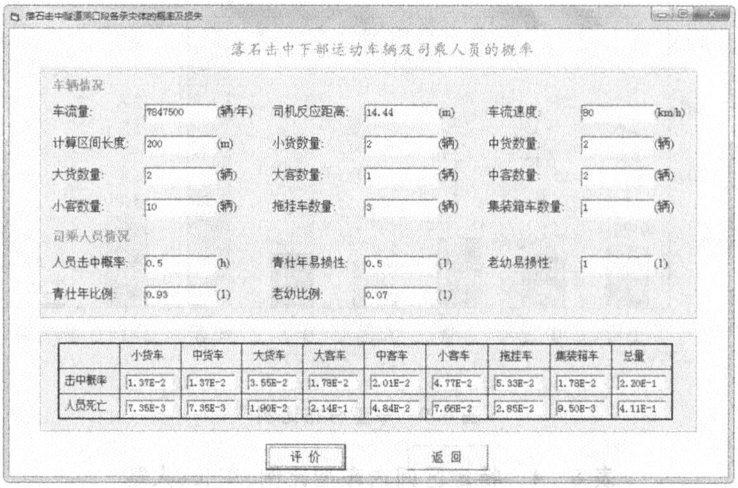

图 6.10　落石击中下部运动车辆的概率

击中运动车辆致使人员死亡总人数 D_{DRG} 为

$$D_{DRG} = R_H I_T P_{DP} = 0.411 \times 0.9 \times 0.99 = 0.366\ 201 \tag{6.8}$$

6.5.2.3　Y 隧道洞口落石损失评估

A_1 落石造成人员死亡的总数量为 0.366 201 人，按死亡 1 人进行计算。人均死亡赔偿按照 40 万元/人进行赔偿。A_1 落石以击中小客车的概率最高，车辆的平均损失费用按照 15 万元计。

A_1 落石的粒径为 1.2 m，西康高速单幅的年平均日交通车流量为 21 500 辆/d，过路费用平均按照 50 元/次计算，车辆阻塞的经济损失为 4.479 1 万元/h。采用 DRLSRTES 软件中的“风险评价”模块进行计算后得出，A_1 落石致使交通阻塞的时间为 26.13 h，因阻塞而导致的经济损失为 117.05 万元，计算结果如图 6.11 所示。

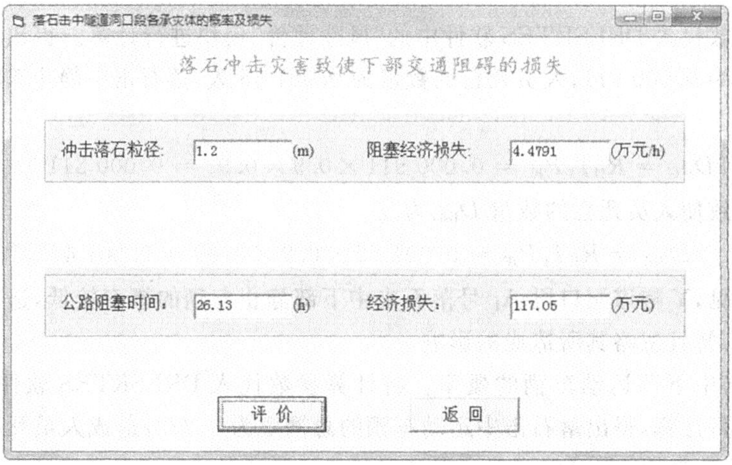

图 6.11　落石致使交通受阻的损失

经济损失总量为 172.05 万元。经 DRLSRTES 软件中的“损失评估”模块进行判断后，生命损失与经济损失值均为不可容忍，如图 6.12 所示，故隧道洞口段的落石灾害亟需处置。

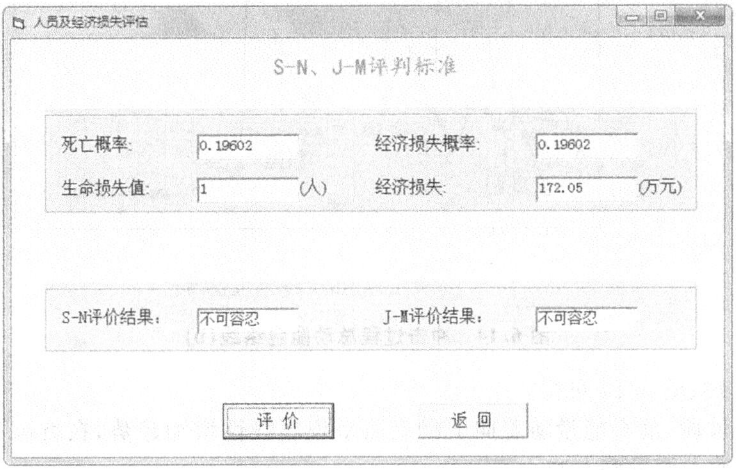

图 6.12　S－N 和 J－M 等级评判

6.5.3　棚洞结构强度验算模块

6.5.3.1　落石冲击入射角度、冲击能量

为了获得 Y 隧道洞口 A_1 号控制性危岩的冲击能量、入射角度，为棚洞结构验算提供计算参数，采用 ROCKFALL 软件进行数值模拟，坡体特性按表 6－3 进行设置。图 6.13 为落石冲击动能包络图，落石位置为横轴原点。

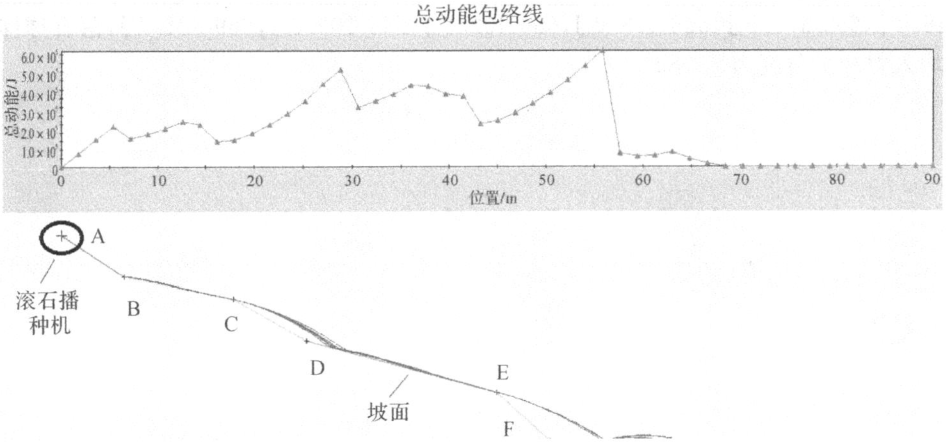

图 6.13　冲击过程总动能包络线(a)

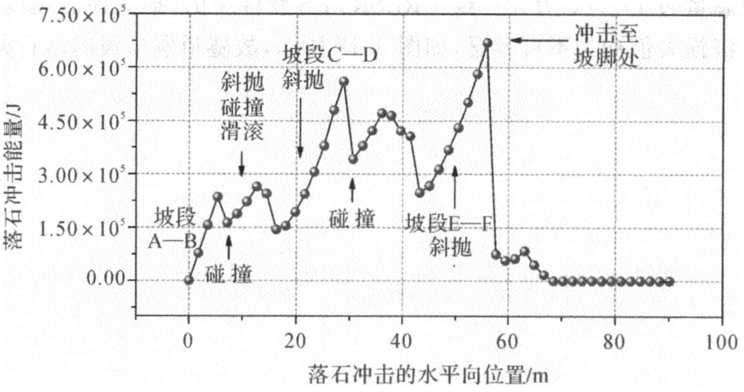

图 6.14 冲击过程总动能包络线(b)

结合图 6.13、图 6.14 可得：

(1)A—B 坡段：落石能量随着向下滑动而呈现出线性增加趋势，在坡脚 B 点由于碰撞原因致使落石冲击能量略有减小。

(2)B—C 坡段：落石首先在 B 点产生碰撞，并弹起而形成斜坡运动，使得落石冲击能量线性增加，于 B—C 坡段碰撞后能量下降。在紧接的滚动过程中，由于坡面为已风化硬岩、少灌木，落石在滚动过程中能量略有下降。

(3)C—D 坡段：在 C 点将会形成斜抛运动，落石球体能量快速增加。

(4)D—E 坡段：在 D—E 坡发生较为强烈的碰撞，使得落石球体能量有所减小，进而由于落石斜抛使得冲击能量有所上升。在 D—E 坡段碰撞、滑滚过程中落石球体能量有所下降。

(5)E—F 坡段：斜抛运动，落石能量快速增加。

如图 6.15 所示以 $X=55.968$ m 处的落石掉落点为对象，对落石冲击能量进行统计分析，可以得出：

(1)对 Y 隧道洞口 A_1 号危岩运动轨迹进行 6 次数值模拟后，落石冲击能量分别为 70 746.4 J，655 371.9 J，666 515.0 J，659 402.3 J，651 105.3 J，669 634.7 J，落石球体的末了平均入射冲击角度为 73.82°。

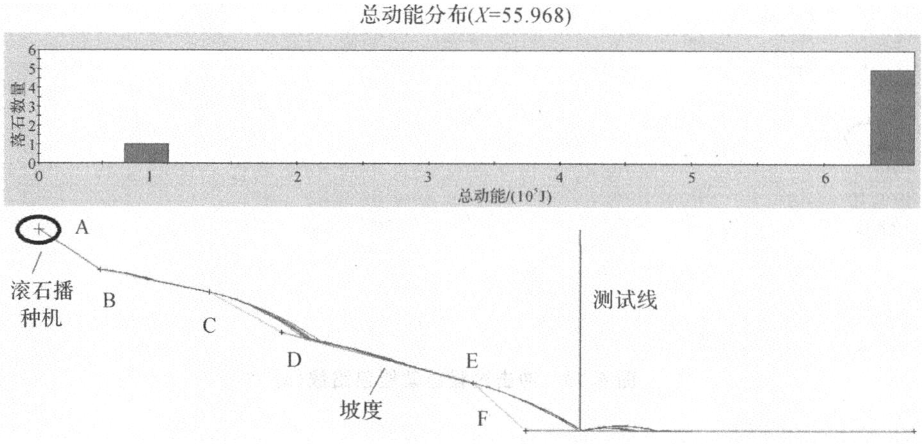

图 6.15 X=55.968 m 冲击能量分布

(2)为保守起见，考虑落石冲击能量全部法向冲击于垫层土体上，此时所对应的落石最大冲击速度约为 24.3 m/s。由于 A_1 号危岩体为依托工程处的极端落石工况，同时考虑该隧道洞口段存在其他规模的落石冲击能量，且冲击速度大多分布于 8.5～23.0 m/s，故此处给定落石球体 PART15 的初始法向计算速度依次为 8 m/s，12 m/s，16 m/s，20 m/s，24 m/s。

6.5.3.2 棚洞顶板强度验算

1. 棚洞顶板应力扩散半径

基于第 3 章空腔膨胀算法所获得的侵彻垫层土体的深度值，结合式(4.2)计算出在落石冲击垫层土体后，冲击应力在棚洞顶板上部的扩散范围，计算结果如图 6.16 所示，可见：

(1)当落石冲击速度为 8 m/s 时，1.2 m 直径的落石将会在顶板上部形成直径为2.28 m的圆形应力扩散面积，可见垫层土体对于落石冲击力具备较好的扩散作用。

(2)随着冲击能量增加，侵彻深度值增幅较缓，导致应力扩散面积增速亦较缓慢，应力扩散直径对冲击速度变量的敏感度较低。

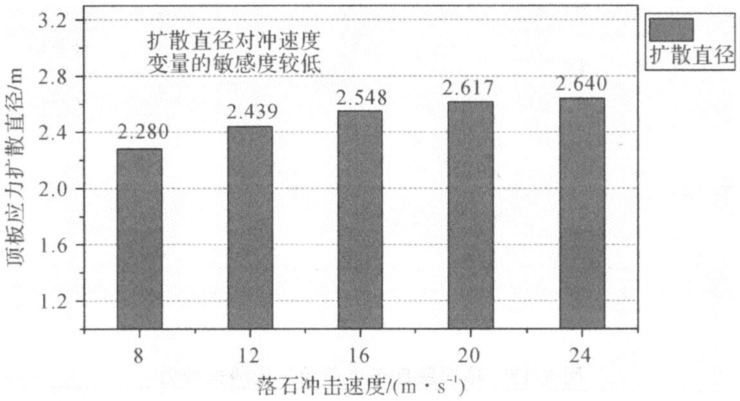

图 6.16　顶板应力扩散直径

2. 棚洞顶板平均冲击应力

基于第 3 章空腔膨胀算法所获得的冲击力值，结合式(4.5)便可计算出棚洞顶板上部的平均冲击应力值，如图 6.17 所示，可见：

(1)随着冲击能量增大，棚洞顶板上部平均应力值呈现出线性增加趋势。

(2)此时计算结果是落石冲击力在顶板上部扩散区域的平均应力值，故计算结果明显偏小。当冲击速度为 24 m/s 时，顶板平均冲击应力的峰值约为 0.3 MPa。

利用顶板平均冲击应力评判棚洞顶板抗落石冲切性能并不恰当。

3. 顶板最大冲击应力

在顶板平均应力计算结果的基础上，结合式(4.13)及式(4.18)计算棚洞顶板的最大冲击应力。顶板长度为 11.2 m，宽度为 10.97 m，计算结果如图 6.18 所示。可以得出，数值模拟结果与理论计算结果基本吻合，均在冲击速度达到 20 m/s 时顶板结构产生破坏。

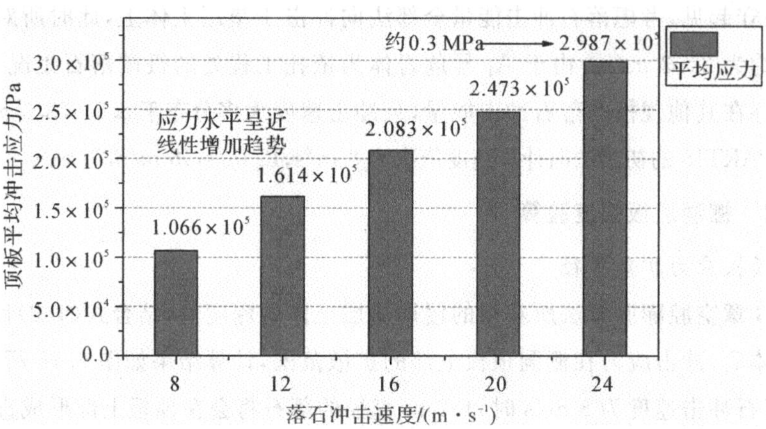

图 6.17　顶板平均冲击应力

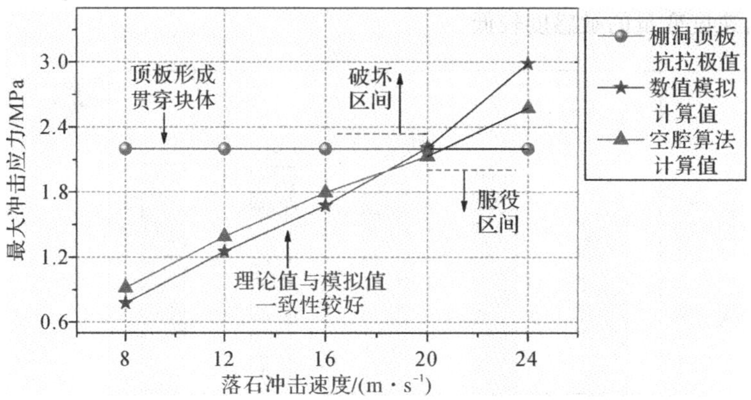

图 6.18　顶板腹部正中单元最大冲击应力

4. 棚洞顶板极限承载力

结合式(4.3)计算在各冲击工况下，棚洞顶板抵抗落石冲击力的极限值，并将其与空腔算法所得结果进行对比，以此判断棚洞顶板是否被冲切破坏。如图 6.19 所示，可以看出：

(1)当落石以 20 m/s 速度进行冲击时，棚洞顶板抗冲击力值极限为 3.247 MN，略大于落石冲击力 3.201 MN，棚洞顶板达到临界破坏状态。

(2)当冲击速度大于 20 m/s 时，抵抗力将基本不变，但落石冲击力将会快速上升，棚洞顶板将被冲击破坏，与图 6.18 中的结论一致。

西康高速 Y 隧道洞口 A_1 号控制性危岩落石，其半径约为 0.6 m，冲击速度峰值约为 24 m/s，对应冲击能量为 651.11 kJ。采用 LS－DYNA 软件计算后，棚洞顶板、立柱结构的峰值受拉应力分别为 2.984 MPa 与 2.477 MPa，棚洞结构被冲击破坏。数值模拟结果与理论计算结果保持一致(见图 6.19)。

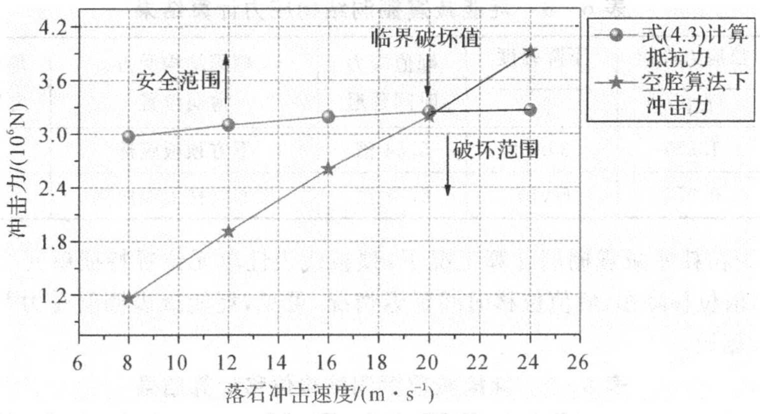

图 6.19 抵抗力及冲击力

6.5.4 耗能减震棚洞结构设计模块

针对 Y 隧道洞口段危岩落石灾害，建立如图 4.4 所示的拱柱式棚洞结构，设计参数见表6-5。经分析验算，刚性棚洞对一般性的落石灾害可起到较好的防护作用，但对于半径为 0.6 m的 A_1 号落石球体，当其以大于 20 m/s 的入射速度进行冲击时，计算结果如表 6-6 所示，棚洞结构将会被击毁。

表 6-5 刚性棚洞结构设计参数

项 目	最大冲击能量/kJ	入射角度/(°)	棚洞形式	顶板材料	顶板厚度/m	砂土厚度/m
值/结构	651.1	15～30	拱柱棚洞	C30 钢筋砼	0.80	1.2

表 6-6 刚性棚洞结构计算结果

序号	结构名称	拉应力峰值/MPa	抗拉极值/MPa	棚洞结构受力薄弱位置	是否应力集中	是否被破坏
1	顶板	2.984	2.2	下方顶板腹部正中	是	是
2	立柱	2.477	2.2	立柱上端内侧	是	是

鉴于刚性棚洞顶板腹部正中、立柱上端内侧会产生应力集中，并超过其抗拉强度极值。为了改善结构的防护性能，将毗邻顶板上部 0.4 m 厚的砂土垫层替换为 EPE 垫层，并在立柱上端与顶板托梁之间设置橡胶支座，给出表 6-7 的设计参数建议。

表 6-7 耗能减震棚洞结构设计参数建议

项 目	冲击能量/kJ	入射角度/(°)	顶板材料	顶板厚度/m	砂土厚度/m	EPE 厚度/m	橡胶支座
值/结构	651.1	15～30	C30 钢筋砼	0.80	0.8	0.4	必 选

基于表 6-7 所给出的设计参数建议，建立如图 5.18 所示的数值计算模型，仍然采用结构强度指标对计算结果校核，关键部件计算结果见表 6-8。

表 6-8　耗能减震棚洞结构应力计算结果

序号	结构名称	拉应力峰值 MPa	下降幅度 %	峰值应力时间延迟	棚洞结构受力薄弱位置	是否应力集中	是否被破坏
1	顶板	1.886	36.78	5.64 倍	下方顶板腹部	否	否
2	立柱	0.977	60.57	5.57 倍	毗邻立柱上端内侧	否	否

表 6-9 为在耗能减震棚洞计算工况下，顶板代表性单元位置特征单元 2、特征单元 1（Y,X）向的峰值位移降幅、峰值位移时间延迟情况，可见，耗能减震棚洞受力与变形特性均明显优于刚性棚洞。

表 6-9　耗能减震棚洞结构位移计算结果

序号	结构名称	代表性单元位置	方　向	峰值位移降幅	峰值位移延迟
1	顶　板	落石冲击下方顶板腹部（特征单元 2）	Y	38.68%	7.08 倍
			X	63.53%	1.95 倍
2	立　柱	立柱上端内侧（特征单元 1）	Y	55.56%	3.81 倍
			X	增加 0.168 5 mm	1.81 倍

对表 6-6 及表 6-8 进行对比分析后可见，在增设了 EPE 垫层与橡胶支座结构后，棚洞顶板峰值应力将下降至 1.881 MPa，降幅为 36.78%，峰值应力时间延迟 5.64 倍。立柱结构峰值应力将下降至 0.997 MPa，降幅为 60.57%，峰值应力时间延迟 5.57 倍。棚洞顶板腹部、立柱上端内侧均无应力集中，结构处于安全状态。

6.6　本 章 小 结

为了将本书研究成果更好地用于指导隧道洞口耗能减震棚洞设计，本章主要工作与结论如下：

（1）给出了隧道洞口耗能减震棚洞结构设计流程、设计工况、设计形式与参数。

（2）依托西康高速 Y 隧道洞口危岩落石灾害，研究了其落石冲击风险，并给出了耗能减震棚洞结构的设计形式与具体参数。

（3）研究成果可为隧道勘察设计与施工等相关规范的进一步完善提供借鉴。

第 7 章　结论与展望

落石灾害已成为我国三大地质灾害之一，特别是在雨季及地震多发地带，落石灾害更是不胜枚举，而隧道洞口段更是落石灾害事故的多发区，且一旦发生后果将更为严重。

隧道洞口段落石灾害的研究包括隧道洞口段落石崩塌风险评价体系的建立、落石运动轨迹的预测、落石冲击力及侵彻深度的准确计算、耗能减震棚洞防护结构的研究等 4 个方面。本书采用数理统计方法、概率论算法、理论方法以及数值模拟方法对上述问题进行了系统、深入的研究，并将其应用于依托工程中，取得了如下成果。

7.1 研究结论

7.1.1 隧道洞口段落石风险评价体系研究

(1)首先基于隧道洞口落石冲击“落石潜能”及“落石发生的历史事件” 两方面，建立了落石灾害风险的初步评判卡。其次考虑结合“地形因子”“地质因子”“气象水文因子”“危石因子”“公路因子”等 5 方面，提出了更适用于国内的 RRES 落石风险评价系统。

(2)采用 AHP - FUZZY 模糊评价方法建立了隧道洞口段落石灾害的“崩塌—冲击”风险评价体系，其中包含“坡体危岩崩塌的评价体系”及“已崩塌危岩冲击至隧道洞口段的评价体系”。采用概率论算法给出了落石击中隧道洞口区域 7 种承灾体的概率及损失计算方法。针对人员伤亡及经济损失，建立了隧道洞口段落石冲击灾害导致生命损失的“S - N 判断法”及导致经济损失的“J - M 判断法”。编制了《隧道洞口段落石灾害预测-风险评价-损失评估系统》(DRLSRTES V1.0)。

7.1.2 隧道洞口段耗能减震棚洞结构研究

1. 落石冲击力以及侵彻深度的研究

(1)以关宝树算法为基础，采用正弦积分算法得出了落石冲击力及侵彻深度的正弦积分算法解；分别给出了落石冲击垫层土体的冲击力及侵彻深度的空腔膨胀算法解和能量守恒算法解，并计算出了落石冲击过程中各种能量的分配及占比。

(2)采用LS－DYNA数值模拟软件，研究了落石冲击棚洞垫层土体时，冲击力及侵彻深度随冲击时间的变化规律。考虑垫层材料、垫层厚度、落石质量、落石下落速度因素的影响，共进行了120组落石冲击模拟实验，将数值模拟计算结果与关宝树算法结果进行比较获得冲击力放大系数，给出了落石冲击力的LS－DYNA修正算法表达式。

(3)对11种算法下的落石冲击力及侵彻深度进行了对比分析。对于落石冲击力，HERTZ算法明显偏大，空腔膨胀算法、能量守恒算法、日本算法、瑞士算法以及数值模拟算法较吻合，正弦积分算法略有偏小，隧道手册算法、关宝树算法、路基算法偏小。对于侵彻深度，HERTZ算法明显偏小，而路基算法与隧道手册算法明显偏大，空腔膨胀算法、能量守恒算法、关宝树算法、澳大利亚算法及数值模拟结果一致性较好。

(4)在落石冲击过程中，摩擦耗能量最为突出，其次为垫层土体的塑性成坑耗能，棚洞顶板的弹性变形能基本可以忽略。因垫层土体材料差异而导致的能量分配比例差异程度满足规律：黏土垫层＞砂土垫层＞碎石土垫层。

2.棚洞结构冲切破坏机理研究

(1)给出了落石冲击力在棚洞顶板上部所形成的冲击压力的表达式，进而采用弗拉索夫原理计算出棚洞顶板最大应力的计算表达式。提出了落石对棚洞顶板冲切破坏的四个阶段。在顶板形成贯穿块的基础上，采用理论算法推导了板内配筋阻滞作用的表达式。

(2)采用ROCKFALL软件分析了A_1号落石体的冲击能量值，确定了8～24 m/s的落石计算速度范围。研究了棚洞主体结构(包括顶板结构＋立柱结构＋立柱结构基础＋曲板基础＋横向系梁)的力学响应规律。顶板下部正中单元处、立柱上端内侧与顶板连接处的2个部位是结构的应力集中处。落石冲击棚洞结构具有“瞬态脉冲性”“滞后性”“就近破坏”“逐级衰减”的特征。

(3)以棚洞顶板5个特征单元为对象进行分析，各特征单元的应力情况满足规律：单元2(落石冲击正下方)＞单元3(顶板起弯处)＞单元1(跨中托梁处)＞单元4(顶板弯曲段1/4处)＞单元5(顶板弯曲段1/2处)。对于峰值应力时间满足规律：单元2＞单元3＞单元1＞单元4＞单元5。对于单元体的X向、Y向位移大小均满足规律：单元2＞单元3＞单元1＞单元4＞单元5。

(4)对于立柱结构5个特征单元的应力满足规律：单元2(毗邻立柱内侧上端正中处)＞单元4(毗邻立柱内侧下端正中处)＞单元1(立柱内侧上端正中处)＞单元3(立柱内侧正中处)＞单元5(立柱外侧下端正中处)。立柱结构特征单元的Y向位移满足规律：单元4≈单元5＞单元1≈单元2＞单元3，立柱结构特征单元的X向位移满足规律：单元1＞单元2＞单元3＞单元4＞单元5。

(5)当落石冲击入射角度介于0～15°、45～60°之间时，入射角度的变化对侵彻深度峰值的影响较小；当入射角度介于15～45°之间时，入射角度的变化对侵彻深度峰值的影响较大。对于棚洞顶板结构应力，当入射角度为15°时，顶板腹部正中单元的峰值应力基本与0°时差别不大；当入射角度为30°时，存在一定差异；当入射角度为45°时存在较大差异；当入射角度为60°时存在很大差异。

(6)在对落石冲击棚洞顶板不同位置进行研究后得出：对于危险度由高至低排序，则有

1 号位置(两跨正中顶板上平面中心)>4 号位置(单跨正中顶板上平面中心)>3 号位置(单跨正中立柱上方)>2 号位置(两跨正中立柱上方)>5 号位置(单跨正中顶板弯曲段上方)。

3.耗能减震棚洞结构研究

(1)相比于纯砂土垫层结构,“砂土+EPE”复合垫层棚洞结构对于落石冲击应力具有良好的抵抗特性。在增设了 0.4 m 厚的 EPE 垫层之后,棚洞顶板下部正中单元的应力值约为前者的 1/3,顶板底面正中单元位移约占前者的 46.3%。当 EPE 垫层逐步增加至 0.6 m、0.8 m 及 1.0 m 时,顶板应力与位移值的降幅均相对较小,建议 EPE 垫层的厚度一般设置为 0.4~0.8 m 即可,EPE 垫层材料密度宜选择 24~28 kg/m^3。

(2)相比于刚性棚洞,在添加了 EPE 垫层与橡胶支座后,棚洞结构顶板的应力由开始的 2.983 67 MPa 降至 1.886 08 MPa,最大降幅为 36.79%。立柱结构内部的最大应力由 2.477 13 MPa 降低至 0.976 68 MPa,降幅为 60.57%。落石的最大冲击位移将会上升 29.45%,峰值位移时间将会推迟一倍,且落石的冲击加速度将会降低 24.07%。“EPE+橡胶支座”复合型式将实现了棚洞结构的耗能减震。

(3)给出了“砂土+EPE+顶板”“砂土+EPE+顶板+橡胶支座”复合型耗能减震棚洞结构的设计流程、设计工况及建议参数。

(4)依托西康高速 Y 隧道洞口危岩落石灾害,研究了其落石冲击风险,并给出了耗能减震棚洞结构的设计形式与具体参数。

7.2 创　新　点

本书的创新点主要包括以下 4 个方面:

(1)建立了隧道洞口段落石崩塌灾害的 RRES 系统、“崩塌-冲击”系统。给出了隧道洞口段落石击中下部 7 种承灾体的概率及损失计算方法。建立了人员生命及经济损失的评估体系。编制了《隧道洞口段落石灾害预测-风险评价-损失评估系统》(DRLSRTES V1.0 系统)。

(2)推导出了落石冲击棚洞垫层的冲击力及侵彻深度的“空腔膨胀算法”“能量守恒算法”及“正弦积分算法”。基于 LS-DYNA 数值模拟算法结果,得出了落石最大冲击力的“LS-DYNA 修正算法”。获得了冲击过程中能量耗散规律。

(3)提出了棚洞顶板冲切破坏的四个阶段。推导出了在落石冲击作用下棚洞顶板的抗冲切强度计算式。采用理论算法研究了配筋的阻滞作用。基于数值模拟方法系统地研究了落石冲击作用下棚洞结构的力学响应机理,得出了落石冲击破坏具有“瞬态脉冲性”“滞后性”“就近破坏”“逐级衰减”的特征。

(4)给出了“砂土+EPE+顶板”“砂土+EPE+顶板+橡胶支座”的复合型耗能减震棚洞结构形式,系统地研究了各棚洞结构的力学响应机理。给出了隧道洞口耗能减震棚洞结构的设计流程、设计工况划分及参数建议。

7.3 建议与展望

本书对隧道洞口段的落石冲击风险评价系统、耗能减震棚洞结构进行了深入研究，在此基础上可进行如下研究工作：

(1)在分析隧道洞口段落石的运动轨迹时，仅采用ROCKFALL软件分析了依托工程洞口段 A_1 号落石的运动轨迹。在后期研究中可以采用理论计算及数值模拟的方法对隧道洞口落石的运动轨迹进行更深入的研究。

(2)《公路隧道设计细则》中所提出的落石冲击力算法，充分考虑了垫层土体的弹性模量、密度、泊松比等因素，故可尝试以实验值或数值模拟结果为基础，对其进行修正，获得更为准确的落石冲击力算法。

(3)对EPE颗粒土垫层、橡胶颗粒土垫层等耗能减震方案进一步研究。

(4)对其他类型的减震材质、形式进行进一步研究。

(5)结合实验验证本研究所得结论，并将其推广应用于实际工程。

参考文献

[1] 张路青,杨志法,许兵. 滚石与滚石灾害[J]. 工程地质学报,2004,12(3):225－231.

[2] 俸锦福,张俊红,朱彬,等. 边坡滚石运动轨迹分段循环算法[J]. 中国地质灾害与防治学报，2011,22(4):96－101.

[3] LABIOUSE V，HEIDENREICH B. Half-scale experimental study of rockfall impacts on sandy slopes[J]. Natural Hazards and Earth System Sciences，2009，9(6):1981－1993.

[4] PARONUZZI P. Field evidence and kinematical back-analysis of block rebound：the lavone rockfall，northern Italy[J]. Rock Mechanics and Rock Engineering，2009,42(5)：783－813.

[5] 刘运涛. 危岩落石被动防护数值仿真分析[D]. 成都:西南交通大学,2009.

[6] 宁超. 高陡边坡山岭隧道洞口危岩落石灾害风险评估研究[D]. 成都:西南交通大学，2016.

[7] 张路青,杨志法,张英俊. 公路沿线遭遇滚石的风险分析方法研究[J]. 岩石力学与工程学报，2005,24(增刊2):5543－5548.

[8] 唐建辉. 落石冲击对隧道明洞结构的影响研究[D]. 成都:西南交通大学,2013.

[9] 赵秋林. 兰渝铁路范家坪隧道出口危岩落石分析及防护设计[J]. 铁道标准设计,2017,61(10)：137－140.

[10] 胡厚田. 崩塌与落石[M]. 北京:中国铁道出版社,1989.

[11] 陈洪凯,唐红梅,叶四桥,等. 危岩防治原理[M]. 北京:地震出版社,2006.

[12] 罗章. 小平地隧道进口危岩路石分析及整治设计[J]. 隧道建设,2013,33(9):768－773.

[13] 李现宾. 成昆线危岩落石病害整治中的棚洞设计[J]. 现代隧道技术,2009,46(5)：54－57.

[14] 李现宾. 拱桥-框架棚洞在落石病害整治中的应用[J]. 西部探矿工程,2004(10)：198－199.

[15] 张路青,许兵,尚彦军. 川藏公路南线八宿—林芝段滚石灾害的工程地质调查与评价[J]. 岩石力学与工程学报,2004,23(9):1551－1557.

[16] 王玉锁. 隧道洞口段危岩落石风险评估[J]. 现代隧道技术,2010,47(6):33－39.

[17] 路仕洋. 宝成铁路宝鸡—广元段隧道震害的调查与分析[J]. 国防交通工程技术，2008，6(6)：59－61.

[18] 交通运输部综合规划司. 2018 年交通运输行业发展统计公报[R]. 北京:交通运输

部,2018.
[19] 佚名.截至2017年底中国铁路隧道情况统计[J].隧道建设(中英文),2018,38(3):506-508.
[20] 叶四桥.隧道洞口段落石灾害研究与防治[D].成都:西南交通大学,2008.
[21] 招商局重庆交通科研设计院有限公司.公路隧道设计规范:第一册 土建工程:JTG 3370.1—2018[S].北京:人民交通出版社,2018.
[22] 中铁二院工程集团有限责任公司.铁路隧道设计规范:TB 10003—2016 [S].北京:中国铁道出版社,2017.
[23] 中交第一公路工程局有限公司.公路隧道施工技术规范:JTG F60—2009[S].北京:人民交通出版社,2009.
[24] 乔雄.黄土隧道洞口段支护结构力学特性研究[D].西安:长安大学,2009.
[25] 刘小军,张永兴.软弱围岩隧道洞口段失稳机制分析与处置技术[J].岩土力学,2012,33(7):2229-2234.
[26] 左清军,吴力.浅埋偏压隧道洞口段软弱围岩失稳突变理论分析[J].岩土力学,2015(增刊2):424-430.
[27] 展宏跃,王起才.浅埋偏压黄土隧道洞口变形破坏分析及整治措施研究[J].水利与建筑工程学报,2009,7(4):117-120.
[28] 夏鹏.大跨度黄土隧道洞口浅埋段支护效果研究[D].西安:长安大学,2010.
[29] 刘春龙,朱苦竹,江凡.黄土隧道洞口浅埋偏压段关键施工技术研究[J].土工基础,2012,26(3):66-68.
[30] 邓永杰.浅埋偏压大跨度隧道洞口进洞技术研究[D].成都:西南交通大学,2013.
[31] 达晓伟.隧道洞口坡积土边仰坡变形控制与进洞技术研究[D].西安:西安建筑科技大学,2015.
[32] 翟艳锋.贺家湾隧道洞口段浅埋偏压段施工研究[D].郑州:郑州大学,2014.
[33] 黄欣.浅埋偏压小净距隧道洞口段施工异常分析及处治[J].公路工程,2013,38(4):147-152.
[34] 王云龙,谭忠,陈鹰.超小间距非对称浅埋隧道施工监控量测及分析[J].中国工程科学,2012,14(11):24-28.
[35] 许佳,姚海波,张志波,等.公路隧道洞口浅埋段稳定性监测与施工技术[J].现代隧道技术,2008(增刊1):477-481.
[36] 张煜.高速公路小净距隧道洞口段施工数值模拟及监控量测技术研究[D].成都:西南交通大学,2007.
[37] 李树鹏.小净距隧道的施工监控量测和围岩稳定性的数值模拟研究[D].武汉:武汉理工大学,2008.
[38] 税明东,谭立伟.隧道洞口段堆积体施工方法及监控量测[J].矿产勘查,2004,7(2):62-65.
[39] 郑修利,邓琦,刘学增.隧道洞口边坡稳定性分析及其对策[J].西部探矿工程,2006,18(6):143-144.
[40] 毛露露.碎裂岩体高陡边坡隧道洞口稳定性及对策研究[D].成都:西南交通大

学，2016.
[41] 龙浪波. 隧道洞口段边坡稳定性研究及数值分析[D]. 成都:西南交通大学,2009.
[42] 牛涌. 动荷载作用下隧道洞口岩质边坡稳定性的数值分析研究[D]. 西安:长安大学，2013.
[43] 卢欢. 浅埋偏压小净距隧道洞口边仰坡稳定性研究[D]. 重庆:重庆大学,2011.
[44] 刘燕,杨尽,段海澎. 徽州文化在黄塔(桃)高速公路隧道洞门景观设计中的应用[J]. 现代隧道技术,2010,47(1):72-76.
[45] 吴云飞. 黄塔(桃)高速公路隧道洞口景观设计研究[J]. 成都:成都理工大学,2008.
[46] 欧阳心和,付励. 隧道洞口景观设计[J]. 公路工程,2006,31(1):120-122.
[47] 关向群. 隧道洞口景观设计研究[J]. 土木工程学报，2003,36(10):36-40.
[48] 关向群. 隧道洞口景观设计实用方法的研究[D]. 成都:西南交通大学,2004.
[49] 刘伟鹏,毛邦燕. 基于发生概率和致灾性的危岩落石灾害风险评价[J]. 铁道勘察，2018,44(6):47-53.
[50] 王广坤,叶四桥. 基于泊松分布的落石灾害风险评估与决策[J]. 路基工程，2014(2):19-23.
[51] 丁浩江,张广泽,岳志勤. 坪上隧道口危岩落石失稳模式及运动特征分析[J]. 铁道工程学报,2015,32(12):7-11.
[52] 毛邦燕,许盛. 郑万铁路危岩落石及隧道洞口边仰坡稳定性评价[Z]. 成都:中铁二院工程集团有限公司,2015.
[53] 刘洪亮,胡杰,李利平,等. 隧道洞口段危岩崩塌落石冲击风险评价研究[J]. 铁道工程学报，2017,34(5)：65-73.
[54] 高原,段永胜,刘建武. 遗传策略粒子群优化的粗糙集神经网络在崩塌落石灾害风险评估中的应用[J]. 公路交通科技(应用技术版),2010,6(10):106-109.
[55] 胡厚田. 崩塌落石综合预测方法的研究[J]. 铁道工程学报,1996(2):182-190.
[56] 叶四桥,陈洪凯. 隧道洞口坡段落石灾害危险性等评价方法[J]. 中国铁道科学，2010,31(5):59-65.
[57] 周伟. 宜万铁路危岩落石及风险隧道内溶腔视频监视系统工程设计研究[J]. 铁道标准设计，2011(8):105-107.
[58] 张旭文,朝剑侠,张文超,等. 某铁路线前塌落石岩险性评估与防护措施研究[J]. 路基工程,2022(2):189-194.
[59] 罗进,田荣燕,王海波,等. 基于模糊概率 AMP 的边坡落石灾害风险评估[J]. 工程技术研究,2019(16):32-33.
[60] 郑黎明. 宝成线略广段崩塌落石灾害发展速度的预测[J]. 水文地质工程地质，1994(1):13-15.
[61] 谢全敏,夏元友. 危岩块体稳定性的综合评价方法分析[J]. 岩土力学,2002，23(6):775-780.
[62] 谢全敏. 岩石边坡稳定性的可靠性理论评价研究[J]. 自然灾害学报，1992,1(4):45-50.

[63] 王鹏. 水麻路危岩危险性风险评价及防治[D]. 成都：重庆交通大学，2008.
[64] 章照宏. 边坡落石灾害评价与风险分析[J]. 路基工程，2007(1)：158－160.
[65] 李星星. 公路崩塌风险评价：以北京市门头沟区公路为例[D]. 西安：长安大学，2012.
[66] 许强，陈伟. 单体危岩崩塌灾害风险评价方法：以四川省丹巴县危岩崩塌为例[J]. 地质通报，2009，28(8)：1039－1046.
[67] 黄丽珍，李家春，万丽. 公路崩塌灾害等级划分初步研究[J]. 中国地质灾害与防治学报，2009，20(3)：44－46.
[68] LI Z H，HUANG H W，XUE Y D，et al. Risk assessment of rockfall hazards on highways [J]. Georisk，2009，3(2)：147－152.
[69] 王玉锁. 隧道洞口段危岩落石风险评估[J]. 现代隧道技术，2010，47(6)：33－39.
[70] 杨威. 危岩落石灾害危险性评价及防治决策方法研究[D]. 重庆：重庆交通大学，2011.
[71] PRITCHARD M，POTER M，SAVIGNY W，et al. CN rockfall hazard risk management system：experience，elthaneements，and future direction [C]//2005 International conference on Landslide Risk management，May 31—June 2，2005，Vancouver，B. C. Canada：AREMA，2005，14.
[72] FEDERAL HIGHWAY ADMINISTRATION of USA. Rockfall Hazard Rating System：Participants Manual [M]. US：FHWA，1983.
[73] PORTER M，BAUMGARD A，SAVIGNY W. A hazard and risk management system for large rock slope hazards affecting pipelines in mountainous terrain [C]// 2002 4th International pipeline conference，September 29—October 3，2002，Galgary，Alberta. Canada：ASME，c2002，1－8.
[74] JANERAS M，NAVARRO M，GEORGINA A. Lidar application to rock fall hazard assessment in Vall DE Núria [C]// 4th ICA Mountain cartograghy Workshop，September 30—October 2，2004，Voll be Núria Catalonia，Spain.
[75] BAILLIFARD F，JABOYEDOFF M，SATORI M. Rockfall hazard mapping along a mountainous road in switzerland using a GIS－based parameter rating approach [J]. Natural Hazards and Earth System Science，2003，3(5)：435－442.
[76] GUZZETTI F，REICHENBACH P，WIECZOREK G F. Rockfall hazard and risk assessment in the Yosemite Valley，California ，USA [J]. Natural Hazard and Earth System Science，2003，3(6)：491－503.
[77] GUZZETI F，PAOLA R，SILVIA G. Rockfall hazard and risk assessment along a transportation corridor in the Nera Valley，Central Italy [J]. Environment Management，2004，34(2)：191－208.
[78] JORDI C，RAMON C，GOSE M，et al. Quantitative assessment of the residual risk in a rockfall protected area [J]. Landslides，2005，2(4)：343－357.
[79] AGLIARDI F，CROSTRA G B，FRATTINI P. Integrating rockfall risk assessment and counter measure design by 3D modeling techniques [J]. Natural Hazard and

Earth System Sciences, 2009, 9(4):1059 - 1073.

[80] BUNCE C M, CRUDEN D M, MORGENSTERN N R. Assessment of the hazard from rockfall on a highway [J]. Canadian Geotechnical Journal,1997(34):344 - 356.

[81] HUNGR O, EVANSA S G, HAZZARD J. Magnitude and frequency of rockfalls and rockslide along the main transportation corridors of southern British Columbia [J]. Canada Geotechnical Journal,1999, 3(6): 224 - 238.

[82] CHAU K T, WONG R H C, LIU J, et al. Rockfall hazard analysis for Hong Kong basedon rockfall inventory [J]. Rock Mechanics and Rock Engineering, 2003, 36(5): 383 - 408.

[83] PIERSON L A. Rockfall hazard rating system [R]. Washington D. C.: Transportation Research Board,1992.

[84] PIERSON L A, DAVIS L A, VAN V R. Rockfall hazard rating system implementation manual: oregon department of transportation[R]. Washington D. C.: Transportation Research Board, 1990.

[85] PIERSON L A, VAN V R. Rockfall hazard rating system participant's manual[R]. Washington D. C.: Transportation Research Board, 1993.

[86] ODOT. ODOT landslide and rockfall pilot study(final report) [Z]. Geo Hydro Section, HQ Geo Hydro Unit,Salem,2001.

[87] ROBERT Y L. Landslide hazard rating matrix and database [R]. Washington D. C.: Transportation Research Board,2007.

[88] NYSDOT. Rock slope rating procedure-geotechnical engineering manual [Z]. Washington D. C.: 2007.

[89] PACK R T, BOIE K, MATHER S, et al. UDOT rockfall hazard rating system: final report and user's manual [R]. Logan: Utah State University, 2006.

[90] WSDOT. Guidelines for the P - 3 unstable slope inventory and prioritization process [Z]. Washington D. C.: 1995.

[91] MAULDON M, DRUMM E, DUNNE W M, et al. Rockfall management system for tennessee (final report) [R]. Washington D. C.: Transportation Research Board,2007.

[92] ROSE B T. Tennessee rockfall management system [D]. Virginia: Virginia Polytechnic Institute and State University,2005.

[93] SCOTT L H, MARGARET M D, PETER C. Unstable slope management programe background research and program inception [R]. Washington D. C.: Transportation Research Board,2009.

[94] 重庆交通科研设计院. 公路隧道设计规范:JTG D70—2004[S]. 北京:人民交通出版社,2004.

[95] 中交第二公路勘察设计研究院有限公司. 公路隧道设计细则:JTGT D70—2010 [S]. 北京:人民交通出版社,2010.

[96] 铁道部第二工程局. 铁路工程设计技术手册:隧道[M]. 北京:中国铁道出版社,1999.
[97] 廖朝华,郭小红. 公路隧道设计手册[M]. 北京:人民交通出版社,2012.
[98] THORNTON C. Coefficient of restitution forcollinear collisions of elastic-perfectlyplastic spheres[J]. Journal of Applied Mechanics, 1997,64(2): 383.
[99] THORNTON C, NING Z M. A Theoretical model for the stick/bounce behaviour of adhesive, elastic-plastic spheres[J]. Powder Technology, 1998, 99(2): 154-162.
[100] JOHNSON K L. Contact mechanics [M]. Cambridge: Cambridge University Press,1985.
[101] KAWAHARA S, MURO T. Effects of dry density and thickness of sandy soil on impact reponse due to rock-fall[J]. Journal of Terramechanics, 2006, 43(3): 329-340.
[102] LABIOUSE V, DESCOEUDRES F. Experimental study of rock sheds impacted by rock blocks[J]. Structural Engineering International, 1996, 6(3): 171-176.
[103] PICHLER B, HELLMICH CH. Impact of rocks onto gravel design and evaluation of experiments[J]. International Journal of Impact Engineering, 2005,31(5): 559-578.
[104] MOUGIN J P, PERROTIN P. Rock fall impact on reinforced concrete slab: an experimental approach[J]. International Journal of Impact Engineering, 2005,31(2): 169-183.
[105] KISHI N, IKEDA K, KONNO H, et al. Prototype impact test on rockfall retaining walls and its numerical simulation[J]. Structures under Shock and Impact VI, 2000(48): 351-360.
[106] HU J, LI S C. Experimental study on parameters affecting the runout range of rockfall[J]. Advances in Civil Engineering, 2018(2):1-9.
[107] SUN J H, CHU Z J. Performance of used tire cushion layer under rockfall impact [J]. Shock and Vibration, 2016(3):1-10.
[108] ZHU C, WANG D S. The effects of gravel cushion particle size and thickness on the coefficient of restitution in rockfall impacts[J]. Natural Hazards and Earth System Sciences, 2018,18(6): 1811-1823.
[109] GENTILINI C, GOVONI L, MIRANDA S, et al. Three-dimensional numerical modelling of falling rock protection barriers[J]. Computers and Geotechnics, 2012(44): 58-72.
[110] GENTILINI C, GOTTARDI G, GOVONI L, et al. Design of falling rock protection barriers using numerical models[J]. Engineering Structures, 2013(50): 96-106.
[111] THOENI K, GIACOMINI A, LAMBERT C, et al. A 3D discrete element modelling approach for rockfall analysis with drapery systems[J]. International Journal of Rock Mechanics and Mining Sciences, 2014(68):107-119.

[112] BHATTI A Q. Computational modeling of energy dissipation characteristics of expanded polystyrene (EPS) cushion of reinforce concrete (RC) bridge girder under rockfall impact[J]. International Journal of Civil Engineering, 2018,16(11): 1635 - 1642.

[113] YU B, YI W. Experimental study on the maximum impact force by rock fall[J]. Landslide, 2018, 15(2): 233 - 242.

[114] ZHANG S L, YANG X G. A theoretical model for the estimation of maximum impact force from a rockfall based on contact theory[J]. Journal of Mountain Science,2016,15(2): 430 - 443.

[115] ASTERIOU P, TSIAMBAOS G. Effect of impact velocity, block mass and hardness on the coefficients of restitution for rockfall analysis[J]. International Journal of Rock Mechanics and Mining Sciences, 2018(106): 41 - 50.

[116] AZZONI A, BARBERA G L, Zaninetti A. Analysis and prediction of rockfalls using a mathematical model[J]. International Journal of Rock Mechanics and Mining Sciences & Geomechanics Abstracts, 1996, 33(4): 178.

[117] WANG X, XIA Y X, ZHOU T Y. Theoretical analysis of rockfall impacts on the soil cushion layer of protective structures[J]. Advances in Civil Engineering, 2018 (12):1 - 18.

[118] AN B Q. A study of energy loss during rock impact using PFC2D[D]. Edmonton: University of Alberta,2006.

[119] MITREVSKI, MARSHALL T, THOMSON I H. Low-velocity impacts on preloaded GFRP specimens with various impactor shapes [J]. Composite Structures, 2006, 76(3):209 - 217.

[120] YURIY A, ROSSIKHIN, SHITIKOVA V. Transient response of thin bodies subjected to impact: wave approach [J]. The Shock and Vibration Digest, 2007,39 (4): 273 - 309.

[121] FRANCK B, FRANCOIS N, FLIS D. Evolution of the micromechanical properties of impacted granular materials [J]. C. R. Mecanque,2010, 338(8):639 - 647.

[122] VOLKWEIN, SCHELLENBERG K, LABIOUSE V. Rockfall charaterisation and structural protection - a review [J]. Natural Hazards and Earth System Sciences, 2011,11(9): 2617 - 2651.

[123] CALVETTI F, PRISCO C D. Rockfall impacts on sheltering tunnels: real-scale experiments [J]. Geotechnique,2012, 60(10): 865 - 870.

[124] KLAUS T, ANNA G. A 3D discrete element modeling approach for rockfall analysis with drapery system [J]. International Journal of Rock Mechanics and Mining Sciences, 2014, 68(12):107 - 119.

[125] BERTRAND D, DELHOMME F. Reliability analysis of an RC member impact by a rockfall using a nonlinear SDOF model [J]. Engineering Structure,2015(89):93 - 102.

[126] LI L P, SUN S Q. Coefficient of restitution and kinetic energy loss of rockfall impact [J]. KSCE Journal of Civil Enginering, 2016, 20(6): 2297 - 2307.
[127] JONES N, ALVES M. Post-severance analysis of impulsively loaded beams [J]. International Journal of Solids and Structures, 2004, 41(22/23): 6441 - 6463.
[128] WANG B, CAVERS D S. A simplified approach for rockfall ground penetration and impact stress calculations [J]. Landslides, 2008, 5(3): 305 - 310.
[129] 杨其新,关宝树. 落石冲击力计算方法的试验研究[J]. 铁道学报,1996(1):101 -106.
[130] 袁进科,黄润秋,裴向军. 滚石冲击力的测试研究[J]. 岩土力学,2014,35(1):48 -54.
[131] 叶四桥,陈洪凯,唐红梅. 落石冲击力计算方法比较研究[J]. 水文地质工程地质,2010,37(2):59 - 64.
[132] 叶四桥,陈洪凯,唐红梅. 落石冲击力计算方法[J]. 中国铁道科学,2010,31(6):56 - 62.
[133] 陈颖骐,王全才. 基于 Hertz 理论和 Thornton 弹塑性假设的滚石冲击的修正计算[J]. 科学技术与工程,2018,18(13):37 - 41.
[134] 候天兴,杨兴国. 基于冲量定理的滚石对构筑物冲击力计算方法[J]. 岩石力学与工程学报,2015,34(增刊 1):3116 - 3122.
[135] 姚昌银. 落石冲击力的扩散机制[D]. 重庆:重庆交通大学,2018.
[136] 唐红梅,鲜学福,王林峰. 基于小波变换的碎石土垫层落石冲击回弹系数试验[J]. 岩土工程学报,2012,34(7):1278 - 1282.
[137] 刘茂. 基于弹塑性修正的 Hertz 接触理论的落石冲击力计算方法[J]. 中国地质灾害与防治学报[J]. 2012,33(5):40 - 46.
[138] 易伟,余斌,刘秧. 滚石冲击力计算方法研究[J]. 山地学报,2016,35(3):310 - 316.
[139] 王玉锁,李俊杰,李正辉. 落石冲击力评定的离散元颗粒流数值模拟[J]. 西南交通大学学报,2016,51(1):22 - 29.
[140] 裴向军,刘洋,王东坡. 滚石冲击棚洞砂土垫层耗能缓冲机理研究[J]. 四川大学学报(工程科学版),2016,48(1):15 - 22.
[141] 李俊杰. 落石冲击力及冲击效应评定的离散元颗粒流数值模拟研究[D]. 成都:西南交通大学,2016.
[142] 顾乡,赵雷,余志祥. 落石冲击对山区桥墩的损伤研究[J]. 铁道工程学报,2016,33(3):71 - 75.
[143] 王林峰,姚昌银,邹政. 基于离散元方法的落石冲击力变化规律[J]. 铁道建筑,2017(6):101 - 105.
[144] 沈钧,何思明,吴永. 滚石对垫层材料的冲击特性研究[J]. 安徽农业科学,2009,37(17):329 - 340.
[145] 荆宏远. 落石冲击作用下浅埋管道动力学响应分析与模拟[D]. 武汉:中国地质大学,2007.
[146] 邓学晶,薛世峰,全兴华. 崩滑岩体对埋地管线横向冲击作用的数值模拟[J]. 中国石油大学学报,2009,33(6):111 - 116.
[147] 蒋树屏. 山区公路大跨异形棚洞结构[M]. 北京:科学出版社,2010.

[148] 徐胜. 落石冲击力计算方法研究[D]. 成都:重庆交通大学,2016.

[149] 陈驰,刘成清,陈林雅,等. 落石作用于钢筋混凝土棚洞的冲击力研究[J]. 公路交通科技,2015,32(1):102-109.

[150] 黄润秋,刘卫华. 滚石运动特性试验研究[J]. 岩土工程学报,2007,29(9):1296-1302.

[151] 韩文奇,余宏明,陈鹏宇. 滚石的运动速度与冲击力关系的试验研究[J]. 长江科学院院报,2016,33(12):42-45.

[152] 袁松,黎良仆,甘立松. 基于 Winkler 地基模型落石冲击力计算方法研究[C]//中国土木工程学会. 2016 中国隧道与地下工程大会(CTUC)暨中国土木工程学会隧道及地下工程分会第十九届年会论文集,2016.

[153] DELHOMME F, MOMMESSIN M, MOUGIN J P, et al. Behavior of a structurally dissipatingrock shed: experimental analysis and study of punching effects[J]. International Journal of Solids & Structures, 2005,42(14): 4204-4219.

[154] KISHI N, KONNO H, IKEDA K, et al. Prototype impact on ultimate impact resistance of PC rock-sheds[J]. International Journal of Impact engineering,2002, 27(9): 969-985.

[155] PLASSIARD J P, DONZE F. Rockfall impact parameters on embankments: a discrete element method analysis[J]. Structural Engineering International,2009,19 (3): 333-341.

[156] WANG Y S, ZHANG K Y, TANG J H, et al. Model test research of the influences of rock-fall impaction on deformation of the Cut-and-Cover tunnel structure [J]. European Journal of Orthodontic,2011,117/118/119(2):84-90.

[157] CHIOU M C. Modelling dry granular avalanches past different obstructs:numerical simulations and laboratory analyses, Disserobstrcuts: numerical simulations and laboratory analyses [D]. Darmstadt:Technische Universität Darmstadt,2008.

[158] HAUKSSON S, PAGLIARDI M, BARBOLINI M. Laboratory measurements of impact forces of supercritical granular flow against mast-like obstacles [J]. Cold Region and Technology, 2007,49(1): 54-63.

[159] SALCIARINI D, TAMAGNINI C, CONVERSINI P. Discrete element modeling of debris-avalanche impact on earthfill barriers [J]. Physics and Chemistry of the Earth, Parts A/B/C, 35(3/4/5):172-181.

[160] OLSSON R. Analytical model for delamination growth during small mass impact on plates [J]. International Journal of Solids and Structures, 2010, 47(21):2884-2892.

[161] OLSSON R. Analytical prediction of large mass impact damage in composite laminates [J]. Composites Part A: Applied Science and Manufacturing, 2001,32 (9): 1207-1215.

[162] OLSSON R. Mass criterion for wave controlled impact response of composite plates [J]. Composites, Part A: Applied Science and Manufacturing, 2001, 31(8): 879-887.

[163] OLSSON R. Closed form prediction of peak load and delamination onset under small

mass impact [J]. Composite Structures, 2003, 59(30): 341 - 349.

[164] CHANG W R, ETSION I, BOGY D B. An elastic-plastic model for the contact of rough surfaces [J]. Journal of Tribology, 1987, 109(2): 300 - 319.

[165] BHATTI A Q, KISHI N, MIKAMI H, et al. Elasto-plastic impact response analysis of shear-failure-type RC beams with shear rebars [J]. Material & Design, 2009, 30(3): 502 - 510.

[166] BHATTI A Q, KISHI N. An application of impact-response analysis on small-scale RC arch-type beams without stirrups [J]. Construction and Building Materials, 2011, 25(10): 3927 - 3976.

[167] BHATTI A Q, KISHI N. Impact response analysis of prototype RC girders with sand cushion using equivalent fracture energy concept [J]. International Journal of Damage Mechanics, 2011, 20(7): 1094 - 1111.

[168] SCHELLENBERG K, VOLKWEIN A, ROTH A, et al. Large-scale impact tests on rockfall galleries [C]. Proceedings of the 7th International Conference on Shock & Impact Loads on Structures, 2007.

[169] 汪敏,石少卿,阳有奎. 柔性棚洞在落石冲击作用下的数值分析[J]. 工程力学,2014(5):151 - 159.

[170] 刘天翔,何思明,王东坡. S210 线轻钢结构滚石防护棚洞动力响应与优化研究[J]. 灾害学,2015,30(1):69 - 74.

[171] 张文成,何思明,吴恒滨. 基于能量原理的滚石棚洞抗冲切设计[J]. 兰州大学学报(自然科学版),2013,49(5):621 - 626.

[172] 刘成清,陈林雅,陈驰. 柔性钢棚洞结构在落石灾害防治中的应用研究[J]. 西南交通大学学报,2015,50(1):110 - 117.

[173] 王东坡,何思明,李新坡. 冲击荷载下 EPS 垫层棚洞耗能减震作用研究[J]. 四川大学学报(工程科学版),2012,44(6):102 - 107.

[174] 刘逸平,黄小清,汤立群. 新型混凝土桥面铺装材料的冲击力学性能[J]. 爆炸与冲击,2007,27(3):217 - 222.

[175] 田龙平. 抗落石冲击棚洞结构研究[D]. 重庆:重庆交通大学,2016.

[176] 王云峰,王耀华,张宏梅. 钢丝网增强混凝土复合材料结构参数优化试验[J]. 解放军理工大学学报(自然科学版),2012(3):287 - 291.

[177] 刘毓氚,左广州,陈福全. 加筋垫层应力扩散特性试验研究[J]. 岩土力学,2007,28(5):903 - 908.

[178] 何思明,沈钧,吴永. 滚石冲击荷载下棚洞结构动力响应[J]. 岩土力学,2011(3):781 - 788.

[179] 陈驰,刘成清,陈林雅. 落石作用下钢筋混凝土棚洞的冲击力研究[J]. 公路交通科技,2015,32(1):102 - 103.

[180] 潘长平,吴清,翟敏刚. 落石荷载下悬臂式结构的动力响应分析[J]. 现代隧道技术,2015,52(2):155 - 159.

[181] 张群利,王全才,吴清. 不同结构类型棚洞的抗冲切性能研究[J]. 振动与冲击,2015,

34(3):72-76.

[182] 汪敏,石少卿,阳友奎. 新型柔性棚洞在落石冲击作用下的试验研究[J]. 土木工程学报,2013,46(9):131-138.

[183] 何思明,王东坡,吴永,等. 崩塌滚石灾害的力学机理与防治技术[J]. 自然杂志,2014,36(5):336-346.

[184] 王林峰,唐红梅,陈洪凯. 消能棚洞的落石冲击计算及消能效果研究[J]. 中国铁道科学,2012,33(5):40-46.

[185] 郭绍平,王全才,吴清,等. 一种改进的落石冲击力计算方法[J]. 山地学报,2014,32(3):345-349.

[186] 潘长平,吴清,翟敏刚,等. 落石荷载下悬臂式棚洞的动力响应分析[J]. 现代隧道技术,2015,52(2):155-159.

[187] 王爽. 高陡边坡落石作用对隧道棚洞结构的动力响应及抗冲击研究[D]. 成都:西南交通大学,2012.

[188] 王琦,王玉锁,耿萍. 橡胶缓冲垫层保护下棚洞结构落石冲击力学响应研究[J]. 铁道建筑,2017(2):64-67.

[189] 李正辉. 落石冲击下拱形明洞落石冲击荷载及荷载效应研究[D]. 成都:西南交通大学, 2014.

[190] 罗福君,周晓军,刘建国,等. 框架型棚洞承受落石冲击力的模型试验研究[J]. 公路交通科技,2017,34(3):94-100.

[191] 刘洋. 滚石冲击棚洞防护结构动力响应及作用机理研究[D]. 成都:成都理工大学, 2017.

[192] 刘元雪,谢锋,蒋树屏,等. 棚洞结构洞形优化计算分析[J].岩土力学, 2007,28(增刊1):490-492.

[193] 牛向荣,方鹏飞,李云飞,等. EPS 动力特性试验研究[J]. 岩土工程学报, 2005,27(11):1254-1257.

[194] 司军平. 宝成铁路 109 隧道出口钢棚洞施工组织[J]. 山西建筑, 2010,36(15):318-320.

[195] 孙波,石少卿,汪敏. 落石冲击被动防护系统的能量衰减规律分析[J]. 中国地质灾害与防治学报, 2010,21(4):34-38.

[196] 欧阳朝军,何思明,刘泉,等. 新型钢结构棚洞滚石冲击动力学计算研究[J]. 四川大学学报(工程科学版),2011,43(增刊 2):105-110.

[197] 杨建荣,白羽,杨晓东,等. 柔性棚洞结构落石冲击数值模拟与试验研究[J]. 振动与冲击,2017,36(9):172-178.

[198] 郭江,王全才,张群利. 落石冲击荷载下框架门式棚洞结构优化研究[J]. 水文地质工程地质,2014,41(6):92-97.

[199] 胡居义,黄伦海,胡学兵. 棚洞施作时机对高边坡稳定性及棚洞结构的影响[J]. 公路交通技术,2008,(6):109-112.

[200] 王静峰,赵鹏,袁松,等. 复合垫层钢棚洞抵抗落石冲击性能研究[J]. 土木工程学报,2018,51(增刊 2):7-13.

[201] 余志祥，严绍伟，许浒，等. 活塞杆点支式柔性缓冲系统冲击力学行为[J]. 土木工程学报，2018，51(11)：61－69.
[202] 吴佳楠. 钢棚洞结构 EPS-细砂复合缓冲层性能[D]. 成都：西南交通大学，2018.
[203] 廖方，陈洪凯. 组合式消能棚洞结构受荷性能研究[J]. 路基工程，2017(4)：64－69.
[204] 杨璐，李士民，吴智敏，等. 滚石对棚洞结构的冲击动力分析[J]. 交通运输工程学报，2012，12(1)：25－30.
[205] 汪敏，石少卿，崔廉明，等. 三开间单跨柔性棚洞在落石冲击作用下的实验研究[J]. 土木工程学报，2018，51(5)：37－47.
[206] 霍银磊. 低密度泡沫塑料的结构及其力学行为研究[D]. 无锡：江南大学，2008.
[207] 袁松，黎良仆. 基于 LS－DYNA 的 EPS 垫层棚洞耗能减震分析[J]. 山西建筑，2017，43(2)：50－51.
[208] 王东坡，何思明，吴永，等. 滚石防护棚洞 EPS 垫层结构缓冲作用研究[J]. 振动与冲击，2014，33(4)：199－203.
[209] 周继云. 基于 LS－DYNA 的新型棚洞板耗能减震分析[D]. 武汉：华中科技大学，2011.
[210] 中华人民共和国铁道部. 铁路工程地质勘查规范：TB 10012—2007[S]. 北京：中国铁道出版社，2007.
[211] 陈洪凯，唐红梅，王蓉. 三峡库区危岩稳定性计算方法及应用[J]. 岩石力学与工程学报，2004，23(4)：614－619.
[212] 张乃禄，刘灿. 安全评价技术[M]. 西安：西安电子科技大学出版社，2007.
[213] 郭亚军. 综合评价理论方法及应用[M]. 北京：科学出版社，2007.
[214] 舒康，梁镇韩. AHP 中指数标度法[J]. 系统工程理论与实践，1990，10(1)：6－8.
[215] 吕跃进，张维. 指数标度在 AHP 标度系统中的重要作用[J]. 系统工程学报，2003，18(5)：452－456.
[216] 吕跃进，张维，增学兰. 指数标度与 1～9 标度互不相容及其比较研究[J]. 工程数学学报，2003，20(8)：77－81.
[217] 吕跃进. 指数标度判断矩阵的一致性检验方法[J]. 统计与决策，2006(18)，31－32.
[218] 叶四桥，唐红梅，祝辉. 万州地区危岩发育的典型成因[J]. 水利发电，2007，33 (2)：31－33.
[219] 苏天明，王根龙. 山区公路崩塌地质灾害危险性分级系统 RFRS [J]. 公路交通科技，2012，29(3)：51－56.
[220] 张路青. 滚石机理及滚石灾害评价研究[D]. 北京：中国科学院地质与地球物理研究所，2003.
[221] 中华人民共和国水利部. 工程岩体分级标准：GB/T 50218—2014[S]. 北京：中国计划出版社，2014.
[222] 相志强. 高陡边坡隧道洞口段危岩落石灾害防护技术[D]. 成都：西南交通大学，2013.
[223] 白乐. 金沙江白鹤滩水电站坝区岩体深部差异风化机理研究[D]. 成都：成都理工大

学，2010.
[224] 马秋红. 秦巴山区地层岩性与地质构造对地质灾害发育的控制作用分析[D]. 西安：长安大学，2011.
[225] 邵小朋. 许厂煤矿 330 采区地质构造特征及复杂程度定量评价[D]. 北京：华北科技学院，2018.
[226] 王茜，陈陆望，林润. 基于 FLAC3D 不同倾角结构面剪切特性研究[J]. 皖西学院学报，2013，29(5)：110－115.
[227] 刘明星，廖孟柯，刘恩龙，等. 不同结构面倾角节理岩体三轴试验力学特性[J]. 北京工业大学学报，2018，44(3)：336－343.
[228] 张广甫，吴琦，崔孝飞，等. 危岩主控结构面抗剪强度参数取值研究[J]. 水利与建筑工程学报，2018，16(1)：164－167.
[229] 李化，黄润秋. 岩石结构面粗糙度系数 JRC 定量确定方法研究[J]. 岩石力学与工程学报，2014，33(增刊 2)：3489－3497.
[230] 唐劲舟. 类岩石材料充填结构面剪切特性试验研究[D]. 湘潭：湖南科技大学，2017.
[231] 杨展览，李希圣. 地理学大辞典[M]. 合肥：安徽人民出版社，1992.
[232] 俞国芬，张淑芸，郑庆鳌，等. 楚雄盆地砂岩铜矿容矿岩石胶结物与铜矿化[J]. 云南地质，2008，27(4)：477－482.
[233] 陆顺. 模糊多层次综合评价在边坡岩体稳定性评价中的应用[J]. 勘察科学技术，2014(4)：32－37.
[234] 中华人民共和国水利部. 堤防工程设计规范：GB 50286—98[S]. 北京：中国计划出版社，1998.
[235] 张瑞芳，王瑄，范昊明，等. 我国冻融区划分与分区侵蚀特征研究[J]. 中国水土保持科学，2009，7(2)：24－28.
[236] 巨广宏. 斜坡岩体及卸荷带划分的几种方法[J]. 成都理工学院学报，2001，28(增刊 1)：414－417.
[237] 徐志刚，庄大方，杨琳. 区域人类活动强度定量模型的建立与应用[J]. 地球信息科学学报，2009，11(4)：452－460.
[238] 中国国家标准化管理委员会. 爆破安全规程：GB 6722—2014[S]. 北京：中国标准出版社，2014.
[239] 重庆市城乡建设委员会. 建筑边坡工程技术规范：GB 50330—2013[S]. 北京：中国建筑工业出版社，2013.
[240] 中华人民共和国建设部. 岩土工程勘察规范：GB 50021—2001[S]. 北京：中国建筑工业出版社，2001.
[241] 王新建. 安徽省兽类物种多样性及其分布规律[D]. 合肥：安徽大学，2007.
[242] 龙胜思. 川滇地区单断裂强震区与多断裂强震区[J]. 中国地震，2005，21(1)：70－83.
[243] 罗田. 岩质边坡危岩落石运动特征和防护研究[D]. 成都：西南交通大学，2010.
[244] 赵旭，刘汉东，姚爱军. 高边坡滚石计算方法比较研究[J]. 工程地质学报，2010，18(增刊 1)：315－321.

[245] 黄润秋,刘卫华,周江平,等. 滚石运动特征试验研究[J]. 岩土工程学报,2007,29(9):1296-1302.

[246] 杨震. 公路隧道火灾人员安全逃生研究[D]. 西安:长安大学,2012.

[247] AGS. Practice note guidelines for landslides risk management 2007[J]. Australian Geomechanics, 2007,4(1):64-114.

[248] 沈钧,何思明,吴永. 滚石灾害的研究现状及发展趋势[J]. 灾害学,2008, 23(4) :122-125.

[249] 余海岁. 岩土介质小孔扩张理论[M]. 北京:科学出版社,2013.

[250] 王星,周天跃,师江涛,等. 基于自由落体的落石冲击土层的理论及LS-DYNA模拟研究[J]. 北京交通大学学报,2019,43(4):9-17.

[251] 交通部第二公路勘察设计院. 公路路基设计规范:JTJ 013—95 [S]. 北京:人民交通出版社,1995.

[252] 张正雨,金伟良,陈鸣. 混凝土板冲切承载能力分析的模型[C]//中国土木工程学会. 中日建筑结构技术交流会论文集,2006.

[253] 王明洋,张胜民,国胜兵. 接触爆炸作用下钢板-钢纤维混凝土遮弹层设计方法[J]. 爆炸与冲击,2002,22(1):163-168.

[254] 李术才,王书法,朱维申. 台湾软弱岩盘隧道变形预估系统数值模拟研究[J]. 岩土工程学报,2001,23(5):540-543.

[255] 贾艳领,夏永旭,韩兴博,等. 拱形棚洞在公路高边坡灾害防治中的应用[J]. 江苏大学学报(自然科学版),2018,39(6):714-720.

[256] 任庆钊,张乾翼,赖国泉. 框架型棚洞受落石冲击时的不同垫层缓冲效果研究[J]. 甘肃科技,2017,33(16):82-84.

[257] 江蛟. 柔性棚洞在落石冲击作用下的动力应及性能影响分析[D]. 昆明:昆明理工大学,2016.

[258] 何思明,吴永. 新型耗能减震滚石棚洞作用机制研究[J]. 岩石力学与工程学报,2010,29(5):926-932.

[259] 杨帅. EPE缓冲性能的研究[D]. 天津:天津科技大学,2015.

[260] 刘晶,刘乘. 动态冲击下EPE、EPS弹性变形的对比分析[J]. 陕西科技大学学报(自然科学版),2010,28(6):76-78.

[261] 苗洪涛. EPE泡沫塑料在多次冲击下的缓冲性能[J]. 包装工程, 2017,38(5): 111-114.

[262] 叶晨炫,王志伟. EPE和EVA发泡缓冲材料吸能特性表征[J]. 包装工程, 2012,33(1):40-45.

[263] 孙聚杰,温时宝. EPE静态压缩应力-应变曲线模拟[J]. 包装与食品机械,2009,27(1):37-39.

[264] 肖雯娟,郝阳. 常用密度EPE的静态压缩缓冲特性试验研究[J]. 中国包装工业, 2015(8):116-120.

[265] 薛飞. 跌落冲击测试系统设计与EPE缓冲隔振性能研究[D]. 太原: 太原科技大学, 2014.

[266] 程玲,曹国荣,关元. EPE缓冲性能测试及缓冲包装设计方法[J]. 包装工程, 2016,37

(23):18－22.

[267] 李俊．发泡聚乙烯缓冲性能的研究[D]．杭州:浙江大学,2010.

[268] 李志利．大跨空间结构新型支座抗震性能研究[D].兰州：兰州理工大学,2010.

[269] 何子奇．空间结构板式橡胶支座抗震性能研究[D]．兰州：兰州理工大学,2010.

[270] 姚凯,徐略勤,李建中,等.采用板式橡胶支座的连续斜梁桥横向抗震行为研究[J].地震工程学报,2018,40(2):265－272.

[271] 李建中,汤虎.中小跨径板式橡胶支座梁桥横向抗震设计研究[J].土木工程学报,2016,49(11):69－78.

[272] 黎良仆,袁松,谢凌志,等．落石冲击荷载作用下 EPE 垫层棚洞缓冲作用研究[J]．四川建筑科学研究,2016,42(3):46－49.

[273] 肖翌均．沿江强风化超高边坡落石处治技术研究[D]．重庆:重庆交通大学,2017.

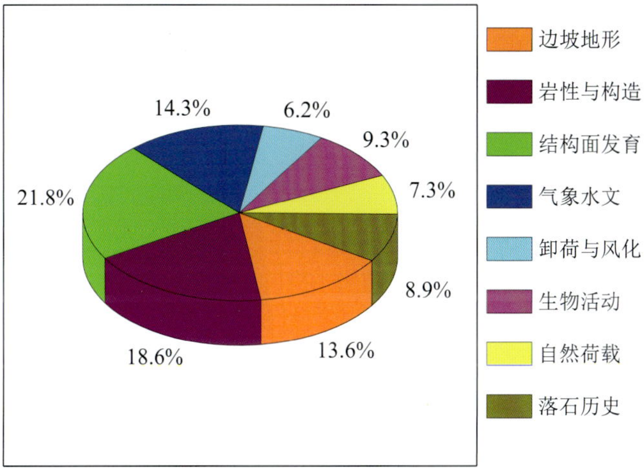

图 2.2　准则层权重

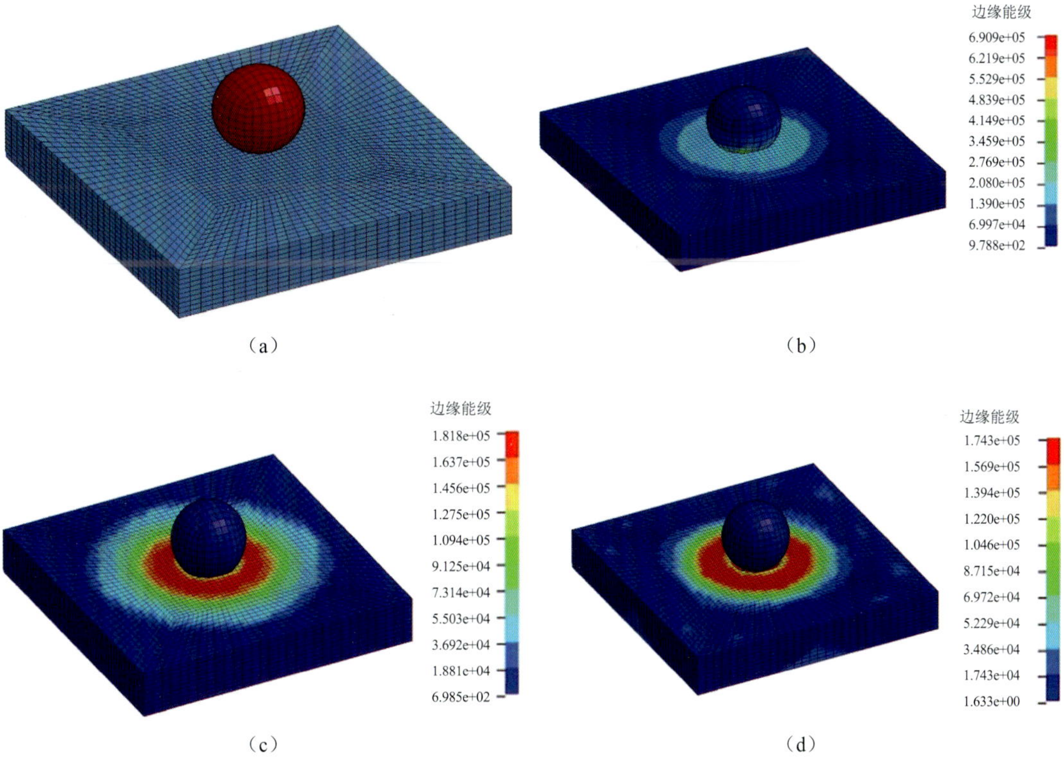

图 3.11　数值计算模型及结果

（a）计算模型；（b）0.004 s；（c）0.007 s；（d）0.01 s

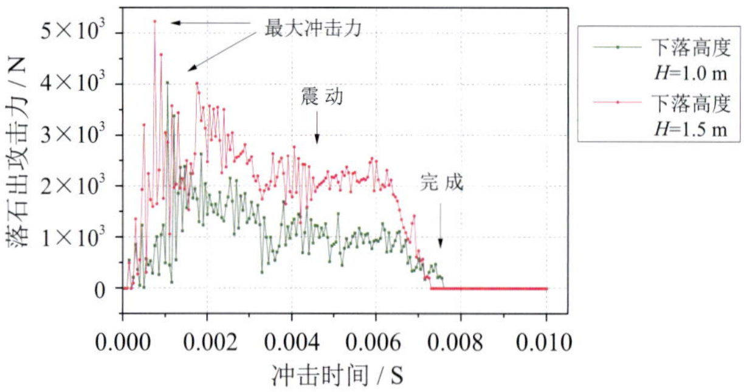

图 3.12 “冲击力 - 冲击时间”关系

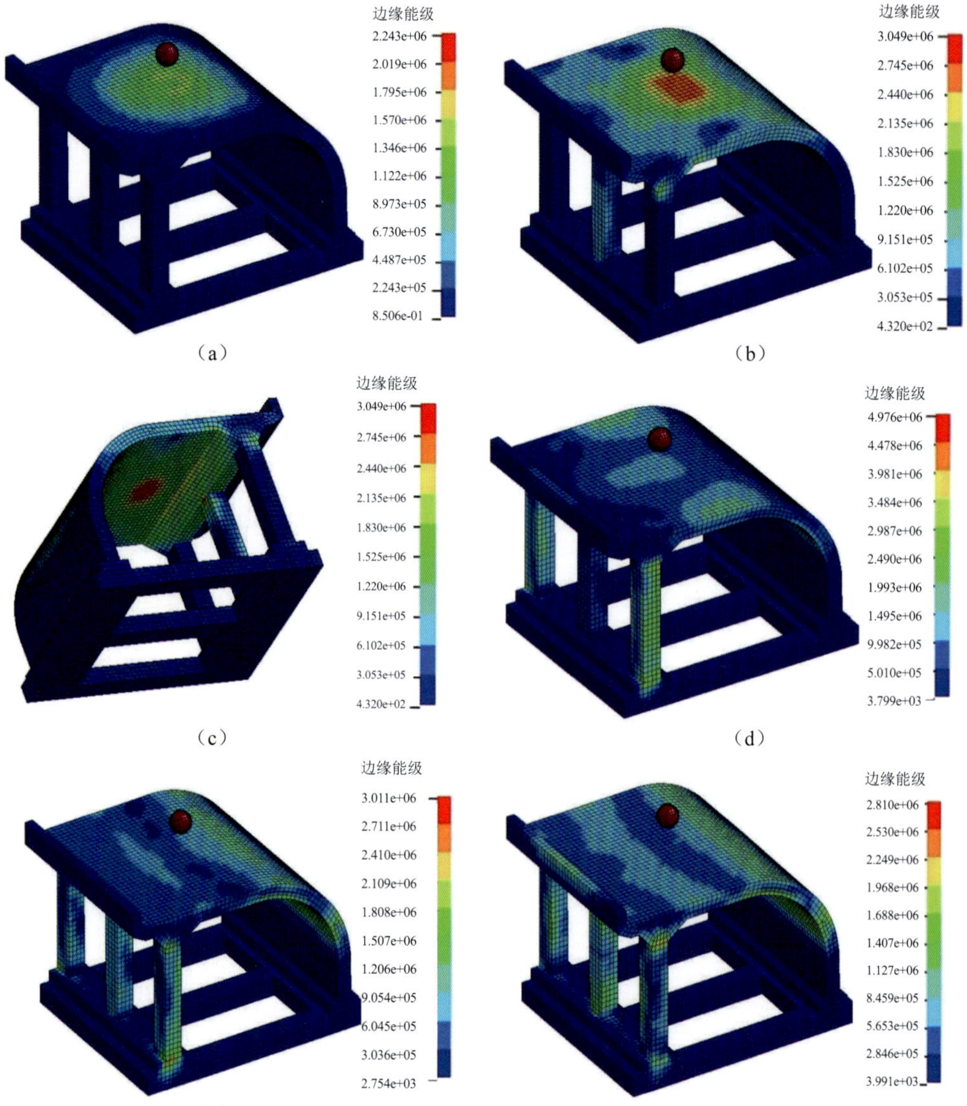

图 4.5 落石 24 m/s 冲击速度下棚洞结构的力学响应

（a）0.01 s；（b）0.02 s;（c）0.02 s；（d）0.03 s;（e）0.04 s;（f）0.06 s

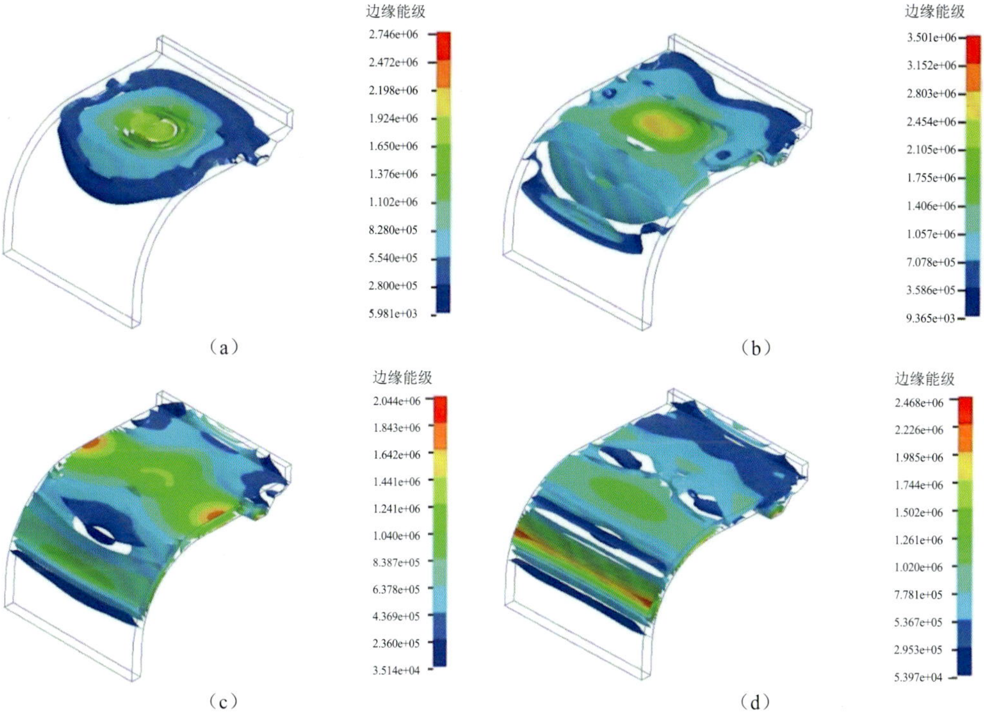

图 4.6　落石冲击作用下棚洞结构顶板的应力变化趋势

(a) 0.01 s；(b) 0.02 s；(c) 0.04 s；(d) 0.06 s

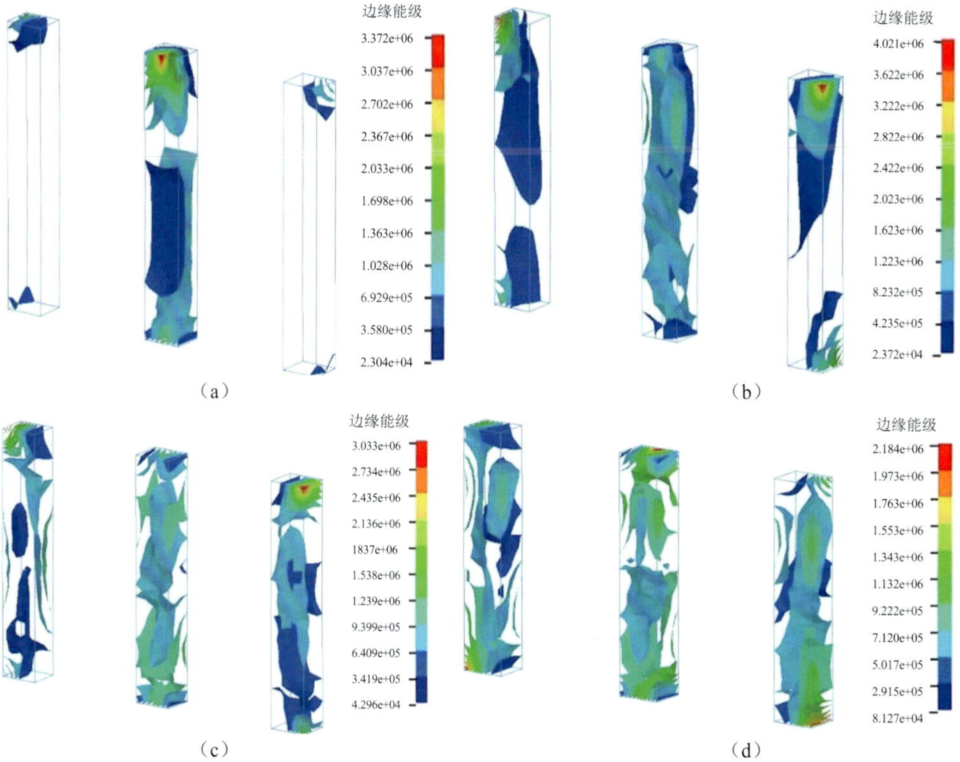

图 4.7　落石冲击作用下棚洞结构立柱的应力变化趋势

(a) 0.01 s；(b) 0.02 s；(c) 0.04 s；(d) 0.06 s

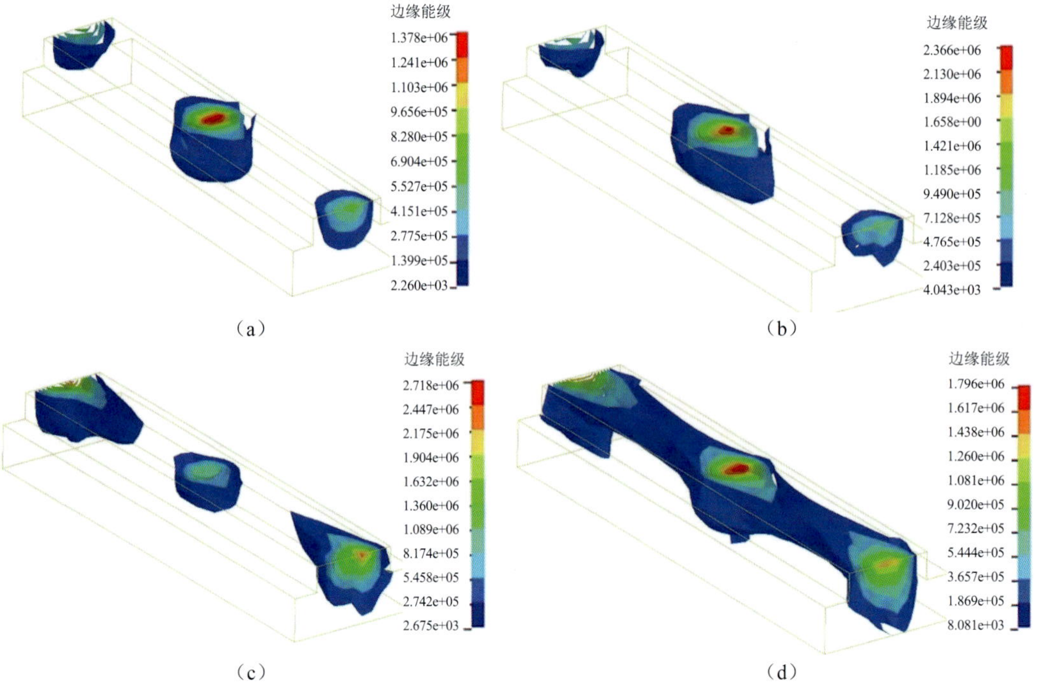

图 4.8　落石冲击作用下棚洞结构立柱基础的应力变化趋势

（a）0.01 s;（b）0.02 s;（c）0.04 s；（d）0.06 s

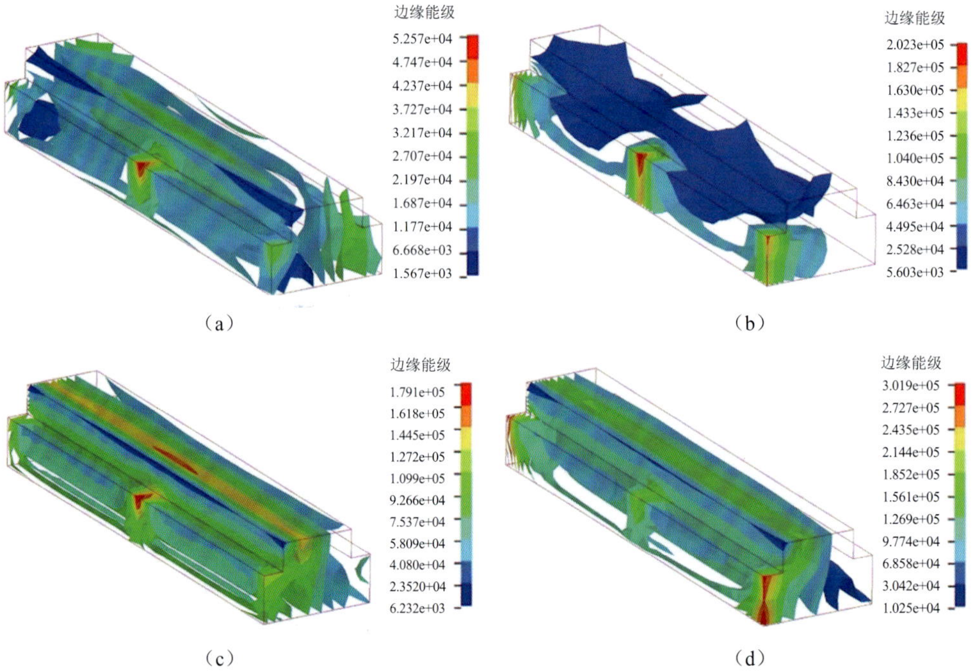

图 4.9　落石冲击作用下棚洞结构侧墙基础的应力变化趋势

（a）0.01 s；（b）0.02 s；（c）0.04 s；（d）0.06 s

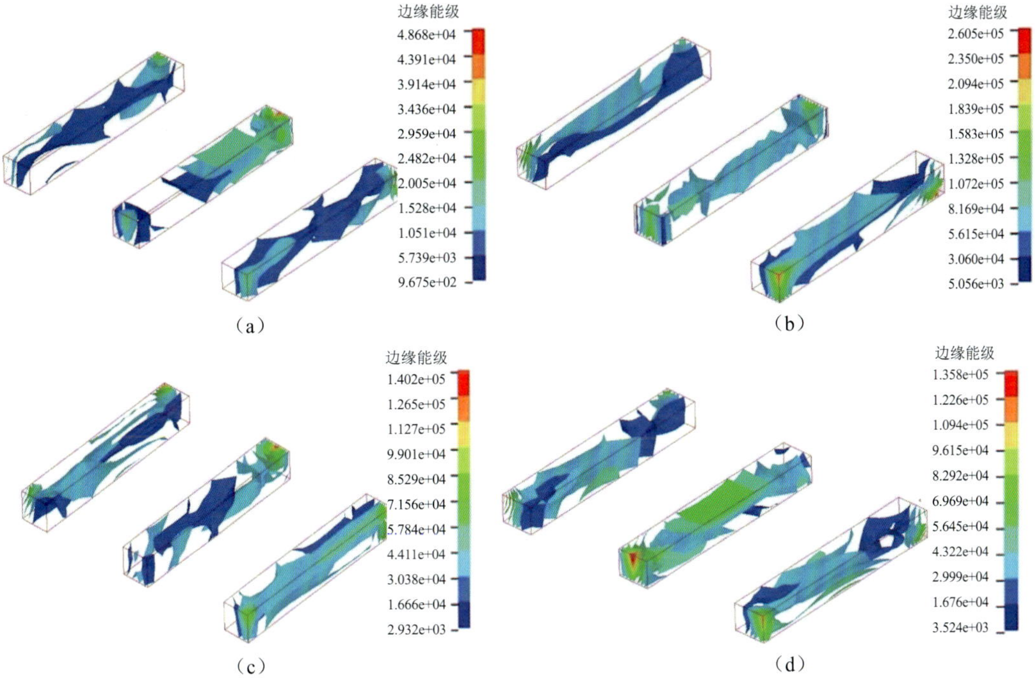

图 4.10　落石冲击作用下棚洞结构横系梁的应力变化趋势

（a）0.01 s;（b）0.02 s;（c）0.04 s ;（d）0.06 s

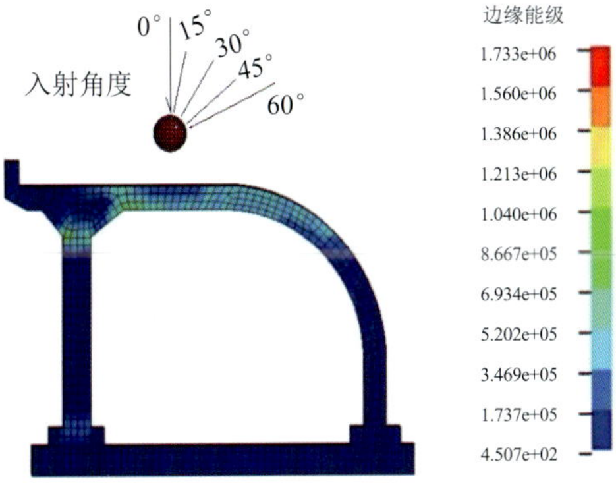

图 4.26　落石冲击入射角度示意图

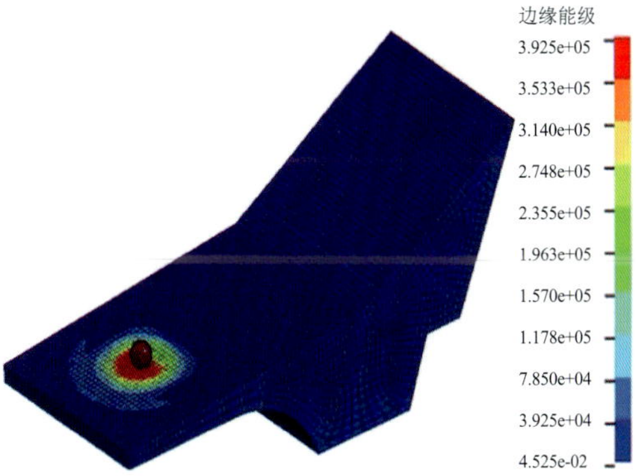

图 4.27　垫层土体的应力分布

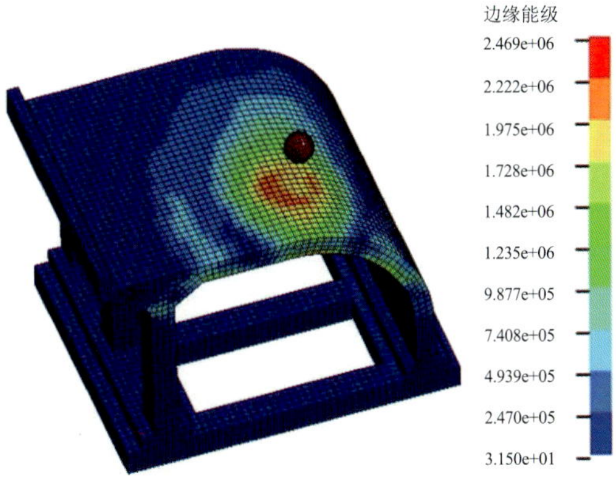

图 4.35　落石冲击 5 号位置

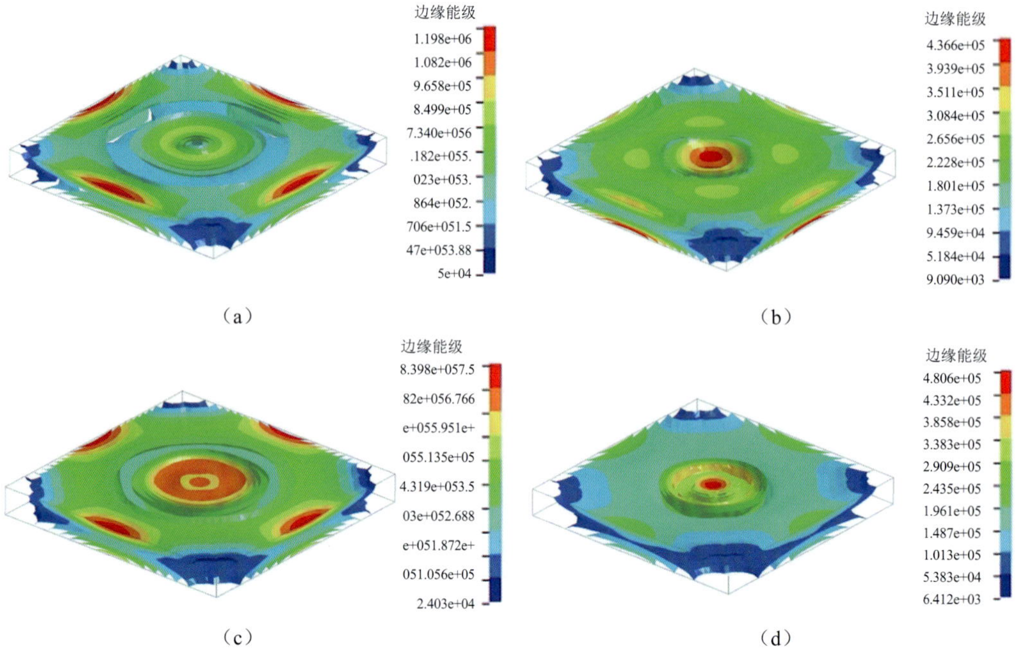

图 5.6　无 EPE 垫层下棚洞顶板的应力分布

(a) 0.01 s；(b) 0.02 s；(c) 0.04 s;（d）0.06 s

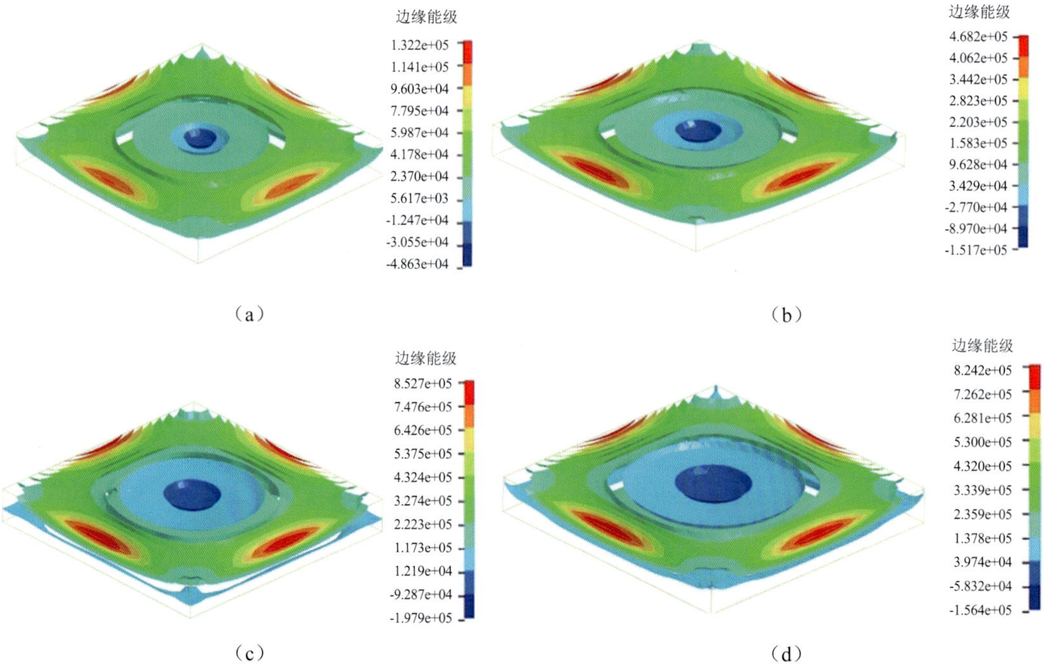

图 5.7　0.4 m 厚 EPE 垫层下棚洞顶板的应力分布

(a) 0.02 s；(b) 0.04 s；(c) 0.06 s;（d）0.10 s

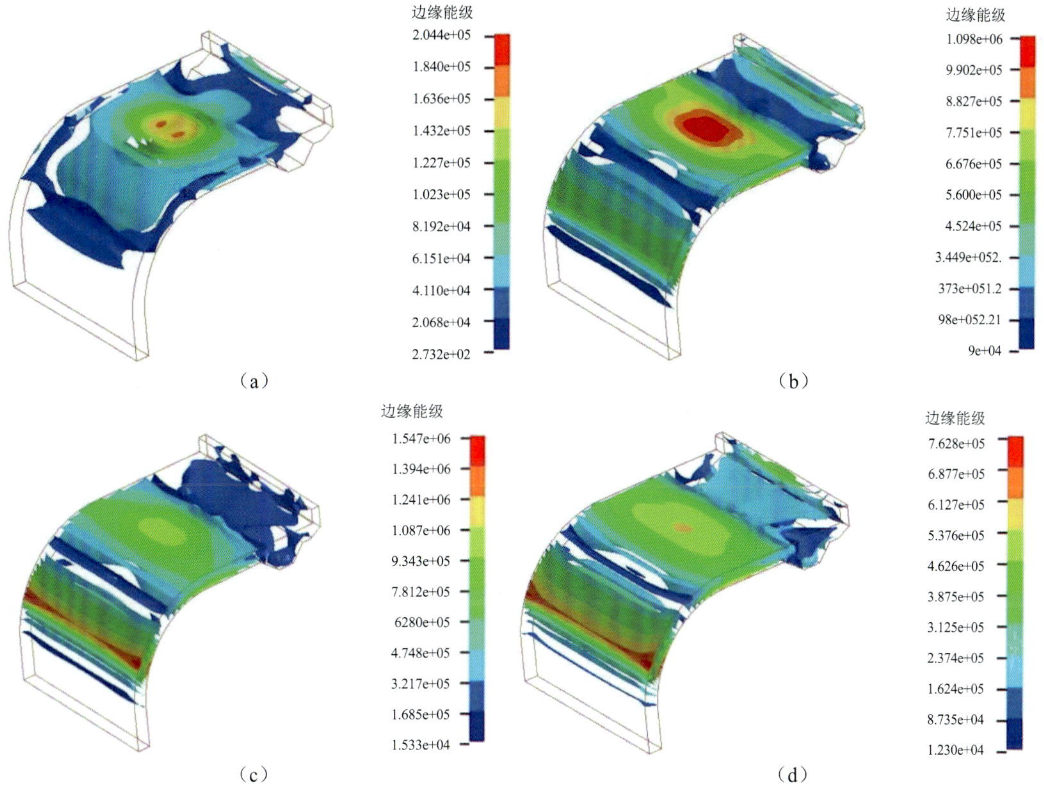

图 5.19　24 m/s 冲击速度下“EPE+ 橡胶支座”复合型棚洞顶板的应力分布

（a）0.02 s；（b）0.06 s；（c）0.12 s;（d）0.24 s

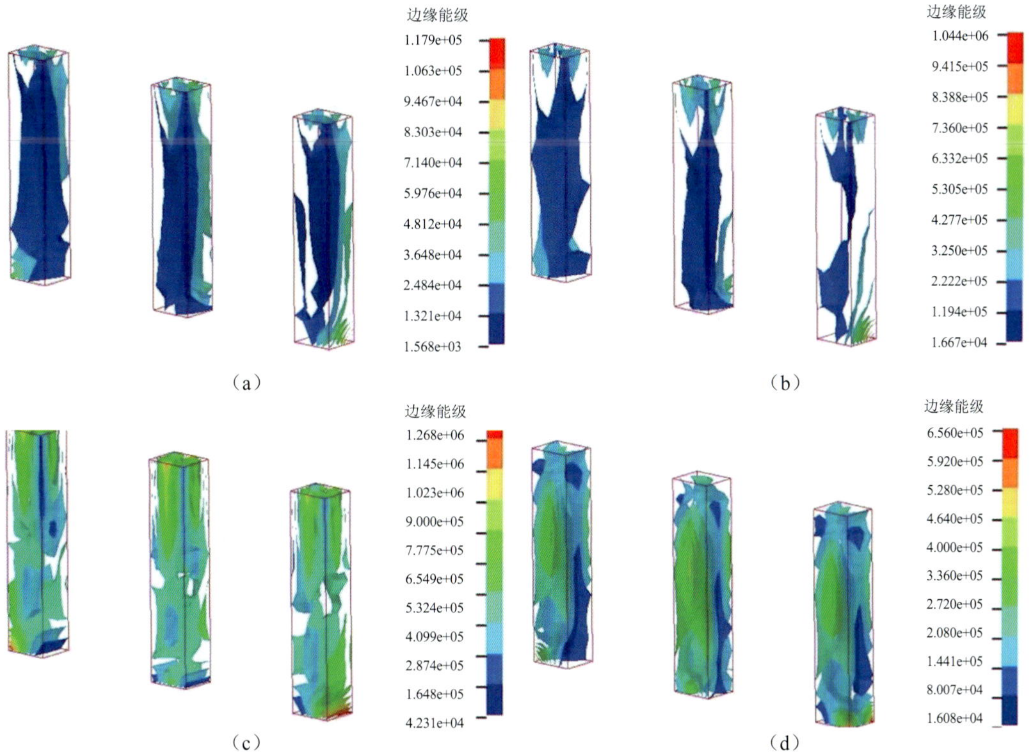

图 5.25　24 m/s 冲击速度下立柱结构的力学响应

（a）0.02 s；（b）0.06 s；（c）0.12 s;（d）0.24 s

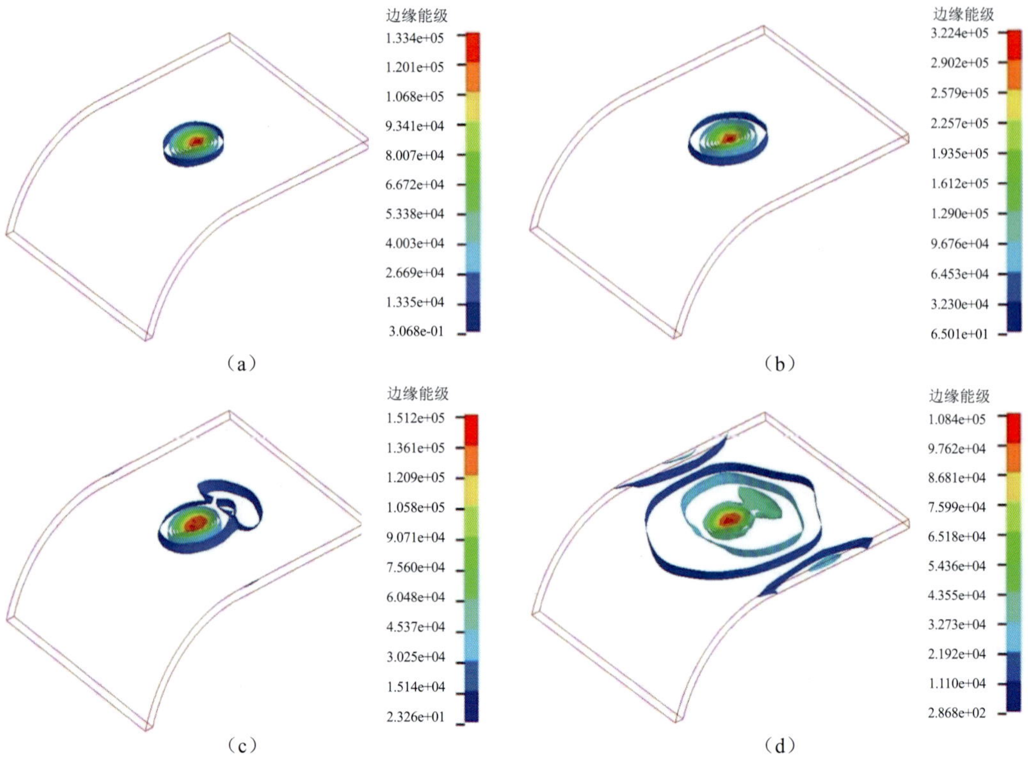

图 5.41　24 m/s 冲击速度下 EPE 垫层的应力分布特征

（a）0.02 s;（b）0.06 s;（c）0.12 s;（d）0.24 s

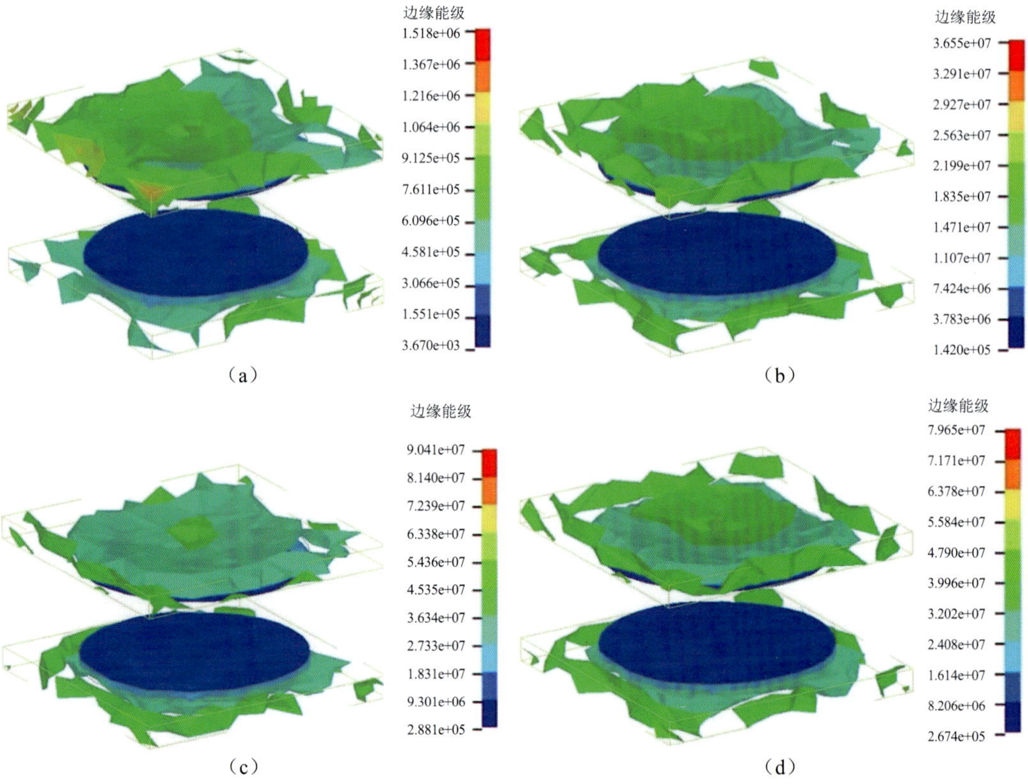

图 5.45　橡胶支座随落石冲击时间的应力变化特征

（a）0.02 s;（b）0.06 s;（c）0.12 s;（d）0.24 s